음식축제와 소비문화

서정희 지음

UUP

음식축제와 소비문화

■

- 2018년 8월 3일 초판 인쇄
- 2018년 8월 8일 초판 발행
- 지은이 서정희
- 펴낸이 오연천
- 펴낸곳 UUP(울산대학교출판부) 44610 울산광역시 남구 대학로 93(무거동) 울산대학교 출판부
- 전화 (052)259-2488 팩스 (052)277-3011 ▪ 홈페이지 http://uup.ulsan.ac.kr
- 출판등록 제370-1996-000001호(1996.3.13)
- ₩ 13,000

이도서의 국립중앙도서관 출판도서목록(CIP)은 e-CIP 홈페이지(http://www.nl.go.kr/ecip)에서 이용하실 수 있습니다.(CIP제어번호: CIP2018024139)

ISBN 978.89.7868.423.1 (03320)

머릿말

일과 자신, 일과 여가, 일과 성장의 균형을 추구하는 워라벨(Work-Life Balance) 트렌드와 지금 소소하게 즐길 수 있는 작지만 확실한 행복을 의미하는 소확행 트렌드가 뜨고 있다. 이 두 트렌드를 주도하는 가장 뜨거운 주제는 아마도 음식이라고 보는데 문제를 제기할 사람을 많지 않다고 본다. TV에서는 맛집을 소개하는 프로그램이 인기를 끌고, 나만의 맛집을 탐방하여 소셜 네트워크 서비스에 올리는 사람들이 증가하고 있고, 많은 사람들의 조회수가 급증하고 있다. 여행에서도 맛집이 차지하는 비중이 점점 증가하고 있고, 소위 먹는 것이 중요한 목적인 먹방여행도 유행하고 있다.

여행의 중요한 목적이 음식이 되면서 우리나라의 많은 지방자치단체는 여행객을 모으고, 홍보하고 지역경제를 살리기 위한 수단으로 음식축제를 개최하고 있다. 예를 들면 인구 2만7천명에 불과한 강원도의 한적한 시골 마을인 화천에서는 겨울에 산천어축제를 한다. 2011년 구제역 때문에 축제를 하지 못한 해를 제외하곤 2007년 125만명, 2008년 130만명, 2009년 105만명, 2010년 133만명, 2012년 144만명, 2013년 138만명, 2014년 133만명, 2015년 150만명, 2016년 154만명, 2017년 156만명, 2018년 173만명을 달성함으로써 12년 연속 관광객 100만명을 돌파하는 기록을 세워 세계 4대 겨울축제에 오르기도 했다. 2017년에는 축제 기간 유통된 농특산물교환권은 6억2천500여만원, 화천사랑상품권은 5억8천900여만원을 소비했다.

화천산천어축제가 매년 지역경제에 가져오는 직접경제효과가 1천억 원에 달한다는 평가를 받고 있다. 축제 기간에 직접 또는 간접적으로 고용되는 지역의 대학생과 주민도 2천명이 넘는다.

이 책은 크게 두 부분으로 나누어질 수 있다. 1장부터 4장까지는 문헌자료를 통하여 음식축제의 의의 그리고 세계적으로 유명한 음식축제와 우리나라의 음식축제를 소개하고, 음식축제를 다룬 연구들을 고찰하였다. 5장부터 10장에서는 주부소비자를 대상으로 하여 음식축제와 관련된 소비자 행동을 조사한 자료를 분석하였다.

1장에서는 음식축제의 다양한 역할을 알아보고, 향토음식에 대한 관심이 증가하면서 지역의 특산물을 활용한 음식축제에 대하여 분석하고 설명하였다. 2장에서는 서양과 동양으로 나누어서 각국의 유명한 음식축제를 소개했다. 3장에서는 중부권, 호남권, 영남권으로 구분하여 우리나라에서 개최되고 있는 다양한 음식축제를 소개했다. 4장에서는 음식축제를 다룬 다양한 연구를 2010년 이전에 이루어진 연구와 2011년 이후부터 현재까지 이루어진 연구를 고찰한 결과를 간단하게 소개했다.

5장에서는 이 책의 연구모형이 된 합리적 행동이론, 계획행동이론 및 목표지향적 행동이론을 설명하고 이 이론들을 적용하여 음식축제에 참가한 소비자들을 대상으로 조사하여 분석한 연구들을 소개했다. 6장에서는 음식축제에 대한 소비자인식과 소비자태도를 측정한 문항을 분석하였다. 그리고 음식축제에 대한 소비자인식과 음식축제에 대한 소비자태도가 사회인구학적 변수와 음식축제 참여빈도에 따라 차이가 나는지를 분산분석한 결과를 제시하였다. 음식축제에 대한 소비자인식은 관광자원과 홍보수단으로 인식과 비판적 현실인식의 두 개 하위차원으로 나누었다. 7장에서는 음식축제의 평가기준을 측정한 문항을 분석하였다. 음식축제의 평가기준을 프로그램, 판매음식, 접근성, 시설 및 홍보의 5개 하위요인으로 구분하여 사회인구학적 변수와 음식축제 참여빈도에 따라 차이가 나는지를 분산분석하여 결과를 제시하였다. 8장에서는 음식축제 참여에 대한 관여도와 주관적 규범을 측정한 문항을 빈도분석한 후에 사회인구학적 변수와 음식축제 참여빈도에 따라 차이가 나는지를 분산분석한 결과를 설명하였다. 관여도는 관심과 참여의 두 개 하위차원으로 구분하였다. 9장에서는 소비자가 음식축제 참여를 통해 얻을 수 있는 두 가지 정서경험인 즐거움과 각성을 빈도분석 한 후에 사회인구학적 변수와 음식축제 참여빈도에 따라 차이가 나는지를 분산분석한 결과를 설명하였다. 즐거움은 기쁨과 생활의 활력소의 두 개 하위차원으로 구분하였다. 10장에서는 음식축제 참여에 대한 지각된 행동통제와 참여의도를 빈도분석 한 후에 사회인구학적 변수와 음식축제 참여빈도에 따라 차이가 나는지를 분산분석한 결과를 설명하였다. 참여의도는 참여의도와 구전과 추천의도의 두 개 하위차원으로 구분하였다.

이 책은 음식과 관련된 소비자행동에 관심이 많은 소비자학을 전공하는 대학생과 대학원생, 식품영양학과 대학생과 대학원생들에게 중요한 참고자료가 될 수 있다. 또한 음식축제를 기획하고 평가하는 지방자치단체의 관련자와 음식축제를 전문적으로 연구하는 전문연구자, 음식축제와 관련된 대중매체의 프로그램을 기획하는 사람들에게 중요한 자료가 될 수 있다.

이 책을 쓰면서 크고 작은 도움을 준 모든 분께 이 지면을 빌어 감사를 드린다. 특히 학부 졸업논문을 쓰면서 함께 자료수집을 해준 최윤정, 하상은, 강은비, 박나은, 안은형, 김다운, 안민정에게 고마움을 전한다. 자료를 분석하고 표를 만든데 도움을 준 박나은에게도 고마움을 전한다. 마지막으로 이 책을 출판하는데 도움을 준 울산대학교 출판부의 모든 분께 진심으로 고마움을 전한다.

2018년 8월

목차

제1장

음식축제의 의의

1. 음식축제의 역할

문화관광부와 류정아(2006)은 지역축제를 지역 고유의 전통, 문화를 계승·발전시키고 주민의 정체성 제고, 외지인의 지역에 대한 이해 제고를 위하여 매년 정해진 일자에 지역주민, 지역단체, 지방정부가 주체가 되어 개최되며, 지역주민의 삶과 전통 문화적인 요소가 잘 반영되어 있는 공동체적인 성격의 행사로서 경관 및 환경 등과 같은 자연현상, 인물, 특산물, 문화, 예술 등 다양한 소재를 갖고 있다고 구체적으로 정의하였다.

1997년 400여개에 지나지 않았던 지역축제가 2010년 문화체육관광부 자료에 의하면, 전국에서 열리는 지역축제 브랜드가 820여개이며, 마을단위 소규모축제까지는 5천여개에 달한다고 발표하였다(한숙영, 2010; 문화체육관광부, 2010). 또한 마을단위 소규모 지역축제는 지역의 특화된 문화를 상품화하여 경제성을 갖춘 축제로 전환하는 계기를 마련했다고 할 수 있다(www.wawo.kr, 2012).

김한도와 조승아(2014)는 음식축제를 주로 지역에서 생산되는 농산물, 수산물, 임산물, 축산물 등과 같은 다양한 식재료를 활용한 음식과 음식에 담겨진 지역주민들의 문화적 경험이나 가치, 다양한 스토리텔링 등을 주제로 지역주민의 정체성을 높이고 국내외의 관광객을 유치하여 독특한 지역문화를 소개하는 동시에 지역경제를 활성화시키기 위하여 지역주민, 지역단체, 지방정부 등이 주체가 되어 개최하는 축제로 정의하였다.

음식은 해당 국가 또는 지역의 정체성을 나타내는 중요한 사회적, 문화적 의미를 가지고 있으며, 각 나라와 지역의 문화를 대변할 수 있는 여러 문화관광자원들 가운데 관광객이 쉽게 접할 수 있기 때문에 음식문화는 중요한 관광자원의 하나로 자리매김할 수 있다(이인옥 외, 2012). 음식은 언어보다 훨씬 더 강한 방식으로 자신을 드러내며 소통할 수 있는 수단으로 국가와 지역의 문화를 대변할 수 있는 문화 관광자원으로서 관광객들이 쉽게 접할 수 있으며, 관광객이 문화적인 경험을 형성하는데 있어 필수적인 요소가 되었다(이영주, 2007). 또한 음식은 관광활동의 필수재이며, 관광활동에 필요한 에너지원으로 작용하고, 사치재적 성격이 강하며, 기념품처럼 사갈 수도 있어(오순환, 2012) 지역의 정체성을 대표하고 지역경제를 활성화하는 관광자원으로써 관심이 증가하고 있다(장지원, 김태희, 이인옥, 2014).

음식은 관광지를 차별화하는 중요한 역할을 하며, 중국음식, 프랑스음식, 일본음식처럼 브랜드화가 가능하기 때문에 관광지에 대한 긍정적인 매개체 역할을 한다. 인간은 하루에 3끼를 먹어야 하고, 중간에 간식도 먹기 때문이다. 예를 들면 영국의 애프터눈 티 문화를 받아들인 홍콩에서는 애프터눈 티가 홍콩여행의 필수코스가 되었다. 홍콩여행과 관련된 SNS에는 다양한 레스토랑에서 제공하는 애프터눈 티와 관련된 사진과 글이 매우 많다. 홍콩의 애프터눈 티 문화는 전통적인 차 문화와 영국의 티타임 문화가 결합해 간단한 샌드위치, 딤섬과 함께 즐기는 간식타임을 말한다. 경치를 즐기는 가격이 포함되어 가격은 다소 비싼 편이다. 3단 애프터눈 티 세트가 720홍콩달러(10만 5000원)나 함에도 불구하고 많은 관광객들이 찾고 있다(트레블바이크뉴스, 2017년 5월 22일).

음식 자체가 관광활동의 1차적이고 직접적인 동기가 되고 있는 추세이다. 음식을 테마로 한 관광상품으로는 경남 통영, 전남 여수, 충남 아산에서 '이순신 밥상', 세계 최초의 음식 어뮤즈먼트 파크인 '신요코하마 라면 박물관', 전 세계에 랍스터로 가장 유명한 캐나다의 뉴브런스윅의 랍스터 체험, 타이의 치앙마이 쿠킹투어가 있다(이상미, 2010). 음식시식이 일상체험으로 간주되고 일상적인 삶에서 지친 영혼을 위로하고 자기선물의 중요한 도구로 인식하는 소비자들이 증가하면서 산지에서 식재료를 직접 수확하고 만들어 보는 관광활동의 한 형태로 발전하고 있고, TV 및 언론매체에서 소개되는 맛있는 요리를 먹기 위해 시간과 돈을 투자하는 것이 미식가들만의 몫이 아닌 보편화된 현상으로 변하고 있다(대홍기획, 2002).

최근에는 오로지 먹으러 다니는 관광이 유행하면서 먹방투어와 푸드트립과 같은 용어가 각종 대중매체에서 유행하고 있다. 이 때문인지 관광지나 여행코스에 대한 정보공유가 주를 이뤘던 각종 포털들의 후기에서 '전주 한옥마을 먹방', '여수 맛집 추천', '부산 원나잇 푸드트립' 등 음식점 추천이나 먹방코스와 관련한 후기글들이 큰 비중을 차지하게 됐다. 유튜브나 스트리밍 방송 등 1인 미디어에서 먹방 영상이 유행하고 있고, TV에서도 쿡방이 유행하며 지역 곳곳의 음식과 가게를 소개하는 방송이 많아지게 되면서, 먹방여행은 우리에게 더 이상 새로운 것이 아닌 여행의 가장 중요한 동기의 하나가 되었다(서울와이어, 2018년 2월 17일). 최근에는 모연예인이 모 프로그램에 출연해서 고속도로 휴게소 맛집과 음식소개를 맛깔나게 하고 맛있게 먹는 방법까지 소개하면서 해당 휴게소 매출이 200%나 급증했다는 후문이다.

미국의 캘리포니아는 음식축제와 와인 투어, 지역음식 탐색 등으로 휴가를 보내려고 하는 여행객들에게 최고의 여행지로 인식되고 있다. 조사결과에 의하면 캘리포니아는 음식관광 여행지 중에서 14%를 차지하였고, 와인관광 여행지 중에서도 31%를 차지해 1위를 차지하였다. 미국 여행객들의 17%에 해당하는 2,700만 명의 여행객들이 3년 동안 여행을 하면서 음식 또는 와인과 관련된 활동을 한 것으로 나타났다(Travel Industry Association, 2007).

한국 문화체육관광부(2014)가 외국인 관광객 실태를 조사 한 것에 의하면 우리나라를 방문하는 외국인들의 한국방문 동기에서 음식이 차지하는 비중이 66.0%를 차지하여 가장 비중이 큰 쇼핑에 이어 44.3%를 차지하여 두 번째로 컸다. 외국인 여행자의 쇼핑 품목 중에서 식료품이 36.2%로 가장 많았고, 인삼과 한약재가 12.2%로 두 번째로 많았고 주류가 5.8%를 차지해 3번째로 많은 것으로 밝혀져 음식과 관련된 품목이 상위 쇼핑 항목에 포함되어 있다.

세계적으로 유명한 와이너리를 여행하는 와인여행이 인기를 끌면서 다양한 연구도 이루어지고 있다(고정원과 최용수, 2005; 이종원, 2007; 신동호, 2008; 이원옥 , 이형룡 및 우상철, 2009; 정미란과 고재윤, 2010; 이상미, 2010; Dodd, 1995; Hall과 Macionis, 1998; Gets, 2000; Mitchell, Hall 및 McIntosh, 2002; Bruwer, 2003; Carlsen, 2004; Hall과 Mitchell, 2005; Gets와 Brown, 2006; Sparks, 2007; Hall, Sharples, Cambourne 및 Macionis, 2009). 와이너리나 와인생산지역에서의 와인과 음식 축제, 와인교육, 와인시음회, 와인콘서트, 와인축제, 와인피크닉, 와인연회와 같은 스페셜 이벤트 등이 관광객을 끌어들이는 중요한 요소가 되고 있다(Gets, 2000).

다양한 연구결과에서도 관광객들이 여행을 선택하는 동기와 여행비지출에서 음식과 관련된 활동이 중요한 요소로 부각되고 있다. Hu & Ritchie(1993)는 음식이 기후, 숙박시설, 볼거리에 이어 관광객에게 관광지의 매력성을 인식시켜주는 4번째로 중요한 요소라 하였고, Quan과 Wang, (2004)는 음식이 여행동기의 1, 2를 차지한다고 하였다. Hall 등(2003)도 음식과 미식탐방은 쇼핑과 아름다운 풍경을 감상하는 활동보다 더 중요한 요소가 되었다고 했고, Jenkins(1999)도 음식이 관광지 매력을 증대시키는 요소라고 강조하였다.

음식은 사회관광자원, 문화관광자원, 인문관광자원과 같은 다양한 관광자원으로 자리매김하고 있다. 최근에는 소위 먹방이 인기를 끌면서 미식여행이 중요한 관광동기 및 관광트렌드로 떠오르고 있다. 이탈리아 정부는 2016년부터 해마다 세계 이탈리아 음식주간 행사가 진행한다. 2017년 행사는 양질의 식품, 지속가능성, 식문화, 식품 안전성, 건강한 식품을 섭취해야 할 권리, 식품관련 교육, 음식의 정체성, 토양과 기후, 생물 다양성 등을 주제로 이탈리아 문화에서 빼놓을 수 없는 이탈리아의 식문화 전통을 세계적으로 홍보한다. 세계 이탈리아 음식 주간 프로젝트는 이탈리아 고유의 농식품 특산물 수출 증진을 위한 '메이드 인 이태리' 프로젝트의 일환일 뿐 아니라 비교적 인지도가 낮은 이탈리아의 지방 도시를 해외에 알린다. 이를 위해 세계 전역 296개의 이탈리아 해외 공관 및 이탈리아 문화원에서 1000가지 이상의 다양한 행사를 진행한다. 원산지 명칭만 무려 523개에 달하는 이탈리아 와인과 함께 이탈리아 음식주간동안 매일 그 날의 메인 테마를 중심으로 식도락, 와인 홍보, 과학, 문학, 여행 관련 행사 및 모임을 열어 세계미식가의 입맛을 사로잡고 있다(트레블 바이크 뉴스, 2017년 11월 10일).

세계 최대 규모의 여행 사이트인 트립 어드바이저에 의하면 음식여행이 크게 증가하고 있다. 음식여행의 폭발적 증가는 음식 관련 TV프로그램과 소셜미디어 등을 통해 음식 경험담이 전 세계적으로 공유되고 체험을 중요하게 생각하는 밀레니얼 세대의 공감을 얻고 있기 때문이다. 각종 소셜미디어와 여행정보 사이트에는 매일 음식 사진들이 게재되고 있다. 이런 사진을 보면서 여행자들이 여행계획을 세우고 직접 가서 맛을 체험하면서 음식여행이 관광업계에서 핫이슈로 자리를 잡았다. 트립 어드바이저가 여행자들의 추천으로 뽑은 맛 여행지 톱10에서는 이탈리아, 스페인, 미국이 강세를 보였다. 이탈리아의 로마가 1위, 플로렌스가 2위, 베니스가 7위를 차지했고, 스페인에서는 바르셀로나가 4위, 마드리드가 8위에 이름을 올렸다. 미국은 뉴올리언스와 뉴욕시가 나란히 5위와 6위에 선정됐다. 프랑스 파리의 몽마르트 맛투어가 3위에 올랐다(중앙일보, 2918년 4월 27일).

훌륭한 음식은 관광명품이 될 수 있기 때문에 향토음식의 관광상품화는 지역음식문화를 창달하고 지역의 특산물을 개발하고 발전시키고 나아가 요식업을 활성화 하여 사외, 경제, 문화 등 다양한 면에서 지역을 발전시키는데 기여할 수 있다. 농촌지역에서는 음식의 재료가 되는 산물의 활용과 판매를 촉진하고 지역 홍보와 지역경제 활성화 차원에서 볼거리, 놀거리, 즐길거리 등과 연계하여 다양한 음식문화축제를 개최하고 있다(김상철, 2000). 예를 들어 2017년 청송도깨비 사과축제는 약 10만명이 방문했으며, 직접적인 경제효과는 53억원 정도로 밝혀졌다(아시아뉴스통신, 2018년 2월 2일).

이러한 사회문화적 배경과 함께 지방자치가 활성화되면서 각 지역 내 특색 있는 관광상품을 개발해서 특징적 문화를 주제로 다양한 이벤트나 축제를 개최하여 지역문화를 보존하고 알리며, 관광객 유치를 통해 지역경제를 활성화시키기 위한 노력을 하고 있다(민영희와 박금순, 2010). 또한 지역공동체를 결속시킴으로써 지역에 거주하고 있는 주민들이 지역에 대한 자긍심을 고양하고 지역에 대한 긍정적인 이미지를 갖게 하여 지역을 홍보하는 역할도 하고 있다(최정화와 서태양, 2012). 대규모 시설과 높은 투자비용이 요구되는 다른 관광시설에 비해 지역 특산품, 음식, 역사문화, 스포츠 등 지역사회의 기존 관광자원과 연계되는 지역축제는 대규모의 자본투자 없이 개최가 가능하기 때문에 비용절감효과가 있으며, 축제의 관광 상품화로 얻은 수익이 주로 지역주민들에게 환원되기 때문에 지역 누출의 부작용이 적다고 할 수 있다(이경모, 2004).

음식을 기반으로 한 체험과 음식축제 그리고 식자재를 구매하기 위한 쇼핑 등과 같은 음식관광이 한국의 대표적인 문화관광 상품으로 성장하고 있다(강성진 외, 2014). 특히, 음식이 주요주체가 되고, 향토 음식이나 특산품을 소재로 한 음식축제는 그 지역의 정체성을 나타내는 관광자원으로서 훌륭한 가치를 지닌다. 또한 지역경제를 활성화하고 문화를 보존할 수 있는 기능을 수행할 수 있다(안경모와 김주연, 2009; 장순옥과 이연정, 2009). 향토음식의 관광상품화는 지역홍보를 통한 지역이미지의 긍정적 전환, 타 산업과의 연계를 통한 지역소득 및 고용효과 창출을 통해 지역의 관광활성화를 유도할 수 있는 효과가 있다고 하였다(김현철, 2014; 진영재, 2009).

음식문화축제는 음식문화와 음식소재를 활용하여 향토음식을 상품화하기 위해 지역단위에서 다양한 형태로 도입해 왔다. 음식문화축제는 음식상품의 판매의 차원을 넘어 향토음식과 지역문화의 최적 결합을 통해 지역의 문화와 이미지를 홍보하고 향토음식의 브랜드화에 중요한 역할을 하고 있다(김문명, 김상범, 이수범, 2012). 향토음식이나 특산물을 소재로 하는 지역음식 축제가 최근 관광객들의 관심을 받는 이유 중의 하나는 소득수준의 향상에 따라 음식에 대한 인식과 소비패턴이 식도락 즉, 먹는 것에서의 자기만족의 높임을 통해서 문화의 향유를 누리고자하는 라이프스타일의 변화 때문이라고 할 수 있다(박기용, 2009).

문화체육관광부는 축제평가제도를 통하여 지역의 다양한 축제 중, 우수한 축제를 국내 관광객은 물론 외국인 관광객이 즐길 수 있는 대표적인 관광콘텐츠로 육성하기 위해 1995년부터 매년 문화관광축제를 선정하고 예산을 지원하고 있다. 문화체육관광부는 대표축제, 최우수축제, 우수축제 등은 예산과 홍보를 지원하고, 유망축제는 홍보만 지원하고 있다. 이 제도로 인하여 축제가 정형화되거나 지나친 외형적 팽창을 지향하는 등과 같은 문제가 없는 것은 아니지만 그래도 질적 수준이 한 단계 높아진 것은 부인할 수 없다. 지역의 재정력이 열악한 자치단체의 경우 특히 평가제도가 실효성이 높다고 볼 수 있다(이정민, 김재남, 이상호, 2017).

이 중에 음식축제는 2006년에는 화천산천어축제를 비롯하여 20개, 2007년에는 인제빙어축제를 비롯해 17개, 2008년과 2009년에는 경주 한국의 술과 떡잔치를 포함한 20개, 2010년에는 하동야생차문화축제를 포함한 16개, 2011년에는 금산인삼축제를 포함한 15개가 선정되었다. 2012년에는 금산인삼축제를 비롯한 17개, 2013년에는 이천쌀문화축제를 포함한 13개, 2014년에는 괴산고추축제를 비롯한 10개, 2015년에는 대구약령시한방축제를 비롯한 15개, 2016년에는 순창장류축제를 비롯한 13개, 2017년에는 보성다향대축제를 비롯한 12개, 2018년에는 산청한방약초축제를 포함한 23개가 포함되었다.

2. 지역 특산품을 활용한 음식축제

1990년대 이후 한국사회에서 전통음식 ,향토음식, 토속음식이 지니고 있는 사회문화적 가치를 재평가하면서 일반 소비자들의 관심도 커지고 있다. 전통 토속음식이나 향토음식에 대한 관심은 I960년대 이후 급격히 진행되어 온 서구식 근대화 과정에서 전통문화가 상실되고 민족정체성이 위협을 받고 있다는 위기의식과 밀접하게 관련되어 있다. 문화적 전통에서 가장 보수적이라는 입맛마저 외국음식에 내주면 우리 됨의 마지막 보루를 내주는 것이라는 관점에서 관광과 음식축제를 통하여 지역정체성을 지키려는 의식이 강화되었다. 우리가 뿌리를 내리고 사는 땅과 우리의 몸을 분리해서 생각할 수 없으니 우리 땅에서 난 것을 먹어야 한다는 신토불이 의식을 이용한 다양한 음식물을 상품화하고 마케팅 전략을 통하여 전통적인 향토음식과 토속음식에 대한 관심을 강화하고 지속시키는 데에 음식축제가 큰 영향을 주었다고 할 수 있다(윤형숙과 선영란, 2010).

향토음식은 지역에서 생산되는 농·수·산·축·임산의 식재료로 만든 음식, 둘째, 그 지방에서 오래 전부터 내려오는 방법으로 조리된 음식, 셋째, 역사성을 가진 음식 즉 오래전부터 그 지역 주민들이 섭취하여 온 음식으로 현재도 수요가 있는 음식이다. 넷째, 지역주민들의 문화적 경험가치가 함축된 문화유산으로 전통음식과 향토음식의 상호관련성을 보면 향토 음식은 공간성, 고유성, 의례성과 같은 뚜렷한 지역적 특성으로 수평적인 공간축을 형성하고 그 바탕위에 향토음식이 쌓여가면서 전통음식으로 자리잡아가는 수직적인 시간 축을 이루고 있다(김정훈, 장미향, 김대철, 2016; 유지은, 이지현, 안성근, 2012; 한억, 1996).

소비자들은 향토음식의 맛, 영양, 품질 등의 본질적 가치와 경제적인 효용가치를 중요하게 여기며 이를 위해서는 충분한 가격을 지불할 의사가 있는 것으로 나타나고 있다. 또한 향토음식의 소비경험을 통해 건강과 안전에 대한 만족감 등의 감정적 가치는 물론 낯선 향토음식에 대한 호기심과 진귀함까지 추구하고 있다. 따라서 정부와 지자체를 중심으로 한 향토음식의 소비경험을 통한 향토이미지 제고 전략은 소비자의 방문의도에도 긍정적인 영향을 미치는 것으로 나타나 향토음식의 관광 상품화를 통한 음식관광이 향토이미지 제고는 물론 방문의도까지 유인할 수 있는 중요한 정책이 될 수 있다(강진희, 2017). 향토음식의 관광자원화는 경제적 효과

뿐 아니라 비경제적 효과도 매우 큰 것으로 알려지고 있다.

찬란한 음식문화를 꽃피운 중국, 일본, 프랑스 및 이탈리아 등에서는 음식문화가 중요한 관광자원으로 활용되어 중요한 수입원이 되고 있고, 전 세계로 확산되어 문화교류, 외국 관광객을 유치하고 지역사랑을 도모하는 데 크게 기여하고 있다(Kern and Rasmussen, 1995). 영국의 잉그마르 베르히만이라 불리는 거장 마이클 윈터바텀 감독은 영국의 대표 배우인 스티브 쿠건과 롭 브라이드를 주연으로 미식여행기를 만들었다. 1탄은 트립 투 이탈리아, 2탄은 트립 투 잉글랜드이고, 3탄은 트립 투 스페인이다. 이 미식여행기는 선정된 나라의 전역을 여행하며 음식과 인생, 사랑에 대한 유쾌한 수다를 펼친다. 일본의 고독한 미식가는 1994년부터 만화로 연재되기 시작하여 현재도 진행되고 있으며, 일본의 TV도쿄에서 방영하고 있는 시즌 7까지 방영될 정도로 인기를 끌었고, 우리나라에서도 방영되었다. 우리나라의 마니아들은 고독한 미식가에 방영된 곳을 찾는 미식여행도 즐기고 있다.

미식과는 거리가 있다고 알려진 독일의 경우를 예로 들어보자. 2017년에 독일을 찾은 외국인 관광객이 가장 많이 한 일은 관광지 방문이었고, 두 번째가 레스토랑과 카페 방문으로 집계됐다. 이들은 레스토랑과 카페 방문 등 식도락 활동에 전체 여행 경비 중 18.2%인 약 67억 유로(약 8조 8000억원)를 사용했다. 독일관광청은 관광의 주제를 미식으로 정했다. 독일에는 세계적인 레스토랑 평가서 미쉐린 가이드북이 인정한 미쉐린 스타 레스토랑이 약 300개, 저명한 와인 생산 지역은 13곳, 빵은 3200종이 넘는다. 매년 세계적 규모의 와인 축제와 미식 이벤트가 다양하게 열린다. 이들 축제와 이벤트는 와인 루트, 치즈 루트, 솔트 루트, 아스파라거스 루트 등 다양한 음식 테마 루트로 관광객을 맞는다(뉴시스, 2018년 4월 1일).

우리나라 지역축제의 64%는 농촌에서 개최되고 있다는 분석이 있다(안미정, 김진영, 김창훈, 2009). 특히, 전체 축제 가운데 지역특산물을 주제로 하는 축제도 대략 28% 정도인 것으로 추정된다(문화체육관광부, 2017). 대한민국지방신문협의회는 2016년부터 KINTEX에서 전국 각 지역의 우수 향토제품, 공예품, 관광상품을 전시하고, 다양한 부대행사를 하는 대한민국 명품 특산물 페스티벌을 개최하고 있다. 음식 관련 행사로는 인기상품 시식 체험, 유명 레시피 따라하기, 특색있는 지역 음식 체험, 요리왕 선발대회, 식품유통 관련 세미나 등의 행사가 이루어지고 있다. 2016년에는 53개 지자체 및 시군이 참여했고, 30-40대 주부 및 가족단위 참가자가 35,000명이나 되었다. 2017년에는 참가업체가 247개사 448부스였고, 36,154명이 참여했다.

<표 1-1> 지역특산품이 개입되는 시기별 축제의 종류

축제명	시기(월)	장소 및 주최	주요행사내용
빙어축제	12-2	경기/양평	낚시, 얼음썰매, 눈썰매
인제빙어축제	1-2	강원/인제	빙어낚시대회, 빙상에서 할 수 있는 각종 경기
강화빙어축제	1-2	경기/강화	낚시
강릉커피축제	2	강원/강릉	로스팅, 추출, 공예, 세미나
고로쇠약수제	2	경남/거제, 하동	수액채취, 약수시음, 다과회
명태 (인제의황태)축제	2	강원/고성, 인제	시식회, 할복대회, 요리경진대회, 먹거리장터, 명태꿰기
경주불고기축제	3	경북/천북,화산	품평회, 시식회, 농악 등
한우불고기축제	3-4	경남/봉계	소타고 달리기, 시식회, 불고기경연대회, 장터
주꾸미축제	3-4	충남/서천	민속놀이, 요리축제, 특산품 판매장 운영
술과 떡잔치	3-4	경북/경주	가래떡썰기, 떡메치기, 누룩디디기등, 시음 및 시식, 떡요리전시, 떡따라 만들기
남해설천참굴축제	3-4	경남/남해	모세의 기적 바래길 보물찾기, 참굴요리대회, 설천참굴가요제

축제명	시기(월)	장소 및 주최	주요행사내용
명품복숭아큰잔치	4	전북/전주	복숭아잔치
유채꽃잔치	4	제주/북제주군	유채관련 행사, 사진찍기, 따기
복사꽃·대게큰잔치	4	경북/영덕	게기네스 대회(빨리먹기), 요리경진대회
기장멸치축제	4	경남/기장,대변	멸치젓갈판매, 멸치 및 생선판매
건천송이축제	4	경북/경주	송이아가씨 선발 및 직판장 개설, 요리전시
고로쇠약수제	4	전남/남원	시음회, 수액채취
향토음식대축제	4	전남/함평	전통요리전시, 향토식당 운영
고사리따기대회	4	제주/북제주군	고사리채취 및 시상, 향토음식점
고추장축제	4	전남/순창	고추장전시, 요리전시 및 요리시식회
배꽃축제	4	울산, 전남/나주	배꽃아가씨선발, 배요리 시식회, 배시음회
광안리어방축제	4	부산/광안리	활어요리경연대회, 쑥캐기대회
약수제	4	전남/구례	향토음식축제 및 야시장개설 농악잔치 및 명인명창대회, 선녀선발대회
제주왕벚꽃축제	4	제주시 종합경기장	개막축제, 민속·예술축제, 음식축제 등
유채꽃 표고버섯축제	4	경남/거제	버섯품종별전시, 버섯가공품전시, 버섯요리개발
수산물 (해산물)축제	4	전북/고창, 군산	시식회, 농악 및 사물놀이
딸기축제	4	경기/양평, 충북/논산	품평회, 시식회 등
삼천포항 수산물축제	4	경남/삼천포항	맨손 붕장어 잡기, 시식회, 낚시
태안몽산포항 주꾸미& 수산물 축제	4-5	충남/태안	낚시
축산물축제	5	서울/마장동	육류썰기대회, 부위알아맞추기, 육류판매

축제명	시기(월)	장소 및 주최	주요행사내용
차례문화대축제	5	광주시, 경남/하동	헌다식, 차잎따기, 녹차만들기, 녹차시음
산나물축제	5	양평, 영양, 울릉도,	채취대회, 지역특산물 직판장 개설
남해안생선 요리잔치	5	전남/여수	국악공연, 장어달리기, 수산물시식회
광산우리밀축제	5	광주시/ 광산구	밀집 공예, 곤포아트, 전통놀이, 타로, 버블아트, 밀 베기, 우리 밀 제품 판매
약초꽃 한마당잔치	5	대구/약전골목	약초꽃전시, 사진전, 약제 비교전시, 한방떡
딸기축제	5	충북/청원	퍼레이드, 딸기 빨리 먹기, 가훈 써주기
다향제	5	전남/보성	헌다식, 차잎따기, 녹차시음
야생차문화축제	5	경남/하동	찻잎채취, 시음회, 다례식
Bamboo Festival	5	전남/담양	죽세공, 대나무술담그기, 죽순회시식
꽃게축제	5	충남/보령	시식 및 판매
수박·참외축제	5	경북/성주	품평회, 수박아가씨선발
장보고축제	5	전남/완도	길놀이, 고전무용, 청해진바다음식축제, 낚시대회
벌꿀축제	5	경북/칠곡	풍년기원제, 벌수염붙이기, 아카시아길걷기
보물섬마늘 &한우잔치	6	경남/남해	푸드 가이드, 마늘쇠 선발대회, 마늘가요제, 불꽃쇼, 일루미아(빛터널) 등
멍게축제	7	경남/남해	멍게요리시식, 해산물음식축제
황기대축제	7	강원/정선	황기품평회, 황기요리존개장, 황기캐기현장체험
봉성돼지 숯불축제	7	경북/봉화	돼지고기요리경연대회, 시식회

축제명	시기(월)	장소 및 주최	주요행사내용
대구치맥 페스티벌	7	대구	치킨과 맥주 시음, 각종 무대행사, 전시행사
오징어축제	7(9)	강원/동해, 주문진	풍어제, 오징어맨손잡기, 오징어회썰기, 젓갈류
고래축제	7	울산광역시 /장생포	풍어제 외
찰옥수수축제	7-8	강원/홍천	옥수수품평회, 옥수수학술세미나, 요리경연대회
은어축제	7-8	경북/봉화	은어잡기, 민물고기전시, 은어요리시식
복수박축제	7-8	강원/횡성	복수박품평회, 시식회, 빨리먹기대회
올갱이축제	8	충북/옥천	올갱이줍기, 올갱이 패종뿌리기, 사물놀이
오징어축제	8	강원/동해	풍어제, 썰기대회, 요리경연대회, 승선체험
두부축제	8	강원/경포대	두부무료시식
막국수축제	8	강원/춘천	메밀음식경연대회, 시식회
송이축제	9	경북/봉화,양양	송이채취, 송이요리대회, 먹거리장운영
인삼축제	9	충남/금산, 경북/풍기	인삼캐기여행, 인삼깎기, 인삼요리
감자큰잔치	8-9	강원/평창, 정선	감자아가씨선발, 감자요리경연대회, 감자기네스
포도축제	8-9	안산,경북	시음시식, 전시, 포도염색 전시, 포도기네스
남해안생선 요리축제	8	경남/한려 해상	요리전시관, 향토식당운영, 수산물 채취대회
강원감자 큰잔치	9	강원/평창	감자구워먹기, 특산물판매, 감자왕 선발
거봉포도축제	9	충남/천안,입장	먹거리장터, 포도아가씨선발, 공연
대하축제	9	충남/홍성	풍어제, 어선퍼레이드, 먹거리장터
맛자랑 음식축제	9	대전광역시	전통상차림 및 도구전시, 외국음식전시, 시식회

축제명	시기(월)	장소 및 주최	주요행사내용
고추축제	9	경북/영양	고추품평회, 고추아가씨선발
이동갈비축제	9-10	경기/포천	갈비요리경진대회, 먹거리장터
옥토버축제	10	경남/남해	퍼레이드, 맥주 시음
인삼축제	9-10	경북/영주, 충남/금산	인삼요리경진대회, 캐기현장, 시골장터, 판매
경기전통음식축제	10	경기/용인	시식회, 전시회(요리 및 떡) 등, 경기의 맛 선정
성환배축제	10	충남/천안	추수감사제례, 배품평회, 배아가씨선발
농업인의 날	10	전북/장성	우수농산물전시, 농산물 품평회, 민속놀이마당
동해무릉제	10	강원/동해	오징어품평회, 요리대회, 배승선, 먹기대회
남대천연어축제	10	강원/양양	용왕제, 맨손연어잡기, 연어와 함께 달리기
전통맛깔젓축제	10	충남/논산, 강경	젓갈판매, 젓갈열차운행, 젓김치담그기, 시식회
자갈치문화축제	10	부산광역시	외국인요리경연, 깜짝경매, 수산물장터, 자갈치 아지매 솜씨자랑, 체험고기잡이, 먹거리장터
김치대축제	10	광주광역시	김치요리경연대회, 김치실물 및 자료전시, 발효식품전시, 외국인요리경진대회, 김치담그기
감귤축제	10	제주/문예회관	품평회 및 전시회, 조리제품 선보이기
남도음식축제	10	전남/순천	주제별 음식전시, 조선시대 장날재현, 즉석음식 만들기, 농·수산·특산물전시, 향토음식재현
단감축제	10	경북/안강, 청도, 창원	품평회, 감깎기, 먹기대회, 감제품 홍보 및 판매
화홍문화제/갈비축제	10	경기/수원	능행차시연, 제향, 시연갈비먹거리, 놀이이벤트

축제명	시기(월)	장소 및 주최	주요행사내용
문경약돌한우축제	10	경북/문경	전시행사, 시식 및 판매행사, 특별 및 상설행사, 체험행사
전어축제	10	전남/광양	전어요리 페스티발
막국수축제	10	경기/여주	막국수 무료시식
약령제전	10	대구광역시	한약 및 한약요리전시, 약초상설전시, 약초사진
유자골축제	10	전남/고흥	유자음식전시, 유자판매
쌀축제	10	경기/이천	쌀전시, 판매 등
지평선축제	10	전남/김제	쌀음식 및 상차림, 쌀전시 및 판매, 메뚜기잡기
횡성한우축제	10	강원/횡성	먹을거리, 한우문화, 지역홍보, 놀거리
사과축제	10-11	충주, 거창, 예산, 밀양, 산청, 청송	품평회, 사과따기, 아가씨선발, 사과 식품판매전
오동동거리 문화축제	11	경남/마산	거리공연, 전시, 아구찜식사 및 통술시음
과메기축제	11	경북/포항	과메기기네스, 고향맛보내기, 직판장개설
황기축제	11	강원/정선	명품화작업(전국생산량의 60%)
농산물축제	11	전북/완주	농특산물 전시판매, 요리전시회
콩축제	11	경기/파주	품종별전시, 콩요리전시
감귤축제	11	제주/제주시	품평회 등
농업축제	11	경기/평택	우수 농·축산물 전시, 배품평회, 솜씨자랑
간월도바다 음식축제	11	간월도	굴, 새조개 까기 대회, 조개 조각전
광주김치축제	12	광주	전통김치전시, 젓갈모음전, 김치담그기

축제명	시기(월)	장소 및 주최	주요행사내용
한방김치축제	12	경기/포천	약초를 이용한 김치 담기
특산물축제 (과메기)	12-1	경북/구룡포	과메기기네스, 맛자랑코너, 특산물 판매개최

출처: 김상철(2003)의 자료를 저자가 수정

<표 1-1>에 의하면 지역의 특산품이 개입되는 축제가 100개가 넘고, 특산품의 종류도 60개 가까이 되고 있다. 음식축제에 개입되는 지역 특산품을 지역별로 분류한 자료에 의하면 농림수산자원부가 관장하는 농촌, 어촌, 산촌에서 나는 작물류나 수산물이 거의 대부분이다. 음식축제가 개최되고 있는 시기는 주요 주제가 음식의 재료라는 점에서 출하시기와 밀접한 관련을 맺고 있는 것을 알 수 있다. 제철에 출하되는 식품이 가장 맛있고, 신선하고, 그 재료를 이용해서 만든 음식도 가장 맛있기 때문이다. 주요 행사내용을 보면, 거의 대부분이 먹거리장터, 판매, 참여, 시식회 및 품평회 등으로 구성되어 있다.

지역 축제와 관련된 선행연구들에 의하면, 대부분의 경우 참가자들은 축제참가 자체보다는 향토음식을 즐기고 체험하고 관련 상품을 사기 위하여 참가하는 것으로 밝혀졌다(김광근과 최창권,2002; 김동호, 2000: 김복일과 오영준, 1998; 김상철, 2000; 박병렬, 2000; 박진영, 이태희, 김용근, 2000). 지역 축제를 개최하는 대부분의 지자체도 관련 상품을 비교적 저렴하게 판매하고, 이를 통하여 향토음식과 식품을 홍보하고 있기 때문이다.

<표 1-2> 지역축제에 개입되는 특산 수산물 및 지역별 분류

구분		특산수산물 수수수산물	지역명	회수
수산물 (21종)	해수어 (18종)	일반 수산물	부산/광안리	1
			전남/완도	1
			전북/고창, 군산	2
			경남/사천	1
		꽃게	충남/보령	1
		대게	경북/영덕, 강구	2
		조개	충남/대천	1
		참장어	전남/여수	1
		오징어	강원/동해, 주문진	2
		아구(찜)	경남/마산	1
		건조동결 명태(황태)	강원/고성, 인제	2
		건조동결꽁치 (과메기)	경북/포항, 구룡포, 감포	3
		주꾸미	충남/태안	1
		멸치	경남/남해, 대변	2
		멍게 (우렁쉥이)	경남/남해	1
		전어	광양, 보성, 무창포, 서천, 삼천포, 명지, 술상	7
		연어	강원/양양, 남대천	2
		장어	전남/여수,경남/김해, 경북/포항	3
		대하	충남/홍성	1
		고래	울산/장생포	1
		대구	경남/거제	1
		굴	경남/남해	1
	담수어 (3종)	빙어	강원/인제, 경기/양평, 강화	3
		은어	경북/봉화	1
		올갱이	충북/옥천	1

출처: 김상철(2003)의 자료를 저자가 수정

<표 1-3> 지역 축제에 개입되는 농·임산물 및 지역별 분류

구분		특산물 농·임산물	지역명	회수
농산물 (20종)	과일류 (12종)	사과	경북/청송	1
			경남/거창, 산청, 밀양	3
			충남/예산	1
		배	울산/울주	1
			경기/평택	1
			충남/천안, 성환	2
			전남/나주	1
		포도	경기/안산	1
			경북/영천, 김천	2
			충남/천안, 입장	2
		딸기	경북/고령	1
			충북/청원	1
		수박	경북/성주	1
			전남/고창, 비봉	2
			경남/창원, 함안	2
		복수박	강원/횡성	1
		참외	경북/성주	1
		복숭아	전북/전주	1
		귤/귤	제주/제주시	1
		매화, 매실	경남/원동, 전남/광양, 충남/당진	3
		단감	경북/경주(안강), 청도	2
			경남/창원, 진영	2
		유자	전남/고흥	1
	곡류 (4종)	쌀	전남/김제	1
			경기/이천	1
		밀	충북/괴산	1
		감자	강원/정선, 평창	2
		콩	경기/파주	1
	채소류 (4종)	찰옥수수	강원/홍천	1
		고추	경북/영양	1
		마늘	경남/남해	1
		유채꽃	제주/북제주군	1
임산물 (6종)		인삼	경북/풍기, 영주	2
			충남/금산	1
		버섯	경기/파주	1
			경북/경주(건천)	1
		산나물	경북/봉화	1
			강원/원주, 평창	2
		송이(자연)	경북/봉화, 양양	2
		벌꿀	경북/칠곡	1
		고사리	제주	1

출처: 김상철(2003)의 자료를 저자가 수정

<표 1-2>를 보면 수산물은 모두 21종인데, 해수어가 18종으로 거의 대부분을 차지하고 있고, 담수어는 빙어, 잉어, 올갱이 등 3종에 불과하다. 해수어를 활용한 축제가 이렇게 많은 것은 우리나라가 3면이 바닷가이고, 해안의 절경과 해수어를 결합한 관광상품을 개발하기 위한 지방자치단체의 전략 때문인 것으로 볼 수 있다. 일반수산물은 광안리, 완도, 고창 및 군산 등의 4곳에서 열리고, 대게는 영덕과 강구, 오징어는 동해와 주문진, 황태는 고성과 인제, 과메기는 포항, 구룡포 및 감포, 멸치는 대변과 남해, 연어는 양양과 남대천에서 열리고, 나머지는 가장 많이 잡히는 지역에서 열린다.

<표 1-3>에는 음식축제에 개입되는 농산물 19종과 임산물 6종이 제시되어 있다. 농산물은 과일이 12종으로 가장 많았고, 곡류가 4종, 채소류가 4종으로 나타났다. 개최되는 지역을 분석해 보면, 배는 울주, 평택, 천안, 성환, 나주 등의 5개 지역에서 열리고 있다. 포도도 안산, 영천, 김천, 천안과 입장 등의 5개 지역에서 개최되고 있고, 사과의 경우에는 예산, 거창, 산청, 밀양, 청송 등의 5개 지역 이상에서 열리고 있다. 곡류는 쌀, 밀, 감자, 콩 등이 포함되었고, 채소는 찰옥수수, 고추, 유채꽃 등이 포함되었다. 임산물로는 풍기, 영주, 금산의 인삼, 파주와 건천의 버섯, 봉화, 원주와 평창의 산나물, 봉화와 양양의 송이, 칠곡의 벌꿀, 제주의 고사리 등이 있다.

<표 1-4>를 보면, 축산물이 갈비, 한우, 일반축산물, 돼지고기를 포함한 4종, 일차생산품을 가공하여 얻어지는 막국수, 김치, 두부, 젓갈, 고추장 등이 5종, 요리에 바로 사용되지는 않지만 요리에 응용할 수 있는 품목인 차(茶), 약수, 한약재, 고로쇠수액, 대나무, 황기 등을 포함한 6종으로 밝혀졌다. 차(茶)는 요리에 바로 사용되지는 않지만 이것을 요리에 응용하여 상품화시키고 있다. 예를 들어 녹차잎 등을 사료로 먹인 녹차돼지고기, 차를 달인 물을 돌솥밥에 사용하면 녹차 돌솥밥, 녹차 아이스크림, 녹차 라떼 등으로 응용되고 있다(김상철, 2003). 녹차단지로 유명한 보성에서는 계절에 맞는 각종

녹차음식 만들기, 녹차 청국장, 녹차 약식, 녹차잎 장아찌 담기, 녹차 꽃주 만들기, 천연재료 다식 등과 같이 녹차음식체험을 할 수 있는 곳이 있다.

<표 1-4> 지역축제에 개입되는 축산물, 가공품 및 지역별 분류

구분	특산물 농·임산물	지역명	회수
축산물 (4종)	갈비	경기/포천, 이동	2
		경기/수원	1
	한우	경북/경주(화산), 문경	2
		울산/언양, 봉계	2
		경남/남해	1
		강원/횡성	1
	일반 축산물	서울/마장동	1
	돼지고기	경북/봉화	1
2차 가공품 (5종)	막국수	강원/춘천	1
		경기/여주	1
	김치	대구광역시	1
		광주광역시	1
	두부	강원/경포대	1
	젓갈	충남/논산, 강경	2
	고추장	전남/순창	1
응용 부산물 (6종)	차	경남/하동	1
		전남/보성	1
	약수	전남/구례, 남원, 충북/청주 강원/양양	4
	한약재 및 약초	서울/경동시장	1
		대구광역시/약령시장	1
	고로쇠수액	경남/거제, 하동	2
	대나무 및 죽순	전남/담양	1
	황기	강원/정선	1
기타 (1종)	전통떡 및 전통주	경북/경주	1

출처: 김상철(2003)의 자료를 저자가 수정

제2장

외국의 음식축제

1. 서양의 음식축제

1) 옥토버페스트

옥토버페스트(Oktoberfest)는 독일 남부 Bayern 주의 주도 뮌헨에서 개최되는, 세계에서 가장 규모가 큰 민속 축제이자 맥주 축제다. 매년 9월 15일 이후에 돌아오는 토요일부터 10월 첫째 일요일까지 16~18일간 계속되는 이 축제는 1810년에 시작되어 2018년 현재 185회를 맞이하는데, 전 세계에서 몰려드는 방문객은 매년 평균 600만 명에 이르고 있다.

1810년 10월 12일, 바이에른 왕국의 황태자 Kronprinz Ludwig와 작센의 공주인 Therese von Sachsen-Hildburghausen의 결혼식이 뮌헨에서 거행됐다. 이 왕실 결혼을 기념해 1810년 10월 12일부터 10월 17일까지 축하 연회와 민속 스포츠 경기가 벌어졌고, 바이에른 근위대는 축제 마지막 날인 10월 17일에 대규모 경마 경기를 개최해 새로운 왕족 부부의 탄생을 경축했다. 바이에른 왕실은 뮌헨 시민들이 크게 열광한 경마 경기를 상기해 이듬해 같은 날, 같은 장소에서 경마 경기를 다시 개최했고, 이로써 10월에 열리는 축제, 옥토버페스트의 전통이 시작됐다. 옥토버페스트는 1819년에 연례 행사로 확정됐다.

옥토버페스트는 19세기 중반부터 뮌헨을 대표하는 6대 맥주 회사의 후원을 받아 세계 최대 맥주 축제로 발돋움할 수 있는 계기를 마련했다. 축제에 참여하는 맥주 회사들은 시중에 유통되는 맥주보다 알코올 함량을 5.8-6.3%로 높인 축제용 맥주를 준비한다. 그리고 최대 1만 명을 수용할 수 있는 거대한 천막을 세워 맥주를 판매하는데, 축제 기간 동안 팔린 맥주는 평균 약 700만 잔에 달하는 것으로 집계됐다.

뮌헨 옥토버페스트는 세계 각지로 퍼져나가 유사한 성격의 민속 축제, 맥주 축제로 자리 잡았다. 뮌헨 옥토버페스트의 뒤를 이어 가장 규모가 큰 축제는 중국 칭다오의 옥토버페스트로, 매년 3백만 명의 방문객이 축제를 찾는다. 캐나다 온타리오 주 키치너, 브라질 남부 산타카타리나 주 블루메나우에서 개최되는 옥토버페스트에는 연간 60-70만 명의 방문객이 몰려든다.

미국 신시내티에서 1976년부터 개최된 Oktoberfest Zinzinnati는 미국에서 열리는 가장 규모가 큰 옥토버페스트로, 그들의 독일계 조상을 기리는 의미에서 축제 명칭을 독일어로 지칭한다. 뮌헨에 이어 독일에서 두 번째로 규모가 큰 하노버 옥토버페스트에는 매년 방문객 90만 명이 축제를 함께 한다. 한편 2011년에는 오스트리아 빈에서 처음으로 빈 옥토버페스트가 개최됐는데, 대형 맥주 천막 3개가 설치된 가운데 방문객 15만 명이 처음 열린 축제를 함께 했다(네이버 지식백과). 독일에 파견되었던 광부와 간호사들이 살고 있는 남해의 독일마을에서는 옥토버페스트를 2010년부터 독일마을 맥주축제를 열고 있다. 이 축제를 통하여 독일문화를 체험하고 정통 독일맥주를 맛볼 수 있어 해마다 방문객이 늘고 있다.

2) 하와이 음식과 와인 축제

2011년부터 시작된 하와이 최대 규모의 미식축제라고 할 수 있는 하와이 음식과 와인 축제는 은 오아후, 마우이, 하와이 아일랜드 등 3개 섬에서 진행되며, 전 세계 약 120명의 셰프들이 참가해 환태평양 요리의 진수를 선보인다. 2017년 축제는 하와이식 전통 식재료만을 사용해 요리를 선보인다. 동양과 서양의 요리가 혼합된 형태의 환태평양식 요리가 일반인들에게 제공되며 길거리 음식을 주제로 하는 첫 미식 행사가 마우이에서 시작됐다. 태양의 요리를 테마로 하와이 아일랜드에서 다양한 요리 축제가 펼쳐지며, 오아후 섬에서의 갈라 디너 시리즈로 성대한 막을 내린다. 본 행사를 통해 모금된 수익은 하와이 전통 식재료를 지속해서 조달하기 위해 하와이 농업 재단 등 협회 8곳에 기부된다(조선닷컴, 2017년 9월 1일).

3) 오스트레일리아의 멜버른 음식과 와인 축제

오스트레일리아 빅토리아주 멜버른에서 해마다 3월에 20일간 개최되는 와인과 음식 축제로 25만명 이상이 참여하고 있다. 1993년부터 시작된 이 축제는 멜버른과 빅토리아주의 고유 이벤트로서, 멜버른의 다양한 음식과 와인 문화를 즐길 수 있다. 이 축제의 하이라이트는 세계에서 가장 긴 점심이다. 이탈리아의 화가 티에플로가 그린 그림인 클레오파트라 연회에서 모티브를 얻어 만든 르네상스 양식의 연회로 멜버른을 포함한 빅토리아 전역에서 백명에서 천명이 넘는 사람들이 함께 앉아서 식사를 즐길 수 있는 긴 테이블이 마련된다. 2014년 축제에서는 530미터 길이의 식사케이블이 멜버른 알버트 파크 그랑프리 서킷의 직선구간을 따라 배치되었다. 20개 이상의 요리 핫스팟이 강변을 따라 흩어져 있는 River Graze는 다양한 식음료가 제공될 뿐만 아니라 온 가족이 무료 엔터테인먼트도 즐길 수 있다. 빅토리아 와인과 맥주를 제공하는 팝업 바, 미니 농산물 시장, 신선한 해산물 및 푸드 트럭을 이용할 수 있습니다. 마스터클래스는 세계 50대 레스토랑 목록 선정을 기념하며 축제 기간 동안 발표하고, 참가자들은 세계 최고 셰프들의 비법을 지켜보고 맛보며 배우는 기회를 갖는다.

4) 프랑스의 식도락 축제

프랑스 음식 문화의 유네스코 세계 문화유산 등재를 계기로 2011년에 처음 시작된 프랑스 식도락 축제는 프랑스 재정경제부와 농업식품산림부의 적극적인 기획과 지원으로 매년 열리고 있다. 행사가 열리는 3일 동안 셰프, 식품 전문가, 생산자, 음식 애호가, 여행업계 관계자 등과 대중이 모두 거리로 나와 서로의 노하우를 나누는 교류의 장이 마련되며, 요리 시연회와 요리 대회, 각종 시식회 등 다양한 볼거리와 즐길 거리도 제공된다. 2016년에는 약 250만 명의 방문객과 30만 명의 업계 관계자들이 10,500가지에 달하는 다양한 행사에 참여했다. 축제 기간 중 에는 Saint-Maur-des-Fossés 지역에서 열리는 푸드 트럭 페스티벌, '그르노블 농수산물 도매시장에서 펼쳐지는 대규모 푸드 페스티벌 등 프랑스 곳곳에서 다채로운 행사가 열린다(아시아뉴스통신, 2017년 8월 17일).

5) 테이스티 페스티벌

2004년 런던에서 시작해 이탈리아 밀라노·로마, 미국의 시카고, 네덜란드 암스테르담, 캐나다 토론토, 호주 시드니, 홍콩, 프랑스 파리, 우리나라의 부산 등 각국 유명 도시에서 열리는 세계적인 미식 축제이다. 스타 셰프 들의 작품을 맛볼 수 있고, 방문객을 위한 요리 강좌 프로그램, 푸드 마켓 등도 마련돼 다양한 먹거리와 볼거리를 즐길 수 있다. 2015년부터 시작된 테이스트 오브 파리는 해마다 프랑스 미슐랭 스타 셰프와 인기 레스토랑이 참여해 큰 호응을 얻고 있다. 2017년에는 미슐랭 스타 레스토랑 등 19개 유명 레스토랑을 비롯해 디저트, 음료 등 다양한 브랜드가 참여했고, 최근에 파리에서 인기 높은 네오-비스트로 레스토랑도 페스티벌에 합류했다.

6) 스페인의 토마토축제

1944~45년에 시작된 이래 초기 토마토 축제에서는 많은 젊은이들이 경찰에 잡혀가곤 했다. 청년들이 토마토를 마구 던져 거리를 난장판으로 만들었기 때문이다. 그러나 시민들은 경찰에게 젊은이들을 석방하라고 요구했다. 시민 사회가 모든 소란을 축제의 흥겨운 분위기 속에서 벌어진 해프닝으로 너그럽게 포용한 것이다. 이러한 사건이 이어지면서 축제에 대한 관심도 높아져, 1957년에 이르러 부놀 시의회는 토마토 축제를 공식적인 지역 축제로 승인하면서 안전 수칙과 규칙을 정했다.

언론을 통해 토마토 축제가 소개되면서 다른 나라에서도 이와 유사한 축제를 벌이기도 한다. 콜롬비아 수타마르찬(Sutamarchán) 토마토 축제, 코스타리카 산 호세 데 트로야스(San José de Trojas) 토마토 페어, 중국의 광둥과 둥관의 토마토 싸움, 미국 네바다 주 르노 토마토 싸움, 인도 카르나타카 주 방갈로르·마이소르 토마토 축제 등이 부뇰 토마토 축제에서 영감을 받은 축제들이다. 우리나라에서도 2003년부터 강원도 화천에서 토마토 축제를 개최하고 있다(네이버 지식백과).

7) 이탈리아 마리노 포도 축제

마리노는 로마 남쪽의 구릉지 카스텔리 로마니의 대표적인 와인 생산지다. 로마 시대 황제들이 즐겨 마셨다는 화이트 와인으로 유명한 이곳에서 매년 10월 첫째 주 일요일을 전후해 포도 축제가 열린다. 1571년 기독교의 신성동맹과 오스만튀르크제국은 그리스의 레판토 앞바다에서 전쟁을 기독교군이 크게 승리했다. 전쟁의 승리가 성모마리아의 가호 때문이라고 여겨 10월 7일을 승리의 성모 축일로 선포했고, 해마다 종교행사를 했다. 1925년 마리노 출신의 시인 레오네치프렐리가 레판토 해전에 참전한 장군과 마리노 시민을 기리는 포도 축제를 개최하자고 제안하면서 현재까지 이어지고 있다.

오랜 와인 역사를 지니며 연간 8억 병 이상의 와인을 생산하는 이탈리아에서는 포도 수확기를 맞아 여러 지역에서 포도 축제가 열린다. 그중 음식과 포도주로 유명한 중세 도시 마리노의 포도 축제가 가장 유명하다. 축제 기간이 되면 인구 약 4만 명의 작은 도시 마리노에 10만 명이 넘는 방문객이 모여든다. 방문객들은 포도를 무료로 맛보고 일요일 저녁 마리노 시내 중심가의 분수에서 물 대신 흘러나오는 와인을 받아 마실 수 있다. 그 밖에, 이탈리아 전통 돼지고기 요리인 포르케타를 곁들여 와인을 마시는 술판이 곳곳에서 벌어지며 가장행렬, 공연, 불꽃놀이 등이 축제 분위기를 돋운다(네이버 지식백과).

8) 프랑스 망통 레몬 축제

프랑스의 작은 도시 망통에서 개최하는 세계 최고의 레몬축제다. 망통은 풍부한 일조량과 맑은 날씨 덕에 레몬, 오렌지 등 감귤 산업이 발달해 이 지역의 대표 특산물로 꼽힌다. 망통 레몬축제에는 이 지역에서 생산된 약 130톤의 레몬과 오렌지가 사용되며, 300여 명의 축제 전문가가 고용되어 축제를 준비한다. 레몬으로 꾸며진 거리에는 다양한 공연과 행진, 요리대회 등이 이어져 관람객에게 볼거리를 제공한다. 축제 기간 내내 썩거나 손상된 과일은 교체하며, 축제가 끝난 후 상태가 좋은 과일은 헐값에 판매한다. 망통 레몬 축제 기간에는 공식적으로 레몬과 오렌지를 판매하는 수익사업을 하지 않는 게 특징이다(네이버 지식백과). 레몬축제는 디즈니랜드, 이상한 나라의 앨리스, 브로드웨이 등 매년 주제를 바꿔가며 다채롭게 꾸며진다. 2018년의 주제는 Bollywood로 인도 영화산업을 중심으로 화려하게 꾸며졌다. 특히 레몬과 오렌지로 만든 타지마할이 관광객들의 눈길을 사로잡았다. 2007년부터 시작된 빛의 정원은 비오베스 정원에 있는 대형 조형물들을 화려한 조명으로 펼치는 야간 행사다. 레몬 축제에서 가장 유명한 행사는 황금빛 과일 수레 행진이다. 축제가 진행되는 일요일마다 오렌지와 레몬으로 만든 대형수레들이 악단의 신나는 음악을 배경으로 행진한다. 퍼레이드 행사는 낮뿐만 아니라 밤에도 이어고, 야간 행진은 불꽃놀이까지 곁들여져 더욱 다채로운 볼거리를 제공한다(매일경제, 2018년 2월 24일).

9) 길거리음식 축제

전 세계의 다양한 관광지와 도시에서 길거리음식 축제를 다양하게 개최하고 있다. 베트남 호치민시는 세계 길거리음식 축제를 개최하여 매년 30

만 명에서 50만 명이 참가해 음식과 관광을 통해 각국의 문화적 연대를 강화하고 있다. 2011년 뉴욕에서부터 시작된 푸드트럭 축제인 Smorgasburg는 미국 최대의 야외 푸드 마켓으로 성장해 2016년 로스엔젤레스 다운타운으로까지 확장되었다. 새로운 메뉴의 벤더들과 플리 마켓 형식의 라이프 스타일 제품들이 매주 추가되고 있다. 핀란드는 2017년 독립100주년 기념음식을 길거리음식으로 선정해 세계 길거리음식 축제를 개최했다. 2015년 아부다비는 라이브 뮤직과 유명 요리사의 요리경연 등 다양한 즐길 거리를 준비한 길거리축제에 3만8000여 명의 관광객을 유치하였는데, 축제기간 중에는 미국 TV채널의 유명 요리사인 Andy Bates, 현지 유명 요리사인 Suzanne Husseini 등이 전 세계의 다양한 푸드트럭을 선보였다. 2015년 두바이 음식축제기간에는 1000여 개의 식당과 각종 푸드트럭들이 시내 곳곳에서 다양한 종류의 음식을 선보여 혁신적이고 이국적인 고급 길거리음식에 대한 소비자들의 관심이 높아지고 있다. 2016년 2월에 두바이는 '세계를 먹는다' 축제의 일환으로 런던 최고의 15개 푸드트럭을 초청하여 길거리 음식축제를 성공적으로 마쳤고, 아부다비도 '음식사랑 아부다비'를 통해 영국과 현지의 주요 푸드트럭을 소개하였다.

10) 스페인 바르셀로나 메르세 축제

바르셀로나의 수호성인인 메르세 성녀를 기념하는 이 축제는 스페인의 3대 축제의 하나이고, 바르셀로나 최대 규모의 축제로 매해 9월 4일간 열린다. 1871년에 시작된 축제로 카탈루냐의 전통을 반영하는 것에서부터 바르셀로나의 현대 문화 예술을 망라하는 것까지 그 범위가 매우 다양하다. 대표적인 행사로는 '코레폭'(Correfoc)이라는 불꽃 달리기, 인간 탑 쌓기, 거인들의 행렬, 프로젝션 쇼가 있으며, 그 밖에 음악, 연극 공연, 10킬

로미터 레이스, 와인 페스티벌, 불꽃 뮤지컬, 에어쇼 등 남녀노소, 바르셀로나 시민과 관광객이 모두 함께 즐길 수 있는 행사들이 이루어진다. 중세의 춤사위를 연상시키는 우아한 동작의 사르단 춤으로 축제가 시작되고 정오가 되면 인간탑 쌓기 행사가 열린다. 성채를 쌓는 사람들이라는 뜻에서 카스텔(Castells)이라 부르는 이 행사는 전문경연대회가 아니라 하나의 이벤트다. 마지막에 꼭대기에 오른 사람이 바르셀로나 시청 2층 발코니에 있는 시장과 포옹하는 것으로 카스텔 행사는 막을 내린다. 저녁에는 거인으로 변신한 사람들이 가장행렬을 한다.

11) 뉴욕 음식축제

1월에 맨해튼에서 열리는 Beer, Bourbon & BBQ Festival에서는 미국 남부의 맛을 경험할 수 있는데, 원하는 대로 마실 수 있는 맥주와 버번에 일련의 맛있는 바비큐 요리를 곁들인다. 2월에는 맨해튼의 차이나타운에서 음력 설을 맞아 다양한 거리 이벤트와 퍼레이드가 열리며 곳곳에서 맛있는 중국 음식을 맛볼 수도 있다. 4월에는 Queens에서 수제 맥주와 돼지고기를 주재료로 하는 특별한 음식을 선보이는 이벤트인 Bacon and Beer Classic이 열린다. 5월에 열리는 Brooklyn Uncorked에서는 현지 레스토랑이 선보이는 음식과 수상 경력을 자랑하는 뉴욕주의 와이너리 수십 곳의 와인을 즐길 수 있다. Taste of Times Square는 6월에 미국 뉴욕시의 대표적인 명소인 타임 스퀘어에서 수십개의 레스토랑이 선보이는 축제이다. Bronx의 벨몬트 리틀 이탈리아에서 매년 9월에 열리는 Ferragosto 음식축제는 하나부터 열까지 모든 이탈리아 음식을 기념하는 축제로 현지 음식점에서 만든 이탈리아 전통 디저트를 맛보고 수입한 특산품을 구매하거나 이탈리아 음악과 공연을 감상할 수 있다.

12) 로스앤젤레스 음식 & 와인 축제

미식가의 도시라고 할 수 있는 로스앤젤레스 최고의 음식을 선보이는 이 축제는 4일간 열리며, 최고의 셰프와 와인 및 로스앤젤레스 대표요리 등을 선보이며 맛있는 음식과 음료를 경험할 수 있는 미식가들을 위한 장이다. 이곳에선 로스앤젤레스를 대표하는 최고의 레스토랑의 특별한 맛을 경험할 수 있고, 유명 셰프들이 직접 요리를 시연하는 장면도 볼 수 있다. LA의 다양한 레스토랑에선 유명 셰프가 직접 만든 요리와 와인과 맥주를 곁들인 특별한 점심식사도 즐길 수 있다. LA 다운타운, 할리우드, 비벌리 힐스, 산타 모니카에서 다양한 이벤트가 열린다.

13) 구 드 프랑스

이 축제는 프랑스 정부가 프랑스의 미식을 전 세계에 알리기 위하여 2015년부터 여러 나라에서 개최하고 있는 세계 최대의 미식축제이다. 2018년에는 지구촌 5개 대륙 약 150개국에서 약 3,000명 이상의 셰프들이 프랑스의 미식을 선보였다. 요리사들의 왕이라고 불리는 Auguste Escoffier가 전 세계 다양한 도시에서 동일한 날에 동일한 메뉴를 선보이는 에피쿠로스의 만찬을 창안했는데, 이 이념을 전성한 것이 이 축제다. 참여 셰프들은 그들의 역동성과 창의성을 통해 프랑스 요리의 매력을 대외적으로 한층 강하게 알리는 역할을 한다. 또한 그들만이 지닌 전통적인 요리 방법과 프랑스 요리의 조화를 추구한다. 2018년부터 프랑스의 한 지역을 집중적으로 조명하기로 함에 따라 첫 번째 도시로 와인의 도시 보르도가 있는 프랑스 남서부에 있는 누벨 아키텐이 선정되었다. 셰프들은 선정된 도시에서 공수한 재료를 활용하여 저녁 만찬을 선보였다. 이번 행사를 공동 주최한 Alain Ducasse 셰프는 최근 별세한 프랑스 요리의 교황, Paul Bocuse 셰프를 기리기 위해 참가자들이 폴 보퀴즈의 메뉴 또는 그의 영감을 받은 메뉴를 만찬에 포함시키는 기회를 마련했다.

14) 보졸레누보축제

이 축제는 프랑스 남부 부르고뉴의 보졸레에서 그해 8, 9월에 수확한 포도로 짧은 숙성기간을 거쳐 만든 보졸레 와인을 자축하기 위하여 만들었다. 프랑스의 늦가을 정취와 가장 먼저 출하된 햇 포도주라는 상큼한 이미지를 조화시켜 1951년부터 지역의 와인 생산업자들이 와인의 출하시기를 매년 일정하게 했는데, 초창기에는 11월 15일이었으나, 1985년부터 11월 셋째 목요일로 바뀌었다. 짧은 축제의 역사에도 불구하고 매년 전 세계의 와인 애호가들이 이 축제에 참여한다.

15) 오르후스 음식축제

이 축제는 덴마크의 두 번째로 큰 도시인 오르후스 (Aarhus)의 아름다운 항구에서 열리는 덴마크에서 가장 큰 음식 축제이다. 이 축제는 북유럽 문화의 모든 풍미, 혁신 및 요리를 강조하며, 다양한 강의, 시식 및 워크샵이 있다. 매년 덴마크 핫도그 대회를 개최한다.

16) 필스너 페스트

해마다 10월 4일, 필스너 우르켈이 최초로 만들어진 날을 기념하기 위하여 필스너 우르켈 양조장에서 펼쳐지는 필스너 페스트는 체코에서 가장 유명한 맥주 축제이다. 필스너 우르켈만의 전통 맥주 제조 방법을 배울 수 있고, 전통 의상을 입고 거대한 오크통을 들어 올리는 이벤트를 즐길 수 있다. 필스너 페스트에는, 전 세계 대표 바텐더들이 참가하여 마스터 바텐더 경합을 벌인다. 축제는 브루어리 투어, 락 밴드 공연, 체코 음식, 맥주 시음 등 다양한 행사들이 준비 되어 있다.

17) 토론토 썸머 & 윈터 리셔스

이 축제는 토론토에서 매년 여름과 겨울시즌에 썸머리셔스, 윈터리셔스 라는 이름으로 2주동안 하는 음식이벤트이다. 200여개가 넘는 토론토의 레스토랑들에서 코스요리를 저렴하게 제공하기 때문에 평소에 비싼 가격 때문에 부담스러웠던 유명 레스토랑의 코스요리를 가족, 연인, 친구와 함께 즐길 수 있다.

18) 페루 음식축제 미스투라

미스투라는 2008년에 시작해 2017년에 10주년을 맞은 남미의 최대 음식 축제이다. 매년 전 세계에서 약 50만 명이 참여하는 이 행사는 페루 요리협회(APEGA, Sociedad Peruana de Gastronomía)가 주관하는 축제로, 세계 최고의 미식 축제 중 하나로 손꼽힌다. 1993년 처음 설립된 월드 트래블 어워드(World Travel Awards)는 전 세계 여행 종사자와 관광전문가가 투표를 통해 매년 7월 최고의 호텔·항공사·리조트 등을 가려낸다. 2012년부터 2016년까지 월드 트래블 어워드에서 남미 최고의 미식 여행지로 선정된 국가가 페루다.

미스투라에는 페루의 전통 음식, 다른 나라의 음식, 퓨전 음식을 망라하는 레스토랑이 참여한다. 이 밖에도 페루 푸드 트럭 운영자, 수제 맥주 제조업자, 디저트를 만드는 파티시에가 다채로운 먹을거리를 선보인다. 미스투라에서 가장 인기 있는 프로그램은 페루의 신선한 식재료를 구경하고 구매할 수 있는 '그랜드 마켓'. 페루 각지의 소규모 생산자가 해안가·안데스산맥, 정글 등에서 난 식재료와 이를 이용해 만든 가공품을 판매한다. 이 외에도 요리 경연대회, 요리 강습, 전통 춤 공연 등 행사도 열린다(중앙일보, 2016년 8월 24일).

19) 호키티카 야생음식축제

호키티카 야생음식축제는 뉴질랜드 남섬 웨스트코스트 지역에서 나는 이상하고 신기한 음식들을 맛보는 축제이다. 이 지역의 야생음식과 음료, 현지 요리사들이 저마다 독창적이고 기발한 요리를 선보이는 이곳만의 독특한 행사인데, 축제 프로그램에 라이브 공연, 요리 시연회, 사진 경연대회와 참가자 중 베스트 드레서를 고르는 시상식 등이 포함돼 있다.

2. 동양의 음식축제

1) 도쿄 라멘 쇼

일본 최대의 규모를 자랑하는 야외 라면 이벤트인 도쿄 라멘 쇼에서는 일본 각지에서 사랑받는 지방 라멘 외에도 이 축제에서만 맛볼 수 있는 오리지널 콜라보 라멘 등 다양한 라멘이 한자리에서 맛볼 수 있다. 지역의 식생활 문화를 응원하는 도쿄 라멘쇼는 라멘을 통해 관광이나 음식교육, 음식문화를 생각하고 계몽한다는 취지에서 일본라멘협회가 주관하여 도쿄 코마자와 올림픽공원 야외에서 2009년부터 매년 개최되고 있다. 일본 각지에서 판매되고 있는 지역 라멘은 옛날부터 널리 사랑받아온 메뉴에서부터, 최근에는 지역살리기의 일환으로 현지 식재료를 사용한 라멘에 이르기까지 참으로 다양하다. 식권을 들고 원하는 라멘 부스에 가서 줄을 섰다가 구입할 땐 마음에 드는 옵션(계란이나 고기 추가)에 따라 가격을 지불하고 자리에 앉아서 식사를 하면 된다. 도쿄 라멘 쇼는 보통 1막과 2막으로 나뉘어 열린다.

2) 교토 가와유카와 가와도코

가와유카는 5월 1일부터 9월 30일까지의 기간 동안 교토의 중심부를 흐르는 카모가와를 따라 오른쪽 강가에 늘어서 있는 100채가 되는 음식점에서 강변에 특설 테라스를 설치해 고객을 맞이하는 음식축제이다. 여름에 더위가 심한 교토에서 강변의 시원한 바람을 맞으며 식사를 즐기고 더위를 견뎌내는 교토 사람들의 지혜가 담겨 있다. 이 축제는 1500년대 후반에 돈이 많은 상인들이 연회를 열면서 시작되었고, 에도시대에는 더욱더 활기를 띠어 최고의 전성기를 누렸다. 현재는 본격적인 교토요리점 뿐 아니라 중화요리나 불고기, 이탈리아요리를 비롯하여 카페나 바 등도 참여하고 있다. 카모가와의 상류에 있는 키브네 강변에서는 가와도코라고 부르는데, 전통적인 일본식 요리점의 민물고기 요리가 주류를 이룬다. 키브네는 교토 시가지보다 해발 200m 정도 높은 산간부에 있어, 여름 기온은 시가지에 비해 10도 정도 낮아 자연의 시원함이 넘치는 교토의 별천지라고도 부를 수 있는 곳이다. 또 이곳의 가와도코는 강 위에 평상을 설치하여, 수면이 매우 가까워, 차가운 유수나 산들바람, 계곡 물소리를 가까운 거리에서 느낄 수 있다.

3) 오사카 세계 음식 & 음료 전시회

이 음식박람회는 일본에서 음식의 고장으로 유명한 오사카를 무대로 1985년부터 4년마다 개최되었고 1회부터 8회까지 누계 입장자 수가 480만 명이 넘는 일본 최대 규모의 음식축제이다. 2017년 9회에서는 농림수산성과 경제산업성을 비롯하여 관련 부처(府 및 省) 및 오사카부, 오사카시 등 간사이 지방과 일본 전국 자치단체, 간사이 지방 각 경제단체 그리고 식품과 관련된 단체의 찬동을 얻어 식품 관련 산업의 진흥과 식품의 유통 촉진, 더 나아가 지역의 활성화와 식품의 국제교류를 통한 음식 문화의 향상과 발전을 지향하였다. "일본의 축제·일본의 맛 겨루기"를 주제로 하여 일본 전국의 지역 자원인 음식과 축제의 매력을 널리 알려 일본 국내는 물론 세계의 각 나라와 지역에 일본의 음식문화를 알렸다. 2017년에는 375개 업체가 참가했고, 36,362명이 참관했다.

4) 홍콩의 와인 & 다인축제

미국 포브스 트래블러가 선정한 세계 10대 음식 축제인 홍콩 와인&다인 축제는 와인 외에도 수준 높은 위스키와 칵테일, 요리대회 수상에 빛나는 와인페어링 디너를 만날 수 있다. 세계 최고의 야경을 자랑하는 빅토리아 하버를 배경으로 개최돼 맛과 멋을 동시에 즐길 수 있다. 2012년 약 19만 명이 다녀간 이래 해마다 수십만 명의 참가자가 홍콩 와인 축제를 방문하고 있다. 2017 홍콩 와인&다인 페스티벌은 와인 패스를 티켓처럼 사용해, 와인글라스를 손에 들고 다니면서 자유롭게 즐기는 게 핵심이다. 축제 진행위원회는 축제기간 중 300개의 와인부스와 100개의 음식부스를 설치, 방문객이 전 세계 와인과 다양한 음식의 세계를 골고루 음미할 수 있도록 배려하고 있다(트레블바이크뉴스, 2017년 10월 16일).

5) 상하이 웨스트번드 푸드 페스티벌

이 축제는 중국 상하이에서 2016년부터 열리는 국제 미식가 축제이다. 2017년 축제에서는 우리나라를 비롯해 중국, 프랑스, 이탈리아, 일본 등 11개국이 참여했고, 8일간 약 11만명이 참가하여 대규모 국제미식축제로 자리매김 하고 있다. 2017년에는 11개 참가국 중 8개국이 매일 하루씩 국가의 날로 지정돼 다채롭고 특색 있는 이벤트를 진행했다. 우리나라는 상하이한국문화원이 참가해 한국 농식품과 2018 평창동계올림픽 등을 적극 홍보하였고, 한국의 전통공연과 한지한복패션쇼 상연 등 대한민국의 정취를 물씬 느낄 수 있는 다채로운 오감만족 프로그램을 선보였다. 한국농식품 홍보존에서는 한국 고유의 맛과 한식을 대표하는 김치와 비빔밥 만들기 강좌 및 체험행사 등을 8일간 매일 두 차례 개최했고, 상하이 소재 한국식품 업체 10여곳이 함께 참여해 다양한 먹거리를 전시하고 판매했다. 평창동계올림픽 홍보존에는 수호랑과 반다비 탈인형을 활용, 관람객 대상 기념사진 촬영 포토존을 설치하고, 동계올림픽 종목을 직접 체험해 볼 수 있는 VR 시뮬레이터 등 유관 프로그램을 운영했다(상하이저널, 2017년 9월 29일).

6) 중국 칭다오 맥주 축제

매년 여름 칭다오에서 열리는 칭다오 국제 맥주 축제는 독일의 옥토버페스트, 일본의 삿포로 맥주 축제와 함께 세계 3대 맥주축제로 자리잡았다. 2017년에 개최된 제27회 칭다오 국제 맥주 축제는 50만 6700명(연인원)이 참가해서 248t에 달하는 맥주를 마셨다. 이 축제에서 독일, 스페인, 체코, 미국 등 수입맥주와 함께 각국의 특색을 드러낼 수 있는 공연과 이벤트가 펼쳐졌다고 전했다. 조직위원회는 입장료와 안주 가격 등을 낮추고 각종 할인 이벤트, 관광객 대상 맥주 시음 행사 등으로 축제 분위기를 띄웠다. 상호작용이 가능한 로봇, 얼굴인식, 증강현실(AR) 게임 등 각종 스마트 장비와 프로그램을 활용한 것도 눈에 띈다. 위챗페이, 알리페이로 결제가 가능하고 QR코드로 주문해 테이블로 배달 요청도 할 수 있었다. '스마트폰' 하나면 쉽고 편리하게 축제를 즐길 수 있다(아주경제, 2017년 8월 28일).

7) 마카오 푸드 페스티벌

마카오 푸드 페스티벌은 2001년부터 해마다 11월에 열리고 있는데, 해마다 규모가 커지고 있고, 다양한 형태로 진행되어 지역 주민과 관광객들에게 매우 인기가 있다. 이 축제는 마카오의 세계 진미를 주제로 하는데, 맛있는 아시아 음식, 유럽 음식, 중국 음식, 지역 음식, 흥미진진한 엔터테인먼트와 즐거움을 참가자 모두에게 제공한다는 점에서 방문객들이 단 한 곳에서 전 세계 요리를 맛볼 수 있는 놀이 공원과 같다. 또한 축제 기간 동안 게임 부스, 라이브 공연 및 맥주 대회가 열린다.

8) 싱가포르 음식축제

1994년에 처음 시작된 싱가포르 음식 축제는 다민족으로 이루어진 싱가포르의 특성을 살려 다양한 음식을 한자리에서 선보이는 대규모 음식 축제다. 약 2주 동안 펼쳐지는 축제에서는 싱가포르뿐 아니라 중국, 인도, 말레이시아 등지의 음식을 맛볼 수 있는 것은 물론 세계적인 요리사들의 요리 경연 및 시연, 요리 교실과 워크숍, 전시회 등 각종 행사에 참여할 수 있다(네이버 지식백과). 2017년 축제에서는 방문객들이 대표 이벤트인 STREAT에서 모드-신(Mod-Sin) 요리로 잘 알려진 현대식 싱가포르 요리를 통해 독특한 요리의 맛을 체험할 수 있었다. 아바큐스 시즈(abacus seeds)(얌 뇨키), 아이스 볼 같은 전통적으로 인기가 있는 요리를 옛날 가격 그대로인 한 그릇에 50센트로 다시 판매한 차이나타운의 The 50 Cents Fest도 참가자들의 사랑을 한 몸에 받았다.

9) 태국 긴째 축제

이 축제는 태국의 광산개발에 투입된 중국인 노동자들에게 열병 전염병이 돌았는데 채식식단으로 병이 나았다고 해서 1825년부터 시작되었다. 중국계 태국인들을 중심으로 이루어지는 이 축제는 태국 전역에서 열리고 있는데, 푸켓에서 열리는 축제가 가장 유명하다. 이 축제는 해마다 음력 9월에 열리는데 채식주의자 의식을 신봉하는 사람들에게 행운을 가져다 주는 것으로 알려져 10일 동안 채식을 함으로써 마음을 깨끗하게 하고 행운을 비는 의식을 행한다. 주요의식은 중국 사당이나 사원에서 진행되는데, 삶을 관장하는 람따오신과 죽음을 관장하는 빡따오 신을 깨우는 의식을 하고 끝에 각 사원에서 불공을 드린다.

10) 발리 우붓 푸드 페스티벌

이 축제는 발리 최고의 축제로 4월에 열리는데, 인도네시아의 다양한 요리를 소개하는 세계적인 음식축제이다. 오프닝 나이트 파티는 50만 루피아이며 칵테일, 카나페, 라이브 공연 등을 즐길 수 있다. 일반 투어는 25만 루피아부터 시작한다. 부대행사로 지역 밴드가 연주하는 라이브 공연 외요가, 영화상영, 사진 워크숍이 준비되어 있다. 2018년 축제에서는 인도네시아와 해외 국가 100여종의 음식이 소개되었고, 인도네시아의 유명한 인기 셰프인 시스카 수위토모가 소개하는 흥미로운 인도네시아 가정식도 체험했다. 분자요리 전문가인 Rinrin Marka와 Andrian Ishak의 흥미로운 요리 기술이 소개되었고, 4회째 실시되는 미쉐린 스타셰프 이벤트에서는 콜롬보출신 Rishi Naleendra와 Sam Aisbett, 그리고 한국의 이준 셰프가 참여했다. 이준 셰프는 현재 인도네시아에서 한식요리를 미디어에 소개해 인기를 끌고 있는 요리사로, TV 프로그램 '준세프 푸드트럭'이 인기를 끌었고, 유투브 채널에서 '짜베 보이'로 인도네시아 현지인들에게 인기를 끌고 있는 유명인이다.

11) 말레이시아 구르메 페스티벌

다인종 다문화 국가인 말레이시아는 자랑하는 오랜 전통의 다채로운 음식문화를 현대적인 스타일로 재해석하고 이를 적극적으로 홍보하기 위하여 2001년부터 쿠알라 룸푸르에서 해마다 이 축제를 개최하고 있다. 2013년 축제에서는 세계 최초로 PATA(아시아 태평양 관광 협회) 골드 어워드 마케팅 상을 받는 등 전 세계 미식가들의 이목을 집중시켰다. 말레이시아 구르메 페스티벌에 참가하는 레스토랑들은 말레이시아 음식문화의 주류를 이루는 말레이식, 중국식, 인도식을 비롯하여 일본, 태국, 프랑스, 이탈리아, 스페인, 스위스, 레바논에 이르기까지 다양한 메뉴를 선보인다. 또한, 각 레스토랑의 쉐프들이 직접 서빙하는 핑거푸드를 선보이는 Taste MIGF 행사를 비롯하여 소비자들이 직접 참여해볼 수 있는 쿠킹 클래스를 비롯한 다양한 이벤트를 경험할 수 있다(트레블조선, 2013년 10월 16일).

12) 말레이시아 음식과 과일 축제

매년 7월 한 달간 말레이시아에서 전국적인 규모로 개최되는 이 축제는 다양한 음식과 진기한 미식 경험을 할 수 있다. 축제 기간에는 아시아와 세계 요리를 맛볼 수 있는 기회가 제공되며, 열대과일부터 온대과일까지 독특하고 신기한 과일도 풍족하게 즐길 수 있다.

13) 호치민 국제음식축제

베트남 호치민시에서 2006년부터 해마다 개최되고 있는 이 축제는 해마다 30만명 이상의 사람들이 참가하고 있다. 2017년 축제에서는 세계 각국과 지역의 요리를 소개하는 부스가 170여개의 기업과 300여 부스와 베트남의 각 성의 자매도시들이 함께했다. 출품에 참여하는 상품 품목은 과채류(생과채, 건조, 통조림, 냉동), 수산물(냉동, 통조림 및 가공수산품들), 마실거리, 음료, 차, 커피, 식품원료(쌀, 견과류, 양념, 첨가물, 소스), 가공식품(간식류, 우유, 유제품류, 통조림 및 가공식품, 즉석식품, 식용유, 기능식품), 식품가공산업설비, 주방용구 등이다. 방문객은 전 세계 음식 탐방, 스타쉐프와 함께한 주방, 거리 음식 마술, 바텐더 쇼, 각 국제 문화교류 예술 쇼 등을 체험했다. 호치민시 및 인근의 어렵고 불우한 곳을 위한 '행복한 음식-사랑을 보내다' 라는 프로그램도 진행되었다(베한타임즈, 2017년 9월 13일).

14) 광동음식축제

광동 음식 축제는 명절 축하의 형식으로 광동성 각 지역 및 기타 성 각 음식 도시의 다양한 음식을 모아서 단기적, 지역적, 대표적인 음식 문화

전시 행사이다. 선전 보안에서는 2017년에 제 1회 쌍복(복영, 복해)해산물 먹거리 페스티벌이 개최 되었다. 이 곳은 선전 사람들이 해산물을 맘껏 즐길수 있는 명승지 일뿐만 아니라 복영과 복해는 해산물 역사가 유구하며 선전 서부의 최대 해산물 도매 지역 이다. 광저우에서는 2017년 국제미식 축제가 개최되었고, 제 3회 국제 음식과 술 체험 전시회가 있었다.

제3장

한국의 음식축제

1. 호남지역

1) 전주비빔밥 축제

전주비빔밥 축제는 "조화를 이루되 개성이 살아있다"라는 특성을 가진 전주의 대표음식인 비빕밥을 기반으로 맛과 건강을 주제로, 2007년에 시작된 이후로 2009년 신종 인플루엔자 여파로 취소된 것을 제외하곤 현재까지 연례행사로 해마다 전주에서 개최되고 있다. 전주비빔밥 축제는 원래 전주 천년의 맛 잔치라는 이름으로 개최되다가 제3회 축제부터 지금의 전주비빕밥 축제라는 이름을 갖게 되었다. 전주비빔밥 축제는 맛있는 비빔, 즐거운 비빔, 색다른 비빔, 건강한 비빔 및 더불어 비빔 등의 5개 주제로 구성돼 있으며, 음식 창의 푸드 페스티벌, 쿠킹 콘서트, 장인의 손맛,

비빔 퍼포먼스 등을 통해 관광객 및 참가자에게 즐거운 볼거리와 놀이를 제공한다. 특히 비빔 퍼포먼스는 가장 인기 있는 프로그램으로서 전주의 완산구와 덕진구 33개동에서 각자의 개성에 맞춰 준비한 600여명 분의 비빔밥을 시민과 관광객들이 참여하여 함께 비비고 맛보는 행사로 진행된다(김정훈, 장미향, 김대철, 2016).

2017년 개막퍼포먼스에서는 장애인과 환경관리원, 소방관, 경찰, 봉사단체 등 문화특별시 전주를 움직이는 각계각층의 시민들과 아시아 음식창의도시 셰프, 자매도시 가나자와 시의회 대표단 등 다양한 국적과 직업을 가진 참여자들이 3000여명의 국내외 관람객들과 함께 전라북도 14개 시군에서 생산된 특산물을 고명으로 얹은 대형비빔밥을 함께 비벼 나누는 대동비빔퍼포먼스로 비빔밥축제의 개막을 알렸다. 매년 축제기간 최다 관람객들을 끌어 모았던 전주비빔밥축제의 대표 프로그램 '33동 비빔밥 퍼포먼스'는 충경로 객사 앞 차 없는 사람의 거리에서 시민과 국내외 관람객 등 1만여명이 참여해 전주비빔밥을 함께 비비고 나누는 장관을 연출하며 축제의 대미를 장식했다. 운영 프로그램들이 주간에 주로 몰려 야간 프로그램 운영이 필요하다는 지적에 따라 신설한 '비빔's Got Talent' 프로그램은 늦은 시간까지 행사장에 남아 있는 관람객들로부터 인기를 끌게 됨에 따라 야간 프로그램 부족 현상을 해소 시켰다.

대동 비빔퍼포먼스는 다양한 국가, 다양한 계층, 다양한 지역의 식재료 등 비빔밥이 가진 화합의 의미에 부합하는 뜻깊은 행사로 치러졌다. 참여형 프로그램 확대 차원에서 운영 횟수를 대폭 늘려 진행된 '비빔밥을 찾아라'와 '비빔전설' 등의 프로그램은 관람객들의 참여 열기가 매우 높았다. 유네스코 음식창의도시 청두 셰프와 베트남 호치민, 일본 카시하라 셰프가 함께 참여해 각국의 고유음식들을 시연하고 함께 나눈 '음식창의도시 쿠킹콘서트'는 먹거리의 다양화와 함께 글로벌 미식 축제인 비빔밥축제의 품격을 높였다. 또, 아시아존과 유럽존 등 총 11개국 16개팀이 참여해 24가지의 특별한 거리 음식들을 선보인 '세계거리 음식 푸드존'은 관람객들에게 축제기간동안 특별한 먹거리 체험의 즐거움을 선보였다(프레시안, 2017년 10월 29일).

2017년에는 10만명이 참여했고, 적극적인 국내외 홍보마케팅 노력의 결과로 외국인 관광객과 젊은 층이 눈에 띄게 늘었으며, 개막 당일에는 일본 NHK 방송사가 개막식 현장을 전 세계 150여개 국가에 생중계하기도 했다(뉴스1, 2017년 10월 29일). KT&G 상상 UNIV 등 국내 외국인 유학생 및 관련 단체 등의 단체 체험이 축제기간 사전 예약으로 진행되었고, 한국관광공사가 운영하는 페이스북 등을 통해서 개별적으로 행사장을 찾는 외국인 관광객들도 축제장을 많이 찾았다. 전주시와 축제 조직위는 그간 한국관광공사와 연계한 해외마케팅, 한류 관광명소 1번지 서울 남산타워를 활용한 홍보, 남양주 슬로라이프 국제대회 부스운영 등 외국인을 대상으로 한 홍보를 열심히 했다. 또 한국어로만 운영되던 비빔밥축제조직위 홈페이지를 영어, 일어, 중국어 4개국어로 안내할 수 있도록 개선했다. 축제 종합리플렛 제작도 외국어판을 추가로 제작하는 등 외국인 관광객 수용을 위한 준비에도 최선을 다했다(새전북신문, 2017년 10월 26일).

2) 남도음식문화큰잔치

전라남도가 주관하고 있는 남도음식문화큰잔치는 전남 22개 시·군의 다양한 음식문화를 모아놓은 축제로 1994년부터 매년 10월에 개최되고 있다. 2017년에 24회째인 이 축제는 남도 각 지역의 대표 요리와 음식명인의 음식들로 꾸민 전시관을 중심으로 다양한 이벤트가 열린다. 사전공모를 통하여 선정된 1,000명에게 음식을 대접하면서 훈훈한 인심과 정갈한 맛을 전하는 '강진만 갈대숲 1000인 오찬'과 황교익 음식인문학 콘서트, 남도음식 경연대회 등이 대표적이다. 행사장 곳곳에서는 강정·절편·콩떡 만들기와 떡 메치기, 절구 찧기 등 체험 행사들도 열린다. '달빛 야시장'은 강진의 야경을 무대로 펼쳐지는 버스킹 공연과 청년 푸드트럭, 아트마켓 등이 오후 10시까지 진행되었다. 어린이들의 지능과 감성을 높이기 위한 어린이 음식 체험관도 처음 개설되었다. 전통 강정과 식혜 등을 만들어보고 밀모래 놀이터에 쌓인 통밀의 감촉을 느끼며 뒹굴어 볼 수 있었다. 축제장인 강진만 생태공원에서 투어버스를 이용하면 가우도와 마량 놀토수산시장 등 남도답사 1번지의 주요 문화·관광지도 볼 수 있다(중앙일보 2017년 10월 20일).

3) 광주세계김치축제

1994년부터 시작된 광주세계김치축제는 김치 관련 전문가와 연구진이 모인 학술토론회가 열리고, 팔도 전통김치, 김치로 만든 음식, 외국 김치, 장아찌·젓갈 등 우리의 전통 발효 식품과 외국의 절임 발효 식품 등의 실물과 함께 김치 역사 자료를 전시하고 있다. 그 밖에 남도소리, 사물놀이, 고싸움, 마당극 등의 문화 예술 공연도 열리며, 김치 담그기 강의 실습, 김치왕 선발대회, 김치 응용요리 경연대회 등의 체험 행사도 마련되어 있다. 또한 김치 재료와 김치 등을 팔거나 먹을거리를 살 수 있는 장터도 운영되고 있다. 김치와 김장문화는 2013년에 유네스코 인류무형유산으로 등재되었다. 이 축제는 김치의 우수성과 함께 김치와 관련된 우리나라의 음식문화를 세계에 알리는 행사이다. 이를 통해서 국내외의 관광객을 유치하는 한편 김치산업의 육성과 발전을 꾀하고 있다(한국민족문화대백과, 한국학중앙연구원).

2017년부터 새롭게 구성된 제24회 광주세계김치축제의 방문객은 연인원 7만명, 김장대전 판매물량 140t을 기록했다. 2017년 광주세계김치축제는 예년과 달리 계절별 4개 마당으로 나눠 진행됐다. 5월에는 첫째마당 '봄&여름 우리집 새 김치 담는 날', 9월에는 둘째마당 '추석맞이 김치와 발효음식의 만남'이라는 주제로, 11월과 12월에는 광주세계김치축제 본행사와 빛고을 사랑나눔 김장대전으로 펼쳐졌다. 이번 축제에는 세계김치연구소가 '천년의 김치'라는 주제로 시대별 김치의 모습을 재현해 전시했으며 우리 김치의 우수성을 널리 알리기 위한 김치셰프 요리쇼 운영 등 다양한 프로그램이 마련됐다. 김장대전은 지역 농가와 계약재배한 배추, 무를 비롯해 지역에서 생산된 젓갈, 천일염까지 공급돼 지역 김치산업 활성화와 농가의 소득증대라는 두 마리 토끼를 잡았다. 김치타운 일원에 조성 중인 김치 전통발효식품단지가 완공되는 2018년에는 관광객들이 김치타운을 찾아 직접 김치를 담글 수 있도록 관광코스를 개발해 광주 김치의 맛과 우수성을 널리 알리고 있다(2017년 12월 28일).

4) 순창장류축제

고추장의 본 고장 순창에서 장류를 테마로 다양한 체험거리와 볼거리, 푸짐한 먹거리로 순창고추장민속마을 일원에서 개최되고 있는 순창장류축제는 2018년에 13회를 맞이했다. 군민에게는 문화향유의 기회제공과 관광객에게는 장류의 맛과 멋을 제공하고 잊혀져가는 전통장류문화를 재조명하기 위해 시작한 순창장류축제는 문화체육관광부 우수축제로 선정되었다. 2018년에는 '자연의 맛 그대로, 순창의 맛 세계로'를 주제로 다양한 체험과 공연, 경연, 전시 프로그램을 준비하여 방문객이 직접 참여하고 함께 즐길 수 있는 화합의 축제, 남녀노소 누구나 즐길 수 있는 세대공감형 축제로 진행되었다. 순창전통고추장 비빔밥 만들기, 순창고추장 임금님수라상 체험, 도시민 장독대 분양 등의 프로그램과 장류국제포럼, 전국 떡볶이 요리왕 선발대회, 순창고추장 요리경연 전국대회, 줄타기공연 등의 부대행사가 있었다.

5) 강경젓갈축제

강경젓갈축제는 문화관광 우수축제로 선정되어 볼거리, 먹을거리가 풍성한 지역문화축제이다. 대표 프로그램으로 강경포구재현행사, 젓갈김치 담가가기, 양념젓갈 만들기, 왕새우 잡기체험이 있다. 또한 젓갈주먹밥 만들기, 젓갈김밥 만들기, 소원등 만들기, 공예체험 등 각종 체험 프로그램을 통한 볼거리와 젓갈뷔페식당 및 향토음식점 운영 등 먹거리도 다양하고 풍부하다.

강경젓갈의 특징은 모든 재료를 원산지에서 직접 가져와 선조로부터 이어받은 전통비법에 현대화된 시설로 정갈하게 제조되어 전국의 어느 젓갈과도 비교될 수 없는 옛 고유의 참맛을 그대로 간직하고 있다는 것이다. 우리나라 대표적인 산업형 축제로 발전한 강경젓갈축제는 당초 IMF가 한창이던 1997년 경제 극복의 일환으로 지역경제 활성화 및 상인들의 소득증대 취지에서 강경 젓갈상인들의 뜻을 모아 시작한 축제가 해를 거듭할수록 규모가 커져 오늘에 이르고 있다. 특히 2007년부터 강경젓갈축제에서 강경젓갈축제로 명칭을 변경하고 단순히 젓갈이 염장식품이라는 개념에서 탈피하여 세계속의 젓갈, 발효음식이라는 인식을 확고히 다진 결과, 관광객들의 호응도가 훨씬 높아졌다.

강경젓갈축제는 2016, 2017년에 이어 2018년에도 문화체육관광부 우수축제로 3년 연속 선정되며 대한민국 대표축제의 면모를 각인시켰다. 이 축제는 2018년에 국비 1억1천만원, 도비 5천500원, 총 1억6천500만원의 인센티브를 확보하였다. 2017년에는 먹거리, 볼거리, 놀거리, 즐길거리 중심으로 선택과 집중을 통한 프로그램 혁신으로 산업형 축제의 동력을 확보하고 식품부문 대한민국 친환경대상에 걸 맞는 강경발효젓갈의 위상을 확립했다는 평가를 받았다. 또한 거리공연을 강화하고, 야간경관을 보강해 그에 맞는 공연과 먹거리가 지속되면서 도심형·생활형 축제의 특성과 콘텐츠를 잘 살렸으며, 강경 곳곳의 매력과 인심을 직접 느낄 수 있도록 도심자원을 폭넓게 활용하는 등 지역의 브랜드 가치를 높이는 소득기반 마련으로 관광객과 주민들 모두에게 각광을 받았다(충청매일, 2018년 1월 2일).

6) 완주와일드푸드축제

2015년부터 2018년까지 4년 연속해서 문화체육관광부 유망축제로 선정되고 2018년 현재 8회째 개최되고 있는 완주와일드푸드축제는 고산자연휴양림 일대. 와일드나라, 로컬푸드나라, 향수나라, 문화체험나라, 식물나라로 나뉘어 프로그램이 운영되었다. 완주와일드푸드축제는 지역의 건강한 자연생태와 안전한 먹거리 로컬푸드를 기반으로 한 주민주도형 축제인데, 축제 시작부터 변하지 않은 추진방향이다. 외부 잡상인과 노점상, 바가지요금 없는 3無축제를 지향한다. 와일드나라에서는 돼지코요리, 개구리·메뚜기튀김, 곤충스낵 등의 별난음식이나 천렵체험 등을 즐길 수 있고 로컬푸드나라에서는 읍면별 마을음식과 농특산물판매장이 운영된다. 향수나라에서는 꽃전이나 밥풀과자 등의 추억음식과 문화를, 문화체험나라와 식물나라에서는 공동체나 문화단체 등의 각종 체험과 공연을 만날 수 있다. 여기에 와일드푸드 경연대회, 어린이사생대회, 청소년 光끼 페스티벌, 리틀 와푸족, 도전와일드맨, 와일드요리체험관, 와일드 쿠킹쇼 등 이벤트가 연계된다.

7) 제주감귤축제

제주감귤축제는 1981년 제주도민과 관광객을 대상으로 제주 지역의 가장 중요한 산업 중의 하나인 제주 감귤의 탁월한 품질을 홍보하기 위하여 개최되었으며, 감귤 농업의 중요성 재확인과 재배 농가에 대한 고품질 생산 의욕 고취, 소비자 중심의 유통 시장 조성을 꾀하기 위해 해마다 열리고 있다. 풍물패의 길트기와 놀이패의 감귤신에 대한 축원, 제주 지역의 전래 노동복인 갈옷패션쇼 등이 열리며, 감귤농장체험과 감귤주스칵테일 만들기, 무료 시식, 신혼만세 아름다운 제주 행사 등이 진행된다.

우수 감귤 생산 농가에 대한 시상, 일본 등 과수농업 선진 국가의 실상을 토대로 제주 감귤의 현실을 진단하고 미래를 제시하는 감귤비전포럼, 대도시 유통센터와 학교 급식 관련자 초청 팸투어도 진행하고 있다. 감귤 홍보 사절인 감귤아가씨선발대회와 북한 동포에게 감귤보내기 운동도 전개하고 있다. 축제장 주변에는 감귤직판장, 감귤품종 전시장, 농산물·수산물·축산물 브랜드 전시·먹거리장터, 제주관광 기념품·공예품 홍보관도 꾸며져 있다. 제주특별자치도 서귀포시 신효동에 개관한 서귀포 감귤박물관에서는 세계의 감귤을 관람할 수 있다(한국향토문화전자대전, 한국학중앙연구원).

8) 영산포홍어축제

영산포 둔치체육공원 일원에서 개최되는 영산포 홍어축제는 2018년에 14회를 맞았으며 나주시민가요제를 비롯한 공연, 부대행사와 함께 홍어와 관련한 다양한 행사가 이루어졌다. 나주의 대표 음식 중 하나로 꼽히는 홍어의 제철은 매년 11월부터 4월까지로 알려져 있다. 물이 맑은 곳에서 잘 잡히는 홍어는 찜이나 포, 회, 조림, 무침, 매운탕 등 다양한 요리로 활용이 가능하며 열량이 적어 다이어트에 도움을 주는 것은 물론 관절염 치료제로 많이 쓰이는 황산콘드로이친이 다량 함유되어 있어 건강에 좋다(서울와이어, 2018년 4월 2일).

9) 장흥키조개축제

전국 최고의 품질을 자랑하는 장흥 키조개는 수심 15~50m의 진흙에서 산다. 다량의 단백질과 저칼로리 식품으로 필수 아미노산과 철분의 함량이 많아 빈혈, 동맥경화 예방효과가 탁월한 것으로 알려져 있다. 해마다 5월에는 안양면 수문항 일원에서는 키조개를 주인공으로 한 장흥키조개축제가 열린다. 2018년에 15회째 열리고 있는 이 축제는 키조개 요리 경연대회, 노래자랑, 윷놀이 대회 등의 행사가 펼쳐져 관광객과 지역민들의 화합의 장이 된다. 이 밖에도 바지락 캐기, 맨손 물고기잡기, 수중씨름대회, 페이스페인팅 및 천연비누, 주차번호판, 가방걸이, 석고방향제, 부채, 쿠키만들기 등 다양한 체험거리가 준비돼 있다.

10) 완도장보고수산물축제

2018년에 21회째를 맞이하는 장보고수산물축제는 장보고대사의 역사적 인물을 주제로 대한민국 청정바다 수도 완도의 수산물을 관광객에게 새롭게 선을 보여 수산물 판촉 프로그램을 강화했다. 국내 경기침체 및 전복 소비 둔화로 전복어업인들이 어려움을 겪고 있는 가운데 이번 축제 기간 동안 (사)한국전복산업연합회와 전복주식회사 등에서 어업인과 생산자가 모두 만족하는 완도 전복 특별 할인 판매행사와 함께 완도 전복의 우수성을 전국에 알렸다(시민일보, 2018년 5월 23일).

11) 보성다향축제

동국여지승람과 세종실록지리지 등의 기록에 의하면 보성은 옛부터 차나무가 자생하고 있어 녹차를 만들어왔고, 지금도 문덕면 대원사, 벌교 징광사지 주변등을 비롯한 군 전역에 야생 차나무가 자라고 있다. 또한 득량면 송곡리는 마을 이름이 다전(茶田)으로도 불리우고 있어 옛 기록을 뒷받침하고 있다. 녹차는 해양성기후와 대륙성기후가 맞물리고 사질양토에다 강수량이 많아야 하는데, 보성의 차밭은 1939년 무렵에 이같은 조건들을 모두 갖춘 활성산(구 학성산) 자락 일대에 30ha가 조성된후 그 면적을 점차 확대해 나왔다.

녹차의 효능이 현대인의 건강과 미용에 대한 특효가 입증되고 웰빙 열풍이 더해지면서 녹차의 인기는 한층 올라가고 있으며 2011년도 현재 보성군은 1006농가 1063.7ha의 차밭에서 전국 생산량의 34%를 생산하여 대한민국 녹차수도 보성으로서 명실상부하게 자리 잡고 있다. 오랜 역사와 함께 최대의 차 생산지이며 차산업의 발상지라는 자부심 속에서 지난 1985년 5월 12일 다향제라는 이름의 차문화 행사를 활성산 기슭의 다원에서 국내 최초로 개최, 차의 풍작을 기원하는 다신제와 찻잎따기, 차만들기, 차아가씨 선발등의 행사를 실시한 이래 1986년 제2회 다향제를 제12회 군민의날 행사와 병합, 다향제로 명명한 후 2009년 축제명칭을 보성다향제에서 보성다향대축제로 명칭을 변경하여 명실상부한 대한민국 차문화 축제로 거듭나고 있다.

12) 광양전통숯불구이축제

광양전통숯불구이축제는 광양전통숯불구이를 관광상품화하여 지역문화축제의 장을 마련함으로써 광양음식의 참맛을 널리 홍보하여 광양숯불구이의 명성을 높이고 시민참여 및 화합을 유도하여 대외적으로 맛의 고장, 살기 좋은 광양의 이미지를 높이고 지역경제 활성화에 기여하고자 개최되었다. 특히 행사장 인근 맑은 물이 흐르는 서천에는 섶다리와 물레방아, 그리고 분수와 원두막을 설치하여 추억속의 고향풍경을 재현하였고 고수부지에는 7ha에 이르는 코스모스 꽃길을 조성해 맛과 멋이 어우러진 문화축제로 축제장을 찾는 사람들에게 소중한 추억을 안겨주고 있다.

2. 영남지역

1) 경주 술과 떡잔치

경주 술과 떡잔치는 경상북도 경주시에서 매년 4월 중순 열리는 축제이다. 대회 개시 당초에는 한국의 전통주와 떡 축제이었으나, 2000년부터 한국의 술과 떡 잔치, 2002년부터 경주 한국의 술과 떡 잔치, 2010년부터 현재와 같은 명칭으로 바뀌었다. 2003년에는 문화관광부(현재는 문화체육관광부) 우수 축제로 선정되었으며 2005년부터는 유망 축제로 4년 연속 선정되었다. 대한민국 창작 떡만들기 대회에는 독특한 떡의 세계를 선사하고 시민들은 23개 읍·면·동 대항 민속 떡메치기 한마당을 통해 화합을 다진다. 행사기간에는 줄타기, 국악, 우리가락 한마당, 민속 떡메치기가 이어진다. 체험 행사로는 신라오(五)떡 만들기, 가양주 만들기 체험을 마련하고 술 도구, 술 만드는 방법, 삼국의 술, 역대 대통령 주안상 차림 및 퓨전 떡 등의 전시공간도 있다. 경주 교동법주, 경주법주, 신라주, 황금주 등 30여 가지가 넘는 경주 및 전국의 전통명주와 민속주, 40여종류의 다양한 떡이 관광객들을 맞이한다(연합뉴스 2010년 4월 17일).

2) 대구치맥축제

치킨과 맥주 행사에 걸맞는 각종 무대행사와 전시행사를 운영하고, 관람객이 직접 체험하고 시식하는 행사로 구성된 이 축제는 전 국민이 사랑하는 아이템인 치킨과 맥주를 주제로 7월에 가장 뜨거운 도시 대구에서 열린다. 2015년도 단일행사 88만명, 2016년도 100만명의 참여로 높은 홍보효과와 함께 축제의 가능성을 확인하고 대한민국을 대표하는 축제로 발돋움하고 있다. 2017년에는 두류야구장, 228주차장, 야외음악당, 두류공원로드 등 두류공원 전역을 활용하여 젊음의 에너지를 분출할 수 있는 축제로 개최됐고, 2018년에는 문화체육관광부가 육성하는 축제로 선정되었다.

치맥페스티벌은 잔디밭에 앉아 단순히 치킨을 뜯고 맥주를 마시는 축제에서 탈피, 재미를 주는 다양한 이색 콘텐트가 가득하다. 잔디 영화관에선 참가자들이 영화를 보며 치맥을 즐긴다. 두류공원 야외음악당 앞마당에 5000명이 한꺼번에 관람 가능한 대형 스크린이 설치되어 자동차 극장처럼 치맥과 최신 영화를 야외에서 함께 즐길 수 있다. 아이스 수상 치맥 카페에선 드라이아이스나 얼음을 가득 채운 풀장을 만들고, 그 위에 테이블 300여 개를 설치하여, 참가자들이 마치 치맥을 물 위에서 즐기는 느낌을 받을 수 있다. 원통형 풀장을 여러 개 마련해 참가자들이 수영복이나 반바지를 입고 그 안에 들어가 치맥을 즐기는 치맥 풀 카페도 있다. 연인이나 가족끼리 미니 텐트에 들어가 치맥과 영화를 볼 수 있는 치맥 텐트 씨어터, 대구치맥페스티벌의 마스코트인 치킹(치킨과 킹(King)) 캐릭터와 사진을 촬영할 수 있는 치킹 포토존, 참가자들이 물총을 서로 쏘며 추억을 만드는 대프리카 치맥 물총대전도 관광객들의 인기를 끌고 있다(중앙일보, 2018년 4월 18일).

3) 기장멸치축제

기장군 대표 축제인 기장멸치축제는 봄철 대표적 먹거리인 기장멸치를 널리 알리고 대규모 축제행사를 통한 소비촉진으로 지역경제 활성화 및 천혜의 해안경관과 주변관광지를 연계한 관광상품 개발로 21C 미래형 해양관광도시로 기장군의 이미지를 부각하기 위하여 해마다 4월에 개최되고 있다. 대변항 특유의 매력적이고 독특한 봄철 먹거리축제로 낭만과 추억을 만드는 감동적 축제 특산물을 이용하여 다양한 체험마당을 개최하여 관광객들의 관심을 유발하고 기장군민의 적극적인 참여를 통해 지역민들의 화합도 도모하고 있다. 멸치축제 기간은 살이 가득 오른 기장 멸치의 맛을 보면서 즐길 수 있는 좋은 기회다. 대형 멸치회밥 비비기, 멸치회 무료 시식회, 멸치 털이 체험 등을 할 수 있다. 당일 잡은 싱싱한 생멸치와 미역, 다시마 등 기장 지역 대표 특산품을 현장에서 게임 등을 통해 무료로 나눠주는 프로그램 등이 있다. 어업지도선을 타고 대변항 해상을 둘러보는 승선 운항 체험, 싱싱한 붕장어와 활어 잡기 이벤트도 있다. 대변항 해상에서 화려한 불꽃쇼도 펼쳐진다. 개최 첫해인 1997년 1만여 명에 불과했던 방문객은 공식 집계를 시작한 2016년 20만명, 2017년 42만명으로 40배 이상 증가했다.

4) 하동야생차문화축제

신라 흥덕왕 때 당에 사신으로 갔던 대렴공이 차 종자를 들여와 심은 이후 귀했던 차가 널리 퍼져 차 문화가 성행했는데 그때 차를 심은 곳이 바로 지리산 쌍계사로 우리 차의 시배지가 되었다. 고려 때 지리산 화개는 대표적인 차 산지였고, 이곳 차를 왕실에 진상했으며, 조선초기 중국 사신단의 행장에는 화개차가 들어있을 만큼 하동차의 명성이 높았다. 그런 만큼 첫물 차가 무르익는 하동의 차 밭에서 만끽하는 하동야생차문화 축제는 차 자체와 차와 관련된 모든 문화를 한데 만날 수 있는 향기로운 자리다. 시배지의 다례식과 헌시, 헌다례, 개막공연, 녹차시장, 차 산업관 등으로 축제를 열면 날마다 새롭게 선보이는 대표 프로그램들과 재미있는 공연, 놀거리, 상설체험을 통해 다양한 차문화를 즐길 수 있다. 전국의 차 단체와 차인들이 모이는 차인 대회에서는 다무와 규방다례, 선비다례 등의 공연과 차 생활 등이 열려 차 문화의 새로운 모습들도 엿볼 수 있다.

5) 대구약령시한방문화축제

대구약령시한방문화축제는 조선시대 약령시 개장행사를 현대적으로 승화시켜 1978년 제1회 달구벌 축제 행사의 일환으로 개장행사가 개최된 것을 기점으로 매년 5월초 전통 한의약 축제로 대구 약전골목 일원에서 개최된다. 향긋한 약초 내음과 더불어 현대사회 도시민들의 건강에 대한 호기심을 전통 한의약과 약초로 해소시키고, 다양한 문화관광자원, 그리고 한약 관련 행사가 어우러진 대구약령시한방문화축제는 2001년부터 문화관광축제로 지정되어 한방문화의 진수를 국내외에 널리 알리는 대표적인 한의약 축제로 자리매김하였다.

대구약령시는 조선 효종9년(1658년) 무렵부터 약재수집의 효율성을 기하기 위한 국책사업의 일환으로 임의백 경상감사에 의해 당시 대구성의 객사 부근(지금의 중구 대안동)에서 매년 봄과 가을 1개월에 걸쳐 두 차례씩 주기적으로 개시되었던 것이 전문한약시장의 시초이다. 당시 대구약령시는 조선8도를 포함한 중국과 만주, 러시아, 인도는 물론 유럽 등 세계 각지로부터 각종 약재와 약재상이 몰려들어 세계적인 한약물류 유통의 거점으로서 명성을 떨쳤던 곳으로 개시 때마다 약상과 의원들을 비롯한 전국의 한의약업인과 전체 지역민이 함께 어울려 약재를 사고 팔며 인심과 문물을 전하던 축제 그 자체였다.

6) 부산자갈치축제

1990년 전후 자갈치시장의 상권이 날로 쇠퇴하는 어려움 속에 자갈치시장의 명성을 널리 알리고 지역 상권을 활성화시키기 위하여 1992년 4월 남포동새마을금고 이사회 회의에서 자갈치축제가 제안되었고, 부산 중구청의 적극적인 지지를 받아 축제가 잉태하게 되었다. 1996년 9월 부산자갈치문화관광축제 후원회를 결성하였고, 정기 총회를 개최하여 고문단, 회장단, 자문위원 등의 조직을 구성하였다. 1999년에는 부산 자갈치 축제로 개칭하였다. 부산 자갈치 축제는 문화체육관광부 우수 축제로 지정된 이후 부산의 대표 축제로 성장하여 자리매김하고 있다. 부산 자갈치 축제는 수산물이 자원인 지역의 특성을 살리고 체험 프로그램들을 개발하여 매년 가을철에 개최한다. '오이소! 보이소! 사이소!'를 캐치프레이즈로 잡고 그에 맞게 축제 분위기를 형성한다. 또한 전국에서 유일하게 수산물 시장을 축제의 공간으로 활용하고 볼거리, 먹을거리, 살거리가 어우러져 경제성과 현장의 생동감도 돋보인다.

용신제를 시작으로 길놀이 행렬이 용두산 공원을 출발해 부산 근대 역사관, 중앙로, 광복로를 거쳐 축제장까지 행진한다. 이어 물고기 위령제, 풍어 축원 한마당도 흥겹게 진행된다. 굿패 공연과 유명 가수 축하 공연, 화려한 불꽃 쇼가 함께 진행된다. 체험 행사에는 장어·문어 잡고 이어달리기, 오징어 빨리 잡기, 맨손으로 고기 잡기, 이름 찾아 고기 잡기, 어항 속 고기 잡기, 어린이 낚시터, 물고기 탈 만들기, 나도 자갈치 아지매 등이 있다. 생선회를 즉석 경매로 맛볼 수도 있고 30㎝가 넘는 젓가락으로 생선회 100g을 덜어 내는 '생선회 정량 젓가락 묘기'도 열린다. 자갈치 시장 3층 전문 전시실에서는 자갈치 이모저모 사진전이 열리고 생선회 관련 상식을 담은 전시회와 소주 역사 전시회 등도 마련된다(한국향토문화전자대전, 한국학중앙연구원).

7) 울진 대게와 붉은 대게 축제

울진 대게와 붉은 대게 축제는 경북 울진 후포항에서 열리고 있다. '방티페스티벌'은 아름다운 후포항을 배경으로 회마당과 구이마당으로 나눠 운영해 후포항이 쏟아내는 다양한 해산물을 축제장 현지에서 저렴하게 맛볼 수 있는 프로그램으로, 축제위원회가 축제의 킬러콘텐츠화로 강화하고 있다. 레크레이션과 다양한 게임을 통해 진행되는 '울진대게와 붉은대게 경매, 깜짝 할인이벤트'는 당일 입찰가의 절반 가격에서 울진대게와 붉은 대게를 구입할 수 있는 기회로 관광객들의 참여도가 높다. 대게빵, 대게고로케, 대게장비빔밥, 대게국수, 바다커리, 해산물피자, 멍게비빔밥 등이 싱싱한 울진 해산물의 깊은 맛을 선사하였다.

2018년에는 축제 주 무대를 왕돌초 광장으로 일원화하고 보조무대를 부두광장으로 설정하는 등 축제공간의 집중화와 대게원조마을 풍어 해원굿 퍼포먼스, 울진해양경찰서의 함정관람 및 고속정 승선체험, 진주솟대쟁이 놀이단의 줄타기 공연과 야간 공연 등으로 어느 해보다 큰 효과를 거뒀다고 축제 진단평가회에서 평가했다. 대게춤 플래시몹과 월송 큰 줄, 수토사 거리퍼레이드 등 주민 참여형 프로그램의 규모가 확대되고 다양한 장르가 시도되면서 축제 킬러콘텐츠로 자리매김했다고 평가했다.

2017년에 처음 시도한 방티페스티벌과 후포항의 새 관광명소로 부상하고 있는 등기산 스카이워크와 연계한 등기산 대게길 걷기 프로그램은 축제프로그램을 넘어 상시적 생태관광 프로그램의 가능성을 보여주었다는 평가를 받았다(중도일보, 2018년 4월 1일). 축제 첫날 강풍 등 불순한 날씨에도 불구 38만여명의 관광객이 참여하고 약 190억원의 경제 유발효과를 이루는 등 예년에 비해 내실 있고 알찬 축제였다는 평가이다.

8) 봉계한우불고기축제

소 시장이 열리던 지난 1945년부터 한우 암소를 기르는 농가가 늘면서 국내에서 유일한 한우 불고기 특구인 울산 봉계마을에는 식육 판매점을 포함해 불고기 식당이 90여 개가 있다. 3-4년생 한우 암소의 최고급 부위로 참숯에 왕소금만 뿌려 굽기 때문에 고소하고 담백한 맛을 느낄 수 있다. 봉계식 불고기가 유명해지면서 찾는 사람이 늘자 지난 1999년부터 매년, 또는 격년제로 한우 불고기 축제가 열리고 있다. 2017년에는 코리아세일페스타와 연계해 전통놀이 체험, 떡메치기 체험, 스탬프 릴레이 투어 등이 진행됐고, 축제 인근에 조성된 가을꽃단지에는 화려한 조명으로 수놓은 일루미네이션 포토존과 영화 속 캐릭터 조형물, 워낭소리길 등이 마련돼 방문객들의 눈길을 사로잡았다. '세계로 향한 봉계한우불고기 축제'라는 슬로건 아래 외국인 관광객 유치 및 관광객들을 위해 축제장을 찾은 외국인을 대상으로 소금구이 쿠폰을 제공하고, 무료 시식을 진행하기도 했다(경상일보 2017년 10월 15일).

9) 경남 남해 독일마을 맥주축제

독일마을은 1960년대 외화벌이를 위해 독일로 떠났던 광부와 간호사들이 한국으로 돌아온 후 지낼만한 곳을 만들면서 조성된 마을이다. 맥주축제는 그 후손들이 매년 가을이면 큰잔치로 열었던 것이 2010년부터 축제로 시작돼 현재까지 이어지고 있다. 파독 근로자를 비롯한 독일마을 주민들이 축제에 적극 참여해 독일풍 축제의 매력을 선사하고 축제의 흥겨움을 관광객과 함께 한다. 독일문학 소개, 독일의상 체험, 거리 퍼레이드, 가면놀이 등 각종 문화와 오락·게임 프로그램도 마련된다. 남해 독일마을 맥주는 전통 방식에 의해 주조되고 있어 맛과 향, 선명한 빛깔이 독특하고 독일식으로 생산된 수제 소시지가 곁들어져 그 풍미를 더해준다. 이 축제는 2018년 문화체육관광부가 육성축제로 지정되었다.

10) 사천시 삼천포항 자연산 전어축제

사천시 삼천포항 자연산 전어축제는 매년 7월말에서 8월초 사이에 삼천포항의 팔포매립지 일원에서 열린다. 고소한 전어구이, 전어회, 전어회무침 등을 맛볼 수 있는 여름 대표 먹거리 축제로 삼천포 앞바다에서 잡은 자연산 전어를 소개하기 위해 매일 전어 시식회를 비롯하여, 아이들에게 인기 만점인 맨손전어잡기 체험이 대표적인 프로그램으로 각광받고 있다. 이외에도 전어와 관련된 즉석 전어퀴즈쇼, 전어 먹기 대회, 전어 만들기 체험, 전어타투체험 등 전어와 관련된 다양한 체험을 통해 전어에 대해 보다 자세히 알아보고, 전어의 손맛과 입맛을 함께 느낄 수 있는 다양하고 풍성한 행사가 많다. 이외에도 저녁시간에는 특설무대에서 다양한 무대공연과 함께 시민과 관광객을 대상으로 한 노래자랑 등도 개최되어 더욱 즐겁고 신명 나게 축제를 즐길 수 있도록 운영 중에 있다.

11) 삼천포항 수산물축제

삼천포항 수산물축제는 제철 수산물과 다양한 체험행사로 수많은 관광객의 눈길과 입맛을 사로잡고 있다. 2018년 축제는 2018년 4월 13일에 개통한 사천바다케이블카와 시너지 효과를 보이면서 많은 관광객들이 행사장을 방문해 성공적으로 마무리됐다는 평가를 받았다. 화려한 불꽃놀이를 시작으로 막을 연 이번 수산물축제는 초대가수 축하공연, 맨손 붕장어 잡기, 어린이 주꾸미·돌게 낚시, 열려라! 수산물보따리 무료시식회 등 인기 프로그램과 함께 관광객들 앞에서 선보인 참치 해체쇼와 참치회 무료시식행사 등 다채로운 볼거리와 먹거리를 선보였다. 또한 개최지를 팔포항 일원으로 옮겨 삼천포용궁수산시장, 팔포음식특화지구 등 인근 관광지와 연계해 축제 분위기를 더욱 고조시키고 행사장 주변 다수의 주차장 확보로 관광객의 편의를 높였다. 삼천포항 밤바다를 아름답게 수놓는 불꽃을 쏘아 올려 바로 눈앞에서 환상적인 불꽃쇼를 감상할 수 있어 많은 시민과 관광객들이 탄성을 자아냈다(경남일보, 2018년 4월 17일).

12) 철마한우불고기축제

2018년에 12회째인 철마한우 불고기축제는 맑은 하천사이의 들녘으로 허수아비와 메뚜기가 뛰노는 청정자연 환경을 바탕으로 우수품질의 농산물과 한우 불고기 먹거리 단지인 철마에서 해마다 열리고 있다. 우수품질의 한우 고기만을 판매함으로써 그 품질을 인정받아 전국최고의 육질을 자랑하는 철마한우를 맛보고, 철마에서 준비한 다양한 체험행사를 즐길 수 있다.

13) 포항구룡포과메기축제

구룡포 특산품 과메기 축제는 포항시 지역특산물인 과메기의 원조마을로 구룡포 지역 특산물인 과메기, 대게, 오징어 등을 외지인에게 널리 홍보하고 지역 이미지를 부각시켜, 지속적인 관광객 유치와 지역경제 활성화를 도모하고 지역 고유의 전통축제 및 문화행사로 자리메김하기 위해 개최되고 있다. 과메기 축제에서 민속놀이, 국악공연, 농악놀이, 특산품(오징어,과메기) 경연대회, 무료시식회 등 다양한 문화를 체험해 볼 수 있다. 과메기는 말린 청어인 '관목청어(貫目青魚)'에서 나온 말이다. 꼬챙이 같은 것으로 청어의 눈을 뚫어 말렸다는 뜻이다. 영일만에서는 '목'이란 말을 흔히 '메기' 또는 '미기'로 불렀다. 이 때문에 '관목'은 '관메기'로 불리다가 오랜 세월을 지나면서 '관'의 ㄴ받침이 탈락되고 '과메기'가 되었다.

동해에는 예로부터 청어잡이가 활발해 겨우내 잡힌 청어를 냉훈법이란 독특한 방법으로 얼렸다 녹였다 하면서 건조 시킨 것이 과메기이며 청어 과메기의 건조장은 농가부엌의 살창이라는 것이었다. 농촌에서는 밥을 지을 때 솔가지를 많이 때는데 이 살창은 솔가지를 땔 때 빠져 나가게 하는 역할을 했다. 이 살창에 청어를 걸어두면 적당한 외풍으로 자연스럽게 얼었다 녹았다 하는 과정이 반복되고 살창으로 들어오는 송엽향까지 첨향되었다고 하며 이렇게 완성된 청어과메기는 궁중까지 진상되었다고 한다. 지금의 꽁치를 그냥 바람이 잘 통하는 곳에 걸어두어 자연 건조시키는 것과는 달리 냉훈법에는 조상의 슬기와 지혜의 한 단면을 엿볼 수 있다.

14) 청도반시축제

감 홍시의 계절 가을, 청도에서는 매년 10월, 맛있는 반시 축제가 열린다. 청도반시는 명성 높은 전국 제일의 홍시로 산과 물과 인심이 푸르른 삼청의 고장 청도의 명품이다. 청도반시는 우리나라 떫은 감을 대표하는 품종 중 상주, 영동 등에 분포하는 곶감용의 길쭉한 모양의 둥시와 달리 그 생긴 모양이 납작하다고 하여 반시(盤柿)라고 한다. 청도반시는 육질이 연하고 당도가 높은 우수한 품질을 가지고 있으며 특히 전국에서 유일한 씨없는 감으로서 먹기에 편하고 가공에 매우 유리한 장점을 가지고 있어 우리나라 떫은 감 중에서 가장 높은 차별성과 경쟁력을 가지고 있다.

15) 남해 보물섬 마늘축제&한우잔치

2017년에 12회를 맞이한 남해군의 대표 특산물 축제인 보물섬 마늘축제&한우잔치는 남해의 맛, 남해의 건강, 남해의 비전 등을 주제로 하고, 남해군의 특산물인 마늘과 한우를 조명하고 남해가 가진 다양한 관광자원의 매력을 선보이는 것을 목표로 한다. 축제는 보물섬 마늘가요제, 우량마늘 품평대회, 공예작품 전시회, 마늘 주제관, 한우 주제관, 마늘 합동 판매코너, 마늘 깜짝 경매, 귀농 홍보관 등 특색 있는 콘텐츠로 관광객들에게 즐거움을 선사한다(뉴스1, 2017년 6월 10일).

16) 영주풍기인삼축제

세계적인 명성의 풍기 인삼을 주제로 영주시가 주관하고 풍기인삼축제추진위원회가 주최하는 문화관광축제이다. '지구촌의 건강한 삶을 책임지는 만고의 영약 풍기 인삼'이라는 슬로건을 내걸고 지난날 인삼시장에서 최고의 가치를 인정받아온 풍기 인삼의 명성을 회복하고자 성대하게 개최된다.

행사에는 최고 인삼 콘테스트, 시가행진, 인삼씨앗뿌리기, 인삼대제, 농악 경연, 인삼미인선발대회, 시민노래자랑, 노인장기대회, 전통놀이대회, 문화풍물단 경연, 팔씨름대회, 전통농악공연, 인삼설화 관련 창작마당놀이, 취타대 및 풍물길놀이, 인삼 세계화 푸른음악회, 민속연날리기대회, 인삼풍물사진전, 인삼요리전시, 인삼캐기, 가공과정 체험, 인삼요리 경연, 사투리경연대회, 인삼장사씨름대회, 인삼퀴즈대회, 세기초의 생활소품전, 옛음식 시식 등이 있다. 인삼캐기·가공과정 체험행사는 인삼밭에서 직접 인삼을 캐고 값싸게 구입할 수 있는 행사이다. 풍기인삼조합에서는 인삼박피 및 병삼 제조과정을 견학하고 체험해 볼 수 있다(두산백과).

17) 영양산나물축제

영양산나물축제는 2005년 제1회를 시작으로 2017년까지 총 13회가 열리는 동안 경북 최우수 축제 2회, 우수축제 7회에 선정됐다. 영양산나물축제는 주민들의 자발적인 참여와 청정 산나물, 밤하늘 보호공원을 주제로 채취·시식·비빔밥 만들기, 산채가장행렬, 별이 빛나는 밤에 콘서트 등을 개최해 영양의 대표적인 축제로 자리매김을 하고 있다.

3. 중부지역

1) 궁중과 사대부가의 전통음식축제

궁중과 사대부가의 전통음식축제는 2004년 운현궁에서 처음 개최해 2017년에 11회를 맞이했다. 2017년에는 한국전통음식연구소와 종로구가 함께 10월 20일(금) ~ 21일(토), 2일간 국립민속박물관 내 야외마당에서 이 축제를 개최했다. 행사의 전시와 체험프로그램을 통해 궁중과 사대부가에서 계절별로 먹었던 식재료와 음식들을 알리며 잊혀져가는 세시풍속들을 체험함으로 전통음식문화와 놀이문화를 현대인들에게 다시 알리기 위한 것이다. 2017년 축제는 "음식으로 이야기하는 궁중의 사계"로 궁중과 사대부가의 다양한 음식들이 전시될 예정이다. 메인 주제로 사계절 식재료로 차려진 임금님의 수라상, 낮것상, 다과상, 주안상이 전시되며, 전국에서 진상된 각 계절별 진상품과 진상품으로 만들어진 음식을 전시한다. 또한 종로구 북촌의 반상차림을 함께 전시하여 궁중과 사대부가의 음식문화를 알린다.

2) 화천산천어축제

화천산천어축제는 방문객이 2015년 150만명, 2016년 155만명, 2017년 153만명, 2018년에 173만명을 기록했다. 2018년에는 외국인 관광객도 11만명이 넘게 참여했다. 체류형 축제로 성장하기 위한 야간 프로그램도 강화됐다. 밤 낚시터에서는 매일 '최대어 이벤트'가 열려 가장 큰 산천어를 잡은 관광객에게 경품을 주었고, 축제 기간 매주 금·토요일마다 오후 6시부터 3시간 동안 선등거리에서 '차 없는 거리 페스티벌'을 개최해 주야로 분위기를 이어갔다. 2018년 관광객수는 2017년 대비 약 15% 증가했지만 축제 자체 수입은 약 24억 7천만원으로 약 36%로 증가했다. 이 축제는 2014년 전국 기초자치단체 361개 축제 중 29억600만원을 투입해 29억5800만원을 벌여 들여 유일한 흑자축제로 인정받기도 했다(한국일보, 2018년 2월 9일).

3) 인제빙어축제

1998년에 시작된 인제 빙어축제는 자연환경이 선물해 준 광활한 벌판

속에서 빙어를 잡고, 겨울 놀이터에서 다함께 즐기며 하나되는 축제를 표방하고 있다. 관광객들의 많은 관심과 참여속에서 점점 더 발전하고 변화하고 있는 인제빙어축제는 시대에 발맞춰 여러 가지 프로그램들을 개발하고 있다. 47만500여명이 방문한 2018년에는 전국얼음축구대회와 전국창작연경연대회를 개최했고, 빙어마당에서 빙어낚시, 빙어요리마차, 어죽나눔, 대형빙어썰매, 빙어스튜디오, 빙어뜰채체험 등을 할 수 있고, 빙어먹거리, 산촌먹거리, 농·특산물 판매 등을 했으며, 눈꽃마당에서는 은빛나라, 눈조각공원, 눈미끄럼트, 빛의 거리, 눈썰매장, 빙판놀이 등을 할 수 있었다.

4) 평창송어축제

2007년부터 시작된 평창송어축제에서는 선조들의 삶을 축제로 승화시켜 눈과 얼음, 송어가 함께하는 겨울이야기라는 주제로 매년 겨울마다 송어축제의 장이 펼쳐진다. 송어낚시와 썰매체험 등 다양한 체험 프로그램과 함께 진정한 겨울 축제의 즐거움을 만끽할 수 있다. 송어는 연어과에 속하는 소하형 어종으로 한국의 동해와 동해로 흐르는 일부 하천에 분포하며, 북한, 일본, 연해주 등지에도 분포한다. 특히 평창군은 국내 최대의 송어 양식지이며, 평창의 맑은 물에서 자란 송어는 부드럽고 쫄깃쫄깃한 식감이 일품이다. 2018년에는 평창올림픽을 맞아 대관령눈꽃축제와 함께 2018 평창윈터페스티벌로 이루어졌는데, 내국인 65만명, 외국인 4만명이 참석했다.

5) 강릉커피축제

2009년 처음 시작돼 올해로 10번째를 맞은 강릉의 커피축제는 전 세계 각지에서 벌어지는 커피 축제 중 가장 북쪽에서 개최되는 커피축제이기도 하다. 강릉커피축제는 강릉의 커피 명소로 유명한 안목항을 비롯해 경포대, 강릉시내 일대 30여개 카페들이 함께 참가하며 강릉문화재단이 주관한다. 전 세계 20여개국의 커피를 만나볼 수 있을 뿐만 아니라 세계커피벨트 민속전, 재즈공연 등 다양한 행사도 즐길 수 있다. 2018년에는 문화체육관광부의 육성축제로 선정되었다. 2018년 동계올림픽 기간 동안 강릉카페로 떠나는 세계여행 카페별 세계민속전, 한국과 강릉의 커피 히스토리전, 재즈와 민속공연 등이 이루어져 전 세계 사람들의 관심을 받았다. 강릉의 100인의 로스터와 바리스타가 자기만의 커피를 낭만적인 해변에서 드립한 100가지의 맛을 관광객에게 무료로 시음할 수 있게 하여 올림픽에 참여한 각국의 선수들과 응원단 및 관광객들에게 많은 인기를 얻었다.

6) 정선토속음식축제

정선토속음식축제는 정선을 찾는 관광객들에게 건강한 먹거리, 볼거리 등을 제공해 2018년 동계올림픽을 성공적으로 개최하고, 토속음식의 관광자원화를 위해 정선군이 2011년부터 개최하고 있다. 2017년에는 '가족과 함께 떠나는 음식 여행'이라는 주제로 오감만족을 위한 304가지 정선 토속음식을 선보였다. 축제 음식은 정선 북평지역 마을 주민들이 직접 조리하며 식재료는 지역에서 생산되는 무공해 농·특산물로 사용된다. 토속음식 외에도 먹거리 전시·판매장, 토속음식 만들기 시연·체험, 산촌놀이 체험, 화덕 구이장, 노래자랑 등 다양한 체험프로그램도 진행되었다. '맛과 향기 그리고 추억과 행복을 찾아 떠나는 음식여행'을 주제로 열렸던 2018년 축제에서는 고향의 맛이 느껴지는 곤드레 나물밥을 비롯한 누름국수, 강냉이 능군죽, 올창묵, 감자봉생이밥, 콩죽, 녹두빈대떡, 황기닭죽, 감자만두,

곤드레짱아찌 등 304가지의 다양한 토속음식을 준비하여 사라져 가는 산촌 음식과 추억 속에 남아 있는 산촌 생활문화를 체험할 수 있었다.

7) 양양송이축제

양양송이축제는 자연의 향으로 가득한 설악산에서 신비의 영물인 양양 황금송이를 직접 체험할 수 있고, 매년 10월 강원도 양양군에서 열리는 축제로 2011년-2013년 간 3회 연속 '문화체육관광부 최우수 축제'로 선정되어 국내외 관광객을 유치하면서 양양송이의 이미지를 제고하고 지역경제 발전에 기여하고 있다. 양양송이축제는 크게 개막행사, 현장체험행사, 문화예술행사, 맛 체험행사, 상설행사 등 6개 행사로 구분되어 있다. 개막행사에는 산신제, 개막식, 축하공연으로 구성되었고, 현장체험행사는 외국인 송이 채취 현장체험, 송이보물찾기, 버섯채취 체험 등 6개 행사로 구성되었다. 맛 체험행사는 송천떡 만들기, 송이요리전문점, 송이밥시식, 나도 송이제빵사 등 10개 행사로 구성되었다. 상설행사는 송이주제관, 낙산배품평회, 양양송이 직거래 장터, 양양관광기념품판매 등 38개 행사로 구성되었다. 문화체육관광부의 통계에 따르면 2011년 양양송이축제 방문객수가 내외국인 포함 총 48만 명을 초과하였으며 지역경제발전에 19,419백만원의 경제적 파급효과가 있는 것으로 파악되었다.

8) 성북세계음식축제 누리마실

2009년부터 시작된 성북세계음식축제 누리마실은 서울시 성북구가 주최하고 성북문화재단, 누리마실친구들이 주관하는 행사로 '다양해서 함께다'라는 주제 아래 요리, 마켓, 공연, 체험놀이터 등으로 구성된다. 2017년 축제에서는 지도에 없는 세상에 단 하나뿐인 문화다양성 마을로 향하는 개막퍼레이드를 시작으로 다양해서 맛있는 세계음식요리사(요리), 다양해서 즐거운 우주별별놀이터(체험·공연), 다양해서 빛나는 지구만물장(마켓) 등이 마련돼 볼거리와 즐길거리가 가득했다. 세계음식요리사에서는 성북동에 위치한 세계 40여개국 대사관 중에서 15개 대사관의 요리사들이 직접 요리한 세계 각국의 집밥과 대사관 추천요리를 맛볼 수 있었다(국민일보, 2017년 5월 18일).

9) 인천음식문화축제

인천광역시 남구 문학동의 인천 월드컵 경기장 일원에서 2002년부터 해마다 인천광역시의 맛과 멋을 알리기 위하여 열린다. 전시 행사에서는 장금이 수라간 운영[궁중 음식 이야기], 인천 음식관, 세계 음식관 제과·제빵 전시, 인천 호텔 음식 전시, 식품 제조 가공 업소 생산품 전시 등이 진행되었다. 나눔 행사에서는 사회 복지 시설 연계 음식 나눔, 다문화 가정 등이 참여하는 사랑의 김치 만들기를 진행하였다. 체험 행사에서는 참여 행사로 대형 케이크 만들기, 영양 체험관 운영, 천연 조미료 만들기, 청소년 제과 제빵 경연 대회, 향토 전통 및 특색 음식 경연 대회가 열렸다. 기타 공연 행사로는 수라상 올리기, 사상 체질 진단, 궁중 복식 패션쇼, 고추장 만들기 등이 열렸다(한국향토문화전자대전, 한국학중앙연구원).

10) 군포시 다문화음식축제

군포시 다문화 음식축제는 군포시가 세계 각국의 음식을 맛보며 소통하기 위하여 산본로데오거리에서 열린다. 2018년에 5회째를 맞는 다문화 음식축제는 기념식을 시작으로 공연한마당, 체험한마당, 나눔한마당 등 세 가지 테마로 진행된다. 한국, 태국, 미얀마, 베트남, 중국의 전통공연과 청소년 댄스팀의 공연도 관람하고 다문화 음식과 각국 의상, 전통놀이도 체험할 수 있다. 특히 음식나눔 및 경연대회가 열리는 행사장에서는 우즈베키스탄·베트남·일본·러시아·네팔 등 11개 나라의 전통음식을 맛볼 수 있다(인천일보, 2018년 5월 21일).

11) 수원음식문화축제

수원 음식문화축제는 수원시의 대표적인 지역 축제의 하나로 해마다 수원화성문화제 기간에 열린다. 수원의 대표 음식 수원양념갈비를 비롯해 중식, 일식 등 세계 음식과 보쌈·파전·묵밥·국수 등 다양한 전통시장 음식들을 저렴한 가격에 맛볼 수 있다. 2017년 음식문화축제에는 갈비 전문점 9개소, 중식 8개소, 일식 7개소 등 28개소가 참여한다. 독일 프라이부르크시, 호주 타운즈빌시 등 수원시의 7개 자매도시에서 방한한 요리사가 자국요리를 즉석에서 선보이는 '국제자매도시 조리사 초청 음식전'도 열린다. 수원 양념갈비 만들기 체험 행사에서는 시민 누구나 참여해 수원양념갈비를 만드는 과정을 배우고, 본인이 만든 양념갈비를 시식도 할 수 있다. 제9회 수원전국요리 경연에서는 60팀이 참가해 요리실력을 겨루었고, 동 주민센터 동아리가 준비한 한국무용·발리댄스, 비보이 공연 등 볼거리도 다채롭다(아시아타임즈, 2017년 9월 20일).

12) 여주오곡나루축제

여주오곡나루축제는 쌀을 비롯한 고구마와 땅콩 및 과일 등 여주에서 생산되는 모든 농.특산물이 한자리에 모이는 종합축제로 치뤄지며 여주의 옛 나루터 풍경을 재현하여 축제로 승화시키는 차별화된 축제로 만들어졌다. 11월은 쌀, 보리, 콩, 조, 기장 가장 알차게 여물어 가고 있어 오곡이란 명칭이 이전보다 더욱 풍요롭고 따스한 느낌을 준다.

13) 파주장단콩축제

파주장단콩축제는 파주시가 '파주장단콩'의 우수성을 널리 알리고 이를 통한 지역 농특산물의 소비 촉진 및 지역경제 활성화를 위해 지난 1997년부터 매년 11월 콩 수확시기에 맞추어 개최하고 있다. 파주장단콩은 예로부터 맛과 영양이 뛰어나 임금님께 진상되었고, 20세기 초에는 우리나라 콩 장려품종으로 뽑혀 전국에 보급되기도 했다.

14) 이천쌀문화축제

친환경농업을 실천하며, 가장 밥맛이 좋은 품종인 '추정벼'를 선택하는 이천 쌀은 문헌(이천부사복승정 문헌)에 의하면 조선 성종이 세종릉에 성묘하고 이천에 머물던 중 이천 쌀로 지은 쌀이 좋다하여 그때부터 진상미로 올리게 되었다. 특히 결실기에 일조량이 많고 밤낮의 기온차가 커서 결실이 잘되는 기후와, 찰흙과 모래가 적절히 혼합되어 양분 흡수가 잘되는 사양질 토양이며, 마그네슘 성분이 많은 지하수를 사용하여 밥맛이 좋을 수밖에 없는 좋은 입지적 조건을 가지고 있다. 이렇게 좋은 쌀을 생산하는 이천쌀문화축제는 이천시의 상징인 쌀과 농경문화의 백미인 가을걷이를 전국적인 관광축제로 승화한 잔치 한마당이다. 어린이들과 청소년들에게는 전통농경문화를 체험할 수 있으며, 어른들은 옛 향수를 자아내면서 함께 어울릴 수 있다. 또한 이천쌀을 생산자와 소비자가 직접 만나 저렴한 가격에 구매할 수 있다.

15) 양평용문산산나물축제

양평의 산나물은 조선 중기에 편찬된 동국여지지에 임금님 진상품으로 용문산 산나물이 최고라는 기록을 바탕으로 탄생하게 됐으며, 또한 양평은, 산이 깊고 물이 깨끗한 천혜의 자연환경을 갖춘 도시로 산나물이 자리기에 제격인 곳이다. 이 축제에서는 산나물 장터, 농특산물장터, 산적소굴, 전시체험, 산나물 꽃 정원, 산나물 예술장터, 문화예술공연, 힐링체험 등을 할 수 있다.

16) 진동계곡 산나물축제

유네스코 지정 생물권 보호지역으로 자연생태계가 잘 보존된 국내 유일의 원시림을 보유하고 있는 남설악 범봉산(1,424m)에서 발원한 진동계곡은 중간에 방태산에서 내려온 방동천을 받아들여 70여리 물길로 우리나라에서 가장 긴 계류를 이룬다. 1급수에서만 서식하는 천연기념물 열목어와 수달보호지역으로 지정된 진동계곡은 천연기념물인 금강모치와 꺽지, 산메기 등이 노니는 청정옥수가 사시사철 흐르는 그야말로 원시의 모습을 그대로 간직한 우리나라에서 몇 안 되는 맑고 깨끗한 계곡이다. 이틀간 진동계곡마을에서 <진동계곡 산나물축제>를 개최한다.

17) 누들페스티벌

소박한 시골집에서 먹는 구수한 메밀음식 한그릇이 주는 작은 휴식 이라는 컨셉으로, 바쁜 일상에서 벗어나 산들바람 부는 봉평에서 힐링하는 치유의 고장 평창군 봉평면에서 진행하는 국수 축제이다. 2018년에는 봄날의 메밀이라는 테마로 봉평의 우수한 메밀로 선보이는 시골집 밥상 위의 푸근한 한 끼 식사같은 분위기 속으로 관람객을 초대했다. 전통메밀음식 만들기 체험, 메밀 음식 판매, 요리 전문가와 함께 하는 요리 체험, 메밀음식 무료시식회, 전통 민속공연, 민속놀이체험, 떗목체험, 이벤트게임 등의 프로그램이 진행되었다.

18) 전통주와 전통음식의 만남

(사)한국전통음식연구소가 주최, 주관하는 전통주와 전통음식의 만남은 2018년에 11회를 맞이했다. 이 축제는 서울 중구 소재, 남산골 한옥마을에서 한국 전통주와 전통음식의 아름다운 맛과 멋을 경험할 수 있다. 전통주와 전통음식과 한국의 해학적 문화를 예술적으로 접목시켜 전통주와 전통음식의 가치를 발굴하고 한국의 식문화유산으로 자리잡을 수 있도록 한다. 식문화에 문학적 요소를 첨가하여 한국의 전통주와 전통음식의 역사적 이야기와 함께 미래를 그려본다. 전통주와 전통음식의 전시·시연·시식·시음·체험행사 등 다양한 프로그램을 통해 한국의 전통주와 전통음식을 알리고 개발·계승할 수 있도록 장려하고, 그 위상을 높인다.

19) 장항항 수산물 꼴갑축제

이 축제는 매년 5월에 충남 서천군 장항항에서 서천군수협어촌계장협의회(서천군 어민회) 주최로 개최된다. 축제장에서는 각종 신선한 회뿐 아니라, 서천의 우수한 수산물을 알리기 위한 시식행사도 진행하며, 우리 수협에서 위판된 수산물, 건어물 등 판매장을 통하여 저렴한 가격에 제공하고, 장항항에서 금강을 바라보며 쫄깃한 회를 맛볼 수 있는 수변 회카페도 운영하고 있다.

20) 두타산산나물축제

두타산산나물축제는 산나물의 고장 강원도에서도 삼척시에서 개최하고 있다. 백두대간을 중심으로 형성된 강원도내 산나물 서식지 및 야생 재배지는 2,000여ha로 연간 전국 생산량의 23%인 1만1,000톤의 산나물이 생산되고 생산액은 1240억 원으로 전국 생산액의 37%를 차지하고 있다.

21) 무창포주꾸미축제

무창포주꾸미축제는 신비의 바닷길과 함께 싱싱한 해산물을 마음껏 즐길 수 있는 축제로 2013년부터 무창포항에서 개최되고 있다. 무창포축제추진위원회의 주관으로 개최되는 축제는 어선에서 갓 잡아 올린 초봄의 별미인 주꾸미와 개불, 맛, 조개류 등 다양한 수산물을 만날 수 있어 미식가들의 입맛을 돋우어 준다. 2018년 축제에서는 주꾸미 먹거리 장터, 바지락 잡기체험, 주꾸미잡기체험, 해상가두리낚시체험, 주꾸미 디스코 경연대회, 수시품바공연, 신비의 바닷길 체험, 관광객 노래자랑 등의 다양한 행사가 이루어졌다.

제4장

음식축제 관련 연구

1. 2010년 이전의 연구

김창환(2003)은 향토 음식을 축제의 주제로 부각시켜 대표적인 지역축제로 자리잡아 가고 있는 춘천 막국수 축제를 사례로 향토음식의 관광적 가치와 전국의 향토음식 축제 현황을 알아보고, 춘천막국수 축제의 실태를 파악하기 위해 축제에 참가한 관광객의 인구 통계적 특성과 행태를 분석했다. 춘천막국수 축제는 전국에서 몇 안 되는 향토음식 축제로서 축제의 소재가 특이하여 외지 참가자들의 흥미와 관심을 끌어내는데 충분한 매력요인을 가지고 있다. 더욱이 춘천이라는 지역의 자연환경과 문화적 유산, 특산물이 이상적으로 결합해 독특한 지역적 정서를 창출해 나갈 수 있는 조건을 가지고 있다. 그러나 이와 같은 좋은 축제 여건에도 불구하고 춘천막국수 축제의 실태는 아직 전국적인 수준에까지 이르지 못하고 있는 실정이다. 이는 춘천막국수 축제에 참가한 관광객의 65%가 강원도 지역민이라는 설문조사에서 알 수 있다. 춘천막국수 축제가 진정한 향토음식 축제로 자리매김하기 위해서는 축제를 주관하고 운영하고 주체들이 끊임없이 축제 내용을 보완하고 운영방법을 개선해 문화축제로서의 매력도를 높여가야 할 것이다. 또 외지 참가자들의 흥미와 관심을 끌어내는 다양한 체험요소와 먹거리 · 볼거리를 개발하여 지역축제를 전국화하려는 노력도 절실하다고 하였다.

장해진, 양일선, 정라나, 신서영(2004)는 국내·외에서 이루어지고 있는 전통음식을 소재로 한 관광상품의 현황을 분석한 결과를 바탕으로 하여 한국의 전통음식을 관광상품으로 만들기 위한 구체적인 방안을 제시하였다. 우리나라의 전통음식을 주제로 한 이벤트행사를 개최하고 다양한 맛을 체험할 수 있는 프로그램을 적극적으로 개발해야 하고 관광객들의 국적, 성별, 연령을 고려하여 독창적이고 차별적인 프로그램을 개발해야 한다고 하였다.

정용악과 이장주(2004)는 지역축제가 가지고 있는 속성 중에서 신명성, 향토성, 친화성, 사회성이 지역축제 재방문을 설명하는 중요한 요인이고, 지역축제 만족에 결정적인 영향을 미친다고 하였다. 그러나 축제의 중요한 속성의 하나로 알려진 일탈성은 지역축제만족에 미치는 상대적 영향력이 매우 낮은 것으로 나타났다.

정강환과 윤유식(2004)는 금산 인삼 축제에 방문하는 방문객들의 축제 관련 속성에 대한 평가와 이에 따른 축제 만족도 변수와의 관계를 밝히고, 나아가 지방문화의 인식 정도와 주변 관광지 방문 및 방문의도와의 영향을 분석하였다. 축제 평가 속성은 축제 음식과 서비스, 축제 상품과 시설 및 축제장소 접근성의 3개 요인으로 구성되어 있다. 축제 상품 및 시설과 축제음식 및 서비스는 전반적인 축제에 대한 재미와 참여, 체험 프로그램에 대한 만족도에 영향을 미치는 것으로 나타났다. 전시, 공연 프로그램에 대한 만족도와 축제를 통한 지역문화의 인식정도는 3개요인 모두에 의하여 영향을 받는 것으로 나타났다.

장경수(2005)는 대구약령시 축제를 대상으로 하여 축제의 서비스품질이 방문자 만족과 행동의도에 미치는 영향을 분석하였다. 축제의 서비스품질은 축제의 내용, 축제장소의 정돈, 정보와 편의시설 등의 3개 요인으로 구성되어 있었다. 이 3개요인 중에서 축제의 내용과 축제장소의 정돈만이 방문자 만족에 영향을 미치는 것으로 나타났다. 축제의 내용이 좋고 축제장소가 잘 정돈될수록 방문자가 더 많이 만족했고, 방문자가 만족을 더 많이 할수록 행동의도가 높은 것으로 밝혀졌다.

이승권과 한지훈(2005)는 지역축제의 서비스품질을 크게 물리적 품질과 과정적 품질로 구분하여 축제에 참여한 지역주민과 방문객이 느끼는 축제의 서비스품질에 대한 차이와 만족도, 재방문 및 추천의사의 통합적인 관계를 구조모형을 통해 파악하였다. 축제에 참가한 타지역 거주자와 지역주민들이 느끼는 서비스품질 요인들 중에서 행사장 시설 음식 축제상품 행사내용의 네 가지 요인에서 차이를 보였고, 지역주민보다 방문객이 느낀 만족도가 높은 것으로 나타났다. 체류기간이 길어질수록 만족도가 높았고, 서비스품질의 물리적 품질요인과 과정적 품질요인 만족도가 높을수록 재방문 의도와 추천의도가 높았다.

고호석과 강만호(2006)은 2006년 한국의 술과 떡잔치에 참가한 관광객을 대상으로 하여 추구편익을 기준으로 한 요인분석과 군집분석을 통하여 시장세분화를 하였다. 그 결과 신기성추구집단, 독특성 및 호기심추구집단, 일상탈출과 활력추구집단, 오락 및 사회성 추구집단, 휴식추구집단, 활동성추구집단 및 접근성 및 실속추구집단과 같은 7개의 세분시장으로 분류하였다.

이경모와 손선미(2006)은 지역의 문화를 가장 잘 나타내주는 자원이라고 할 수 있는 음식을 소재로 한 우리나라의 대표적인 3대 음식문화축제를 대상으로 하여 방문객들이 각각의 축제에 대해 어느 정도의 방문의도를 가지고 있는 가를 분석하여 보다 많은 방문객을 유치할 수 있는 마케팅방안을 제시하였다.

오수진과 이정희(2007)은 지역축제의 서비스품질 요인과 방문객의 만족도와 재방문의도를 분석하였다. 서비스품질 요인 중에서 내용성, 쾌적성, 정보성, 특산물의 상품성, 편의성과 같은 요인이 좋을수록 방문객의 만족도와 재방문의도가 높아지는 것으로 밝혀졌다.

김현철(2009)는 음식축제 방문객을 조사대상으로 하여 건강메뉴 지각, 축제음식에 대한 우려, 축제 만족 및 재방문의도 간의 구조적 관계를 분석하였다. 건강메뉴에 대한 지각을 많이 할수록 축제음식에 대한 우려를 많이 했고, 축제에 대한 만족도가 떨어졌고, 축제에 대한 만족도가 높을수록 재방문의도가 높아지는 것으로 나타났다.

김주연과 안경모(2009)는 전주 천년의 맛 잔치 축제에 방문하는 사람들의 참가 동기를 음식관련성, 일상탈출성, 가족친화성 및, 유흥성으로 분류하고, 이 네 가지 동기요인들을 기준으로 군집분석을 하였다. 그 결과 가족친화성과 유흥적 동기가 높은 집단, 일상탈출성이 높은 집단, 네 가지 동기가 전체적으로 낮게 나타나는 수동적인 성격의 집단으로 구분했다. 세 개의 군집에 따라 연령, 연소득, 동행여부, 본인포함 일행수, 축제 정보의 원천, 이용교통수단이 의미있는 차이를 보였다. 네 가지 음식축제 동기와 축제에 대한 만족 간의 영향관계를 분석한 결과, 음식관련성 요인이 만족에 미치는 영향력이 가장 높았으며, 가족친화성이 두 번째로 높았고, 일상탈출성은 세 번째로 높았고, 유흥성이 가장 낮았다.

이정원, 이상미, 문보영(2009)는 서울의 에스닉 레스토랑의 이미지가 음식관광 참여의도에 미치는 영향을 조사하였다. 에스닉 레스토랑의 이미지 중에서 음식과 분위기가 음식관광 참여의도에 의미있는 영향을 미치는 것으로 나타났다. 그러므로 음식관광을 통해 외국인 관광객을 유치하기 위해서는 외국인 관광객의 입맛에 맞는 차별화되고 독특한 메뉴를 개발해야 한다.

이수범과 전유정(2010)은 충남과 전북지역의 축제 중 4곳을 선정하여 축제에 참가한 방문객들을 조사대상으로 하여 음식판매장의 선택속성을 도출하고 이러한 선택속성이 축제의 음식판매장 만족과 전반적인 축제 만족에 어떠한 영향을 미치는지를 분석하였다. 서비스, 청결, 서비스 스케이프, 지역메뉴 및 가격이 축제의 음식판매장 선택속성으로 도출되었다. 청결, 가격, 서비스 스케이프가 좋을수록 방문객들은 음식판매장에 대하여 만족을 많이 하는 것으로 나타났다. 음식판매장의 서비스와 가격이 좋을수록 전반적인 축제에 대한 만족을 많이 하는 것으로 밝혀졌으나, 청결, 서비스 스케이프 및 지역메뉴는 전반적인 축제만족에 영향을 미치지 않는 것으로 나타났다.

민계홍(2010)은 김제지역에서 거주하고 있는 음식점 운영자와 종사원, 지역 주민을 대상으로 김제지역의 향토음식에 대한 인식을 토대로 향토음식을 개발하고, 개발된 향토음식을 활용하여 관광 상품화를 할 수 있는 방안을 제시하였다. 김제시는 2016년 9월 23일 김제시 향토음식 발굴·육성 및 관리에 관한 조례를 제정하고 조례에 위임된 필요한 사항에 대한 시행규칙을 같은 해 12월 5일 제정 공포해 향토음식에 관한 법적 근거를 마련했다. 2016년 12월 7일 전라북도로부터 지평선한우비빔밥과 지평선막창순대국밥을 김제시 향토음식으로 지정 받았고, 향토음식을 취급하는 업소 중에서 심의를 거쳐 향토음식점 3개소를 지정했다.

이상미(2010)은 음식관광의 가능성을 분석하고, 음식과 관련된 참여활동이 방문의도에 어떤 영향을 미치는지를 분석하여 음식관광객을 유치하기 위한 지침을 제시하였다. 43.5%가 음식관광을 경험했고, 18.5%는 경험은 하지 않았지만 관심이 있다고 했고, 음식관광 형태는 유명한 맛집 방문과 음식문화축제 참여로 나타났다. 관광지에서 추구하는 음식성향은 현지 주민이 추천하는 음식, 내 입맛에 맞는 음식, 지역특산품 및 향토음식, 재래시장 방문, 먹거리 축제/음식문화 체험의 순으로 나타났다. 단양지역을 방문할 경우 응답자들은 송이·능이버섯 전골, 항아리 맥적구이, 소백산 산채비빔밥, 곤드레 마늘솥밥 등과 같은 향토음식을 선택하는 것으로 나타났다. 음식관광에 참여하는 활동 중에서 음식문화를 경험하고, 건강을 더 많이 지향하고, 음식과 관련된 지식과 정보를 많이 추구할수록 방문의도가 높은 것으로 나타났다.

권상미, 서성용 및 이관표(2010)의 연구에 의하면, 함평 나비축제는 처음 방문한 방문객의 비율이 보령 머드축제에 비해 높았고, 두 축제 모두 가족이나 친구와 함께 방문하는 비율이 높은 것으로 나타났다. 두 축제 모두 친구나 친척을 통한 구전으로 방문을 하였거나 TV/라디오/신문과 같은 대중매체 광고를 통해 참여하는 비율이 높은 것으로 나타났다. 그러나 체류기간에 있어서는 차이를 보였는데, 함평 나비축제는 당일 방문객이 많았으나 보령 머드축제는 1박 이상 체류하는 관광객이 절반 이상을 차지하는 것으로 나타났다. 브랜드 연상이미지가 강하고, 지각된 품질이 높고, 브랜드 충성도가 강할수록 방문객이 지각하는 가치가 높은 것으로 나타났다. 지역축제의 브랜드자산 가치의 3개 차원 중에서 지각된 품질이 가장 중요한 요인으로 밝혀졌다.

류인평(2010)은 고창청보리밭축제를 대상으로 방문객들의 축제참가동기 요인들을 분석하고, 이러한 동기요인들이 만족에 미치는 영향과 만족이 행동의도에 미치는 영향을 분석하여 지역축제를 발전시키기 위한 시사점을 제시하였다. 참가자들의 활동특성을 분석한 결과 축제에서 소비하는 비용은 3만원 미만이 가장 많은 것으로 나타났으며, 주요 정보원천은 언론매체, 주위의 권유, 인터넷 추천으로 나타났다. 참가자들은 대부분 다른 지역축제에 참가한 경험이 있는 것으로 나타났고, 축제에 대한 사전정보를 조금 알고 있는 경우가 가장 높게 나타났다. 참가자들의 일반적 특성은 남성에 비해 여성이 조금 많았고, 연령은 30대, 20대, 40대, 50대 순으로 나타났다. 축제참여 동기는 흥미와 유희, 가족, 일상탈출, 교육, 이벤트와 같은 5요인으로 나타났다. 참여 동기가 만족에 미치는 영향을 분석한 결과 5가지 참여동기 요인 중에서 흥미와 유희가 가장 높은 영향력을 가지는 것으로 나타났고, 일상탈출, 가족, 이벤트 순으로 상대적 영향력을 갖는 것으로 나타났으나 교육요인은 영향을 미치지 않는 것으로 나타났다. 축제참여에 대하여 만족할수록 재방문의도와 추천의도가 높은 것으로 나타났다.

부명숙, 오창호, 서문식(2010)은 철마한우 불고기 축제의 서비스 품질과 관광 상품성이 참가자의 재방문의사에 미치는 영향을 분석하였다. 참가자의 재방문의도에 가장 큰 영향을 미치는 서비스 품질의 요인은 내국인은 물론 외국인을 위한 유익한 이벤트와 다양한 공연, 행사장 요원 및 도우미의 친절함, 안내방송, 식당의 신속한 서비스, 질병이나 식중독 등을 대비한 위생 상태, 다양한 전통적인 먹거리 제공으로 나타났다.

윤형숙과 선영란(2010)은 강화도 내가면 외포리에서 젓새우잡이 어업과 새우젓 생산이 쇠퇴하는 시기에 강화새우젓이 지역의 특산품으로 등장하게 되는 과정을 살펴보았다. 특히 1990년대 초 이후 한국사회의 경제성장으로 인해 가능해진 여가와 관광, 축제문화의 발달이라는 거시적 맥락과 외포리 지역의 특수한 지리환경 및 사회문화적 요인 등에 주목했다. 지역활성화를 위해 정포항을 중심으로 개최되는 강화새우젓 축제는 외포리에서 판매되는 새우젓이 강화 지역의 특산품이라는 이미지를 갖게 함으로써 관광지화되고 있는 외포리가 강화새우젓을 생산하는 전통적인 어촌마을로 재정체화된다고 하였다. 관광과 축제를 통해 만들어지는 젓새우잡이 어업과 새우젓 생산을 하는 어촌이라는 지역정체성은 지역 내의 다양한 전통과 집단들의 이해관계를 주변화 한다. 어촌마을의 이미지는 지역민들의 관광객 유치 전략과 고유한 포구 이미지를 소비하고자 하는 관광객의 시선이 상호작용하여 만들어졌다.

심규원과 이주희(2010)은 대구 약령시 한방축제를 대상으로 서비스품질과 방문객 만족도, 방문객 만족도와 충성도 및 지역사회발전 간의 인과관계를 분석하였다. 축제의 경험과 서비스 요인은 방문객 만족에 영향을 주는 것으로 나타났으나, 축제시설은 방문객 만족에 영향을 주지 않는 것으로 나타났다. 또한 방문객의 만족도가 높을수록 지역사회의 결속력을 강화하고, 지역경제를 활성화 시키고, 지역홍보를 통하여 지역의 이미지를 제고시키는 등과 같은 지역축제가 지역사회에 기여하는 정도가 높은 것으로 나타났다.

이원옥과 이덕원(2010)은 횡성한우축제를 참가한 지역민과 외래방문객을 대상으로 지역축제에 대한 재방문의도에 영향을 미치는 변수를 분석했다. 지역민의 경우, 40대 이상으로 가족이나 친척을 동반하거나 자가용을 이용하는 방문객이 다른 특성을 가진 집단에 비해서 재방문의도가 의미있게 낮은 것으로 밝혀졌다. 지역축제 품질 요인들 중에서는 유희성 및 편의시설을 중요하게 생각하는 방문객일수록 재방문의도가 의미있게 높은 것으로 나타났다. 외래방문객은 주부집단과 구전을 통해 정보를 얻은 집단이 기타 집단에 비해서 재방문 의도가 높았으나 인터넷을 통해 횡성한우축제에 관한 정보를 얻은 방문객은 기타 집단에 비해 상대적으로 낮은 것으로 나타났다. 지역축제 품질에서는 지역민과 동일하게 유희성 및 편의시설을 중요하게 생각하는 방문객일수록 재방문의사가 높은 것으로 나타났다.

2. 2011년 이후의 연구

김재곤과 송경숙(2011)은 전통향토 음식체험관광에 대한 동기가 기대, 지역애착 및 관광만족에 미치는 영향을 분석하였다. 체험이벤트에서는 음식체험관광 동기의 하위요소 중에서 교류성, 교육성, 심미성, 탈일탈성, 모험성이 강할수록 관광상품에 대한 기대가 높은 것으로 나타났고, 교류성, 교육성, 심미성, 탈일탈성이 강할수록 지역에 대한 애착이 커지는 것으로 밝혀졌다. 또한 관광상품에 대한 기대가 높을수록 지역에 대한 애착이 강해지고 음식체험관광에 대한 만족도도 높아지는 것으로 나타났다. 그러므로 다양한 음식관광자원을 개발하여 관광객들에게 지역의 고유한 음식문화를 소개함으로써 관광객들에게 미식의 즐거움이나 관광의 즐거움을 더해 줄 수 있으며, 지역의 향토음식을 보존하고 계승하고 발전시킬 수 있다는 점에서 음식체험관광은 지역주민들의 향토 사랑을 높이고 관련 산업을 발전시키는 동시에 지역을 홍보하는 효과도 제고시킬 수 있다.

김정훈(2011)은 남도음식문화큰잔치 방문객들의 방문전 기대와 실제경험의 만족도 차이를 분석하였다. 축제방문객의 만족도 평가속성에 대한 차이를 검증한 결과 중요도와 성취도는 의미있는 차이가 나타났으며, 축제는 방문 전 기대수준에 비해 성취도가 낮았다. 특히 축제방문객들은 주변관광지 이용가능성, 행사내용의 다양성, 행사내용을 통한 지역문화의 이해, 음식의 종류 등을 중요하게 생각하고 있었다. 음식이 축제의 중요한 주제임에도 불구하고 남도음식문화큰잔치는 음식관련 행사내용이나 프로그램과 같은 축제의 중요한 내용에 대해서는 방문객들로부터 긍정적인 평가를 받지 못하였다. IPA 매트릭스 분석결과에서 보듯이 제 I 사분면에 위치한 행사내용의 재미, 행사내용의 다양성, 음식의 종류, 주차시설 편리성, 편안한 휴식공간 등의 요인들은 좋은 성과유지요인에 속하는 것으로 나타났다. 좋은 성과유지에 해당되는 만족도요인은 지속가능한 문화관광축제로 성장할 수 있는 경쟁우위요인으로 볼 수 있다. 하지만 행사내용이나 음식의 종류 요인은 평균값에 비해 중요도와 성취도가 높게 나타났을 뿐, 음식축제라는 특성을 감안했을 때 방문객들의 기대에는 미치지 못하고 있었다.

유종서와 이원옥(2011)은 경주 술과 떡 잔치축제의 방문객을 대상으로 인구통계학적 변수, 방문행동 변수, 지역축제 만족 변수 등이 방문동기에 따라 세분화된 시장에 미치는 영향력을 분석하였다. 지역축제에 방문하는 동기에 따른 군집은 에듀테인먼트 추구집단, 새로운 경험 추구집단, 축제향유 추구집단의 세 개의 유형으로 분류되었다. 연령대가 높은 주부로써 경북지역 거주자의 경우 축제를 향유하였고, 새로운 경험을 추구하는 집단은 주로 20대 여성으로 타 집단에 비해 지출비용이 상대적으로 높았다. 에듀테인먼트 추구집단은 TV나 신문매체를 통해 지역축제에 대한 정보를 획득하며 체재일수도 1박 이상인 것으로 나타났다.

현용호와 홍경환(2011)은 축제 방문 동기 집단에 따른 축제 서비스의 품질, 지역 이미지, 방문의도의 구조적 관계를 분석하였다. 축제 방문동기는 다목적 추구형, 가족모험여행 추구형, 사회성 추구형의 3집단으로 분류되었다. 다목적 추구형에서는 확신, 유형성 및 신뢰성이 높을수록 지역이미지가 제고되었고, 지역 관광에 대한 이미지가 높을수록 방문의도도 높아지는 것으로 나타났다. 가족모험여행 추구형에서는 확신성과 유형성이 증가할수록 지역 관광 이미지가 제고되었고, 사회성 추구형에서는 신뢰성이 높을수록 지역 관광이미지가 좋아지는 것으로 밝혀졌다.

김장호(2012)는 광주와 전남지역의 음식관광축제의 현황을 분석하고 음식관광축제를 활성화 시킬 수 있는 구체적인 방안을 모색하기 위하여 2011 광주김치대축제를 찾는 방문객을 대상으로 질문지를 활용한 조사를 하였다. 2011년 광주김치대축제를 찾은 방문객들은 음식과 음식관광축제에 관심을 많이 가지고 있는 관광객으로 이 지역에 대한 사랑도 많았고, 다양한 식재료와 음식문화에도 관심이 많이 있는 것으로 나타났다. 광주와 전남 지역의 음식관광축제를 활성화시키기 위해서는 음식체험관련 프로그램을 다양하게 구성하고 지방자치단체에서 판매하고 있는 향토음식, 토산품 및 음식관광상품을 보완하고 개발 할 필요가 있다고 주장하였다.

김문명, 김상범 및 이수범(2012)의 연구에 의하면 음식문화축제 서비스 품질이 우수할수록 방문객은 더 많이 만족하였으며, 재방문의도도 높았다. 음식문화축제에 대한 관여도가 높을수록 방문객의 만족도가 높아졌으나, 관여도는 재방문의도에는 의미있는 영향을 미치지 않았다. 관여도는 재방문의도와 직접적인 인과관계는 없고 만족도를 통해 간접적인 인과관계를 미치는 것으로 나타났다. 방문객의 만족도가 높을수록 재방문의도도 증가하는 것으로 나타났다.

선우용수와 손재영(2012)는 축제 서비스 스케이프가 행동의도에 미치는 영향을 분석하였다. 서비스 스케이프는 환경적 요소, 심미적 요소, 기능적 요소, 사회적 요소 등과 같은 4개의 인지적 평가요인와 즐거움과 각성과 같은 2개의 정서적 평가요인으로 구성된다. 축제 서비스 스케이프의 인지적 평가요소 중에서 심미적 요소와 기능적 요소는 정서적 평가 요소인 즐거움과 각성에 양의 영향을 미치는 것으로 나타났다. 정서적 평가요소 중에서 즐거움은 행동의도에 양의 영향을 미치는 것으로 나타났다. 인지적 평가요소인 심미적 요소와 기능적 요소는 행동의도에 직접적인 영향을 미치는 동시에 정서적 평가요소인 즐거움을 통하여 간접적인 영향도 미쳤다.

유지은, 이지현, 안성근(2012)는 홍성 내포 축제를 중심으로 하여 향토음식의 개발이 지역주민의 애착, 자긍심 및 축제참여 의도에 미치는 영향을 연구하였다. 향토음식의 대표성이 강할수록 축제에 대한 주민들의 애착이 컸고 자긍심도 높아졌으며, 애착과 자긍심이 클수록 축제참여 의도도 높아졌다. 그러나 향토음식에 대한 신뢰성은 애착과 자긍심에 영향을 미치지 않았다.

황윤미와 이상정(2012)는 2011 대한민국 국제요리 경연대회 방문객을 대상으로 음식축제를 방문한 관람객의 축제관광행위지향성과 축제만족도, 사후행위의도의 관계를 분석하였다. 4개의 축제관광행위지향성 요인 중에서 자기확장, 사회유희, 체험자체 요인이 축제만족과 사후행위의도에 직접 또는 간접적으로 의미있는 영향을 미쳤다. 변수들간의 상대적 영향력은 자기확장 축제관광행위지향성이 축제만족과 사후행위의도에 가장 큰 영향을 미치는 변수로 나타났다. 그러나 구별짓기 축제관광행위지향성은 축제만족과 사후행위의도에 영향을 미치지 못하는 것으로 나타났다.

강혜숙과 김경선(2012)는 양양송이축제 방문객을 대상으로 하여 지역축제선택속성에 관한 4개 요인인 유희성 및 다양한 체험, 부가서비스, 환대성, 주변경관이 축제의 만족도, 재방문의도 및 구전의도에 미치는 영향을 분석하였다. 지역축제선택속성 중에서 유희성 및 다양한 체험 요인은 다른 요인보다 축제의 만족도에 더 큰 영향을 미쳤다. 지역축제선택속성 중에서 유희성 및 다양한 체험, 환대성, 주변경관만이 재방문의도에 가장 중요한 영향을 미쳤다. 축제에 대한 만족도가 높을수록 재방문의도도 높아졌고, 재방문의도가 강할수록 구전의도도 높아지는 것으로 나타났다.

차경희(2012)는 미국, 벨기에, 독일 등의 미식관광사례를 분석하여 세계적으로 음식을 목적으로 하는 관광상품 개발이 크게 증가하고 있다고 주장하였다. 유네스코 창의도시 네트워크[1])가 추구하는 일곱 가지 주제 중

1) 유네스코 창의도시 네트워크(UNESCO Creative Cities Network)는 각 도시의 문화적 자산과 창의력에 기초한 문화산업을 육성하고, 도시들 간의 협력을 통해 경제적·사회적·문화적 발전을 장려하기 위한 것이다. 지정도시는 공예와 민속예술, 디자인, 영화, 미식, 문학, 미디어 아트, 음악의 7가지로 나뉘고 있는데, 2015년 현재 116개 도시가 포함되었다. 우리나라에서는 2012년에 전라북도 전주시가 미식도시에 지정되었다. 전주는 한국을 대표하는 미식 도시로서 지속가능한 발전가능성을 내포하고 있고 한국음식의 콘텐츠화를 위한 표준으로 삼을 수 있는 도시가 될 수 있다. 그 근거는 첫째, 전주는 한국에서 음식문화가

미식 혹은 미식학을 주제로 선정된 창의도시인 콜롬비아의 Popayan과 중국의 成都를 소개하였다. 그리고 일찍이 자국음식의 세계화에 힘쓴 태국과 이탈리아, 음식축제로 관광객 유치에 성공한 싱가포르의 사례도 설명하였다.

김수인, 박연진, 김소영과 장혜진(2013)은 담양의 죽순 푸드빌리지의 15개 음식점을 대상으로 담양의 대표적인 향토음식인 떡갈비와 대통밥에 대한 만족도를 조사한 결과를 중심으로 하여 향토음식 특화거리를 관광 상품화 시키고 활성화할 수 있는 방안을 제시하였다.

이덕순(2013)은 음식관광에 대한 관여도가 높을수록 음식관광에 참여하는 활동을 많이 한다고 하였다. 그러나 지역음식에서 자기표현, 음식체험에서 사회적 유대는 음식관광에 참여하는 활동에 영향을 미치지 않았다. 음식관광 동기는 음식관광 참여활동에 영향을 미치지만 지역음식에서 문화, 체험 및 행복, 음식체험에서 고유음식은 영향을 미치지 않았다. 음식관광 참여활동은 음식관광 만족도에 영향을 미치는데, 지역음식이 음식체험보다 더 큰 영향력을 미쳤다. 그러므로 지방자치단체는 지역음식의 맛과 문화 등 다양한 부분을 관광객들이 인식하고 관심을 가질 수 있도록 홍보하여 관광객들이 관광지를 방문하기 전에 지역의 음식에 충분히 관심을 가질 수 있도록 유도해 나가야 한다. 지역음식이 관광객들에게 지역문화를 이해할 수 있게 하고, 행복하게 해주며 지역고유의 특색을 경험할 수 있다는 감성적 홍보를 통해 관광객들의 동기를 자극함으로써 음식관광 참여활동을 이끌어 내야 한다. 음식관광객들의 만족도를 높이기 위하여 관

가장 발달한 곳으로 꼽히고, 조선왕조의 발상지이며 전주음식은 예부터 개성음식과 함께 가장 화려하고 맛있기로 유명했다. 둘째, 전주는 한옥, 판소리, 공예를 비롯한 다양한 전통문화 자원과 함께 음식의 전통성이 잘 유지되고 있는 곳이다. 셋째, 전주는 전주음식의 전통성을 기반으로 음식을 발전시키려는 시민의식이 높은 곳이다. 전주의 유네스코 미식 창의도시 지정 기반에는 (사)유네스코창의도시 시민네트워크를 비롯한 시민들의 자발적인 노력이 있었다(이지현, 2013).

광객들이 지역을 방문하였을 때 지역음식을 체험할 수 있는 프로그램 및 행사를 시행하고 또한 지역의 고유한 음식점들을 홍보하여 관광객들이 지역음식을 맛볼 수 있는 기회를 최대한 많이 제공해 나가야 한다.

장지원, 김태희, 이인옥(2014)는 Kano모델[2)]을 통해 소비자 중심의 새로운 관점으로 재분류된 음식관광지 선택속성을 제시하였다. 또한 나날이 성장하고 있는 음식관광과 잠재적 관광소비자인 20~30대 한국 및 중국 대학(원)생의 음식관광 선택속성에 대한 인식 차이 및 Timko의 고객만족계수 산출방법으로 제시한 better/worse 지수는 고객만족을 증가시키거나 불만족을 감소시키기 위해 선택과 집중에 필요한 속성을 재분류함으로써 향후 잠재학생관광시장을 목표로 젊은 층의 욕구를 충족시킬 수 있는 효율적인 음식관광 목적지를 개발하고, 관광지로써의 경쟁우위 확보를 위한 시사점을 제공하였다.

김홍길과 구정대(2014)에 의하면 지역축제의 서비스품질 중에서 유형성 및 전문성 요인과 프로그램 요인이 좋을수록 축제의 정서적 이미지가 좋아졌고, 전문성 요인과 공감성 요인이 좋을수록 인지적 이미지도 좋아졌다. 그러나 신뢰성 요인은 정서적 이미지와 인지적 이미지에 의미있는 영향을 미치지 않았다. 유형성 및 전문성 요인, 프로그램 요인, 공감성 요인이 좋을수록 방문객의 충성도가 높아지는 것으로 나타났으나, 신뢰성 요인은 방문객의 충성도에 영향을 미치지 않았다.

김판영(2014)는 여주 오곡나루축제를 방문한 사람들을 대상으로 축제 서비스 품질이 축제만족과 구전의도에 미치는 영향을 분석하였다. 물리적

---

2) 카노 모델은 일본 도쿄 리카대학의 교수인 카노 노리아키(狩野紀昭)에 의해 1980년대에 연구된 제품 개발에 관련된 상품기획이론이다. 어떤 상품을 기획할 때 각각의 구성요소에 대해 소비자가 기대하는 것과 충족시키는 것 사이의 주관적 관계 그리고 요구되는 사항의 만족, 불만족에 의한 객관적 관계를 설정하여 설명하고 있다. 카노 모델은 각종 소비자 조사 방법과 연구를 통해 얻어진 소비자의 목소리를 분석하는 틀로 이용된다. 소비자가 직접적으로 혹은 간접적으로 말하는 내용과 이를 바탕으로 얻어진 배경적, 환경적 이해를 분석하여 소비자가 원하는 것을 알아낼 수 있다.

서비스는 축제만족과 구전의도에 영향을 미치지 않았으나, 프로그램 서비스와 인적 서비스가 좋을수록 축제에 대한 만족도가 높아졌고, 구전의도도 강해졌다. 특히 축제 서비스품질 중 프로그램 서비스가 축제만족과 구전의도에 가장 영향력이 높은 변수인 것으로 나타났다. 그리고 축제만족이 높은 관광객일수록 축제에 대한 긍정적 구전과 추천 행위를 했다.

강성진, 도경록, 조록환(2014)는 수도권과 광역도시를 제외한 지방으로 여행한 경험이 있는 방문객들을 대상으로 여행 중 음식 관련 행동들을 분석하고, 이를 바탕으로 음식관광객의 유형을 분류하여 유형별 프로파일을 제시하였다. 소극형 음식관광객, 일반형 음식관광객, 적극형 음식관광객, 로컬푸드형의 음식관광객들은 성별, 연령, 교육수준에서 의미있는 차이를 보였으며, 월평균 가계소득은 의미있는 차이가 없었다. 로컬푸드형은 다른 유형보다 나이가 많고 여성이 많았고, 적극형은 다른 유형보다 교육수준이 높은 것으로 나타났다. 여행행태 특성 중 여행 동반형태, 여행기간, 음식정보원, 음식정보 탐색수준, 총 여행경비 중 식음료 지출비용에서 4집단 모두 의미있는 차이를 보였다. 일반형과 적극형은 친구 및 가족들과 여행을 하였으나 소극형과 로컬푸드형은 혼자 여행을 하였고, 5일 이상 여행하는 사람들이 많은 것으로 나타났다. 또한 로컬푸드형은 음식정보 탐색을 가장 적극적으로 했고 적극형은 현지에서 음식정보를 얻고 식음료 지출비율이 가장 높은 것으로 나타났다.

권미영, 고호석 및 양진연(2014)는 음식에 관한 거부감이 적고, 다양성을 추구하고, 음식과 관련된 쾌락적 태도와 실용적인 태도에 긍정적일수록, 음식에 관여를 많이 할수록 음식관광과 관련된 활동을 많이 한다고 하였다. 음식관광과 관련된 활동은 인구통계적인 특성에 따라 의미있는 차이를 나타났고, 음식관광과 관련된 활동을 많이 할수록 전반적인 만족도가 높았고, 행동의도도 강한 것으로 밝혀졌다.

송유형과 박시원(2014)는 부산 해운대의 센텀맥주축제에 참가한 사람들을 대상으로 하여 축제 참가동기와 서비스품질이 만족 및 재방문의도에 미치는 영향을 분석하였다. 축제 참가동기, 서비스품질, 축제 만족 및 재방문의도 사이에는 모두 양의 관계가 있는 것으로 나타났다.

김한도와 조승아(2014)는 음식문화축제의 성공요인을 10개의 척도로 구성하였다. 척도에는 지역 특산물로써의 적합성, 음식의 지역 대표성, 향후 지역 특산물로 알릴만한 음식, 축제 장소로서의 적합성, 타 음식문화축제와 차별화된 주제, 축제 개최 통한 지역주민의 자긍심 고취, 축제개최 통한 지역주민의 경제적 이득, 축제 개최 취지에 대한 이해, 축제개최 장소의 관광객·프로그램 수용 능력, 현재 인프라의 축제 개최 시 사용 적합성 등이 포함되었다. 지역주민이 음식문화축제 성공요인에 대해 높게 인식할수록 축제 개최에 대하여 긍정적인 태도를 가지고 있었다. 진해 웅천 지역주민들은 음식문화축제 개최를 통해 경제적 이득을 기대하지 않고 있기 때문에, 직업은 지역주민의 음식문화축제 성공요인에 대한 인식과 태도와의 관계에 영향을 미치지 않았다.

은지영과 박양우(2014)는 대중음악축제의 서비스 품질을 프로그램, 무대장치, 운영능력, 축제시설, 청결성 등과 같은 다섯 가지 속성을 선행연구를 통해 도출하였고, 이러한 서비스 품질이 축제 참가자가 인지하는 정서적 이미지와 인지적 이미지에 어떤 영향을 미치며, 재방문의도에 미치는 영향을 실증적으로 분석하였다. 다섯 가지 축제 서비스 품질이 좋을수록 축제에 대한 정서적 이미지와 인지적 이미지가 긍정적인 것으로 나타났다. 또한 정서적 이미지와 인지적 이미지가 긍정적일수록 재방문의도가 강한 것으로 나타났다.

이용관과 김혜인(2014)는 지역의 문화관광 역량에 따른 축제의 집객효과를 분석했다. 지역별로 다른 시점에 개최된 신규 축제가 방문객수에 미친 효과를 분석하기 위해 관광지방문객보고통계와 전국시도별 축제 현황을 연계하여 자료를 구성하고 이중차감 추정법을 이용했다. 분석 결과 음식, 숙박 등의 관광 서비스 규모에 따른 신규 축제의 집객효과는 유효하지 않게 나타났으나 오락, 문화, 여가서비스 규모가 작은 지역과 기존 방문객수가 적은 지역에서는 신규 축제 개최로 인한 집객효과가 나타났다.

이창언과 양종렬(2014)는 특이한 경관, 생태 및 문화적 특성을 지닌 제주도의 음식특화거리를 중심으로 제주도의 향토음식을 관광자원으로 활용할 수 있는 방법을 연구했다. 제주도의 여러 곳에 조성된 음식특화거리의 현황을 분석해서 나타난 문제점을 살펴보고, 음식특화거리를 활성화하기 위하여 고쳐야 할 점을 찾아서 구체적으로 어떻게 고칠 것인가를 연구하였다. 전통음식의 보존과 관련된 진정성, 음식특화거리의 공간성과 관련된 접근성, 관광상품화를 위한 식단의 다양성, 음식특화거리의 조성 및 관리와 관련된 체계성 등이 홍보와 어떻게 관련되고 있는지를 분석하였다. 이를 통해 생활문화를 적절하게 관광자원으로 만들기 위해서는 지속가능한 관광을 개발하고 문화적인 면에서 도시재생의 기본 이념을 전제해야만 바람직한 방안을 구체적으로 제시할 수 있다고 하였다.

유근준과 이승곤(2014)는 경남산청의 한방약초축제를 방문한 사람들을 대상으로 한방축제에 관한 서비스 품질과 지역 이미지가 만족에 미치는 영향을 분석하고, 만족과 한방우수성 인식 간의 관계를 조사하였다. 한방축제에 관한 서비스 품질이 좋다고 인식할수록 축제에 대하여 만족하고 있었다. 한방축제를 하는 지역에 대하여 긍정적인 이미지를 가지고 있을수록 축제에 대한 만족도도 높은 것으로 나타났다. 한방축제에 대하여 만족하는 관람객일수록 한방의 우수성에 대하여 긍정적으로 인식하고 있는 것으로 밝혀졌다.

박조원(2014)는 관광저널리즘의 실태를 파악하고 미디어산업과 관광산업의 바람직한 연계를 모색하기 위한 단초를 찾기 위해 주요 신문의 관광 보도에 대한 내용분석을 실시하였다. 분석 기간은 2013년 1월 1일부터 12월 31일까지 1년이었으며 순환표집을 실시해 53일치의 신문을 선택하였다. 주요 분석유목은 기사의 유형, 주제, 필자, 홍보성 정보의 포함 정도 등이었으며 신문사별 보도의 차이, 기사유형별 및 주제별 홍보성 정보의 포함 정도의 차이가 분석되었다. 분석결과 신문사별로는 기사의 유형, 주제, 홍보성정보의 포함 정도에서 차이를 보였으며 기사의 유형과 주제에 따라 홍보성정보의 포함 정도가 다른 것으로 밝혀졌다. 분석결과를 토대로 신문의 관광관련 보도의 문제점을 도출하였고 이를 개선하기 위한 방안들을 논의하였다.

김현지와 최지영(2014)는 슬로푸드 국제대회에 참가한 사람들을 대상으로 하여 방문동기가 축제 만족과 충성도에 미치는 영향과 만족이 충성도에 미치는 영향을 분석하였다. 전반적인 방문동기 평균은 3.88로 조금 높게 나타났으며, 그 중에서 지역음식을 통한 지역 고유성과 독창성 경험에 대한 방문동기가 가장 높게 나타났다. 만족도의 경우 전체 평균값이 3.67, 충성도의 경우는 3.70로 나타났다. 요인분석을 한 결과 방문동기는 새로운 경험성, 가족친화와 일상 탈출성, 축제의 독특성, 사회성 등과 같이 4개 요인이 추출되었고, 만족도와 충성도는 단일 요인으로 나타났다. 방문동기 요인 중에서 사회성을 제외한 3개 요인은 모두 축제에 대한 만족도와 충성도를 증가시키는 것으로 나타났다. 3개요인 중에서 새로운 경험성이 축제에 대한 만족도와 충성도에 가장 큰 영향을 미치는 것으로 나타났다. 축제에 대하여 만족하는 방문객일수록 축제에 대한 충성도도 높은 것으로 나타났다.

고상현(2015)는 불교와 관련된 축제들이 많은 지역에서 이루어지고 있음에도 불구하고 불교축제에 대한 연구가 연등회나 팔관회 등 특정한 분야에 국한되었다는 문제의식을 가지고 불교의례와 문화행사 중에서 축제로서의 의례와 문화행사를 연구하였다. 이들 불교축제를 분류한 결과 유형별로는 불교의례를 중심으로 한 불교의례축제로, 불교문화를 활용한 축제를 불교문화축제로 분류하였으며, 내용별로는 복합형과 테마형으로 분류하였다.

불교의례축제는 불교의례가 중심이 된 축제로, 팔관회, 우란분재, 수륙재, 개산대재, 영산재 및 괘불재, 생전예수재 등을 들 수 있다. 불교문화축제는 불교의례에서 파생되거나 불교적 모티브를 차용하여 축제적인 요소가 강화된 것이다. 복합형 축제는 연등회, 대장경천년세계문화축전 등이 있다. 테마형 축제는 주제에 따라 사찰음식축제, 음악회형 축제, 생태자연축제, 낙화놀이 축제, 동제형 축제 등으로 세분화하였다.

불교축제의 발전 방안으로서는 종단차원에서 불교축제현황 파악과 홍보, 축제전문연구자나 기획자의 양성을 들었다. 사찰 내적으로는 축제의 지속성을 위해 개산대재와 같이 정기적인 의례와 결합하는 방안, 일반인 참여 확대를 위해 내재적 제약요인을 줄이는 테마축제를 기획해야 한다. 그럼에도 불교의례나 불교문화적 요소가 담긴 축제는 고유성과 정체성을 견지해야 한다. 또한 축제 프로그램의 스토리텔링화를 통한 체계적 구성, 스토리메이킹을 통한 새로운 축제 영역의 개발과 창조적인 연출이 필요하다. 외적으로는 지역은 물론 지역축제와의 연계성을 높여야 한다.

김민정과 전현모(2015)는 영덕대게 축제에 참가한 경험이 있는 방문객 중에서 영덕대게 축제를 방문하기 전에 축제 홈페이지에서 정보를 검색한 경험이 있는 방문객을 대상으로 하여 음식축제 방문객이 인지하고 있는 웹사이트 서비스품질과 이용후기 정보성의 속성을 알아보고, 축제 웹사이트 서비스품질과 이용후기 정보성이 이용만족에 미치는 영향과 이용만족이 행동의도에 미치는 영향을 분석하였다. 음식축제 웹사이트 이용후기 정보성과 서비스품질의 디자인, 내용충실성, 고객응대성, 시스템능력은 이용만족을 통하여 행동의도에 긍정적인 영향을 미치는 것으로 나타났다.

김영석(2015)는 국내 축제서비스품질의 연구동향을 파악하여 관련 연구의 발전에 보탬이 되고자 수행되었다. 대상이 된 연구논문은 '축제'와 '서비스품질'을 검색어로 통합적인 학술정보검색 시스템인 디스커버리 솔루션을 통해 총 67개가 선정되었고 연구대상 논문을 4가지의 축제서비스품질 모형을 기준으로 나누어 학술지별 발표현황, 측정요인, 종속변수와 매개변수, 분석방법과 기각변수 등을 조사하였다. 연구결과 각 모형별로 국내 축제서비스품질에 적합한 측정변수를 개발하기 위한 성과를 확인하였으나 일치된 견해는 확인하기 어려웠다. 축제 개최지역과 관련된 변수는 대부분 기각된 것으로 나타났고 축제서비스품질이 만족을 매개로 하거나 또는 직접적으로 행동의도에 영향을 미친다는 가설에 대한 기각 건수가 많아 기존 가설의 타당성이 의심되었다.

김동준과 김충호(2015)는 10명의 중국인을 대상으로 심층인터뷰를 통해 한국음식에 대한 평가를 사전 정보, 여행 중 정보, 사후 평가로 나누어 조사하였다. 분석결과 사전 정보는 인터넷, 구전 그리고 사전 기대에 근거하여 여행을 계획하고 한국 음식을 경험하는 것으로 나타났다. 여행 중 정보에서는 한국 현지에서 정보, 음식점까지의 찾기 어려움, 실제 메뉴설명의 문제로 나누어 조사하였는데, 중국어 표기 문제가 가장 크게 대두되었다. 사후 평가에서는 음식의 맛과 서비스로 구분하였는데 대체로 직원의 친절과 서비스 및 시설에서는 만족하였으나 맛과 가격에서는 불만이 있는 것으로 나타났다.

金龙勋, 金熙杰, 최준식, 최종산 및 이종인(2015)는 계획행동이론을 적용하여 양양송이축제 방문객들의 축제 방문 의사결과정과 구조방정식 모형을 이용하여 방문동기의 구조적 관계를 알아보았다. 계획행동이론에 대한 분석 결과 지각된 행동통제감은 행동의도에 가장 큰 영향을 미치는 것으로 나타났고, 태도도 행동의도에 영향을 미치는 것으로 밝혀졌다. 그러나 주관적 규범은 행동의도에 의미있는 영향을 미치지 못하는 것으로 밝혀졌다.

박민아(2015)는 지역축제에 참여하는 자원봉사자들의 동기를 유형화하고, 동기 유형이 자원봉사활동을 지속하려는 의지에 미치는 영향을 실증적으로 분석하였다. 현재 지역축제에서 활동하고 있는 자원봉사자들의 동기 중에서 공동체 편익이 가장 중요한 요인으로 나타났고, 이어서 자기개발, 자아발전, 사회적 기능, 이타적 가치 순으로 나타났다. 자원봉사활동을 지속하려는 의지에는 이타적 가치, 공동체 편익, 사회적 기능이 크게 영향을 미쳤고, 이러한 요인보다 영향력의 크기는 작으나 자기개발과 자아발전도 자원봉사를 지속하려는 의지에 통계적으로 의미있는 양의 영향을 미치는 것으로 나타났다.

송화성과 윤자연(2015)는 기존에 이루어지고 있는 문화관광축제의 양적 평가체계의 한계점을 보완하기 위해 질적 연구방법을 사용하여 축제 방문객의 장소애착 수준에 따른 시장세분화를 통해 각 시장별 실질적이고 구체적인 요구사항을 파악하였다. 높은 수준의 장소에 대한 애착이 강한 집단의 경우, 방문객의 참여를 높이려는 요구가 강하게 나타났고, 수원에서 장기거주하며 축제와 관련된 다양한 경험을 했기 때문에 장소에 대한 개인 차원의 만족에서 나아가 외부에까지 애착의 범주를 확대하고 있었다. 애착수준이 중간인 집단은 철저한 품질 관리에 대한 요구가 크게 나타났고, 주로 축제 전문가로 구성되어 있기 때문에 다른 집단에 비해 축제의 본질에 대한 논의를 주로 하고 있다고 짐작할 수 있었다. 이와는 다르게 애착수준이 가장 낮은 집단의 경우는 주로 축제에 처음 방문한 사람들로 구성되었기 때문에 관광서비스 및 프로그램 개선 이외에 특별하게 요구한 사항이 없었다.

안남일(2015)는 지역주민이 주체가 되어 지역에서 이루어지는 자신들의 삶과 유기적으로 연관되는 지역문화를 통해 지역의 문화정체성이 형성된다는 점에서, 지역축제는 지역문화를 대표하고 지역주민과 함께 형성되는 역동적인 문화로 지역의식을 통합시키고, 지역정신을 표출시킬 수 있는 중요한 도구가 될 수 있다고 하였다. 이러한 관점에서 지역축제를 만들 때 이야기자원을 어떻게 활용할 수 있는가가 매우 중요하다. 축제가 기존의 서사 또는 이야기의 개념과 구성을 확장시킨 스토리텔링의 특성을 가지고 있기 때문에 이야기의 다양성을 스토리콘텐츠로 어떻게 구성할 수 있는가를 검토하는 것이 매우 중요하다. 축제는 큰 틀에서 이야기를 중심에 두고 구성되는 만큼 스토리콘텐츠를 기반으로 축제의 새로운 가능성을 모색하여야 함에도 불구하고, 완주와일드푸드축제 뿐 아니라 우리나라에서 개최되고 있는 대부분의 축제는 명확하고 개성있는 스토리 콘텐츠가 부족하다는 문제가 제기될 수 있다. 이러한 문제 때문에 대부분의 축제의 내용과 프로그램이 유사하다는 비판도 제기되고 있는 실정이다.

양길승(2015)는 전라남도 담양군에서 개최된 21회 남도음식문화큰잔치에 참가한 관광객을 대상으로 음식축제의 물리적 환경이 지역이미지와 관계품질에 미치는 영향을 분석하였으며, 음식축제의 물리적 환경이 지역이미지에 미치는 영향을 분석할 때 관계품질의 매개효과를 알아보았다. 물리적 환경의 구성요소인 청결성, 접근성, 친절성, 편의성 등이 좋을수록 관계품질도 좋아지는 것으로 나타났다. 관계품질의 신뢰 요소는 물리적 환경요소 중에서 청결성 요소를 제외한 접근성, 친절성, 편의성 요소가 지역이미지에 미치는 영향에 매개역할을 하는 것으로 나타났고, 관계품질의 만족 요소는 물리적 환경의 모든 요소가 지역이미지에 미치는 영향에 매개역할을 하고 있었다. 그러므로 물리적 환경요소 중에서 접근성 요소가 좋을수록 지역이미지가 향상될 수 있기 때문에 축제행사장에 안내표지판을 관광객이 찾기 쉽도록 배치해야 한다. 특히 청결성 요인이 만족에 가장 큰 영향을 미치고 있기 때문에 조리사나 조리기구 등이 청결하게 잘 유지될 수 있도록 노력해야 한다. 음식은 상하기 쉽고 음식축제에서 상한 음식을 많은 사람들이 먹을 경우 집단 식중독과 같은 문제가 발생할 여지가 많기 때문이다.

임용상(2015)는 뉴욕의 플러싱, 심양의 서탑, 오사카의 이쿠노에 있는 코리아타운에서 개최된 3개의 축제를 소개하였다. 이들 축제들은 한국문화의 다양한 속성에 초점을 맞추고는 있지만, 각각의 코리아타운에서 거주하고 있는 한인들의 스토리나 코리아타운이 형성된 과정이나 역사를 충분히 반영하지 못했다는 문제점이 있다. 영화, 드라마, 게임, 애니메이션 등과 같은 문화콘텐츠는 각각 고유한 방식의 스토리텔링을 기반으로 하여 기획되고 제작된다. 그러므로 다른 나라의 코리아타운에서 이루어지고 있는 축제도 이와 같은 방식으로 기획되고 구성되어야 하나의 문화콘텐츠로 독특성과 개성을 담보할 수 있다. 이 연구는 구술이든 글이든 스토리를 수집하고 이들 데이터를 활용하여 외국에 살고 있는 한국 사람들의 삶의 역사를 현세대에서 다음 미래세대로 나아가게 하는 자원으로 활용할 수 있는 지식맵을 구축하는 것이 중요하다는 점을 강조하고 있다.

정다은과 양승룡(2015)는 DEA(Data Envelopment Analysis) 기법을 활용하여 2011년에서 2013년 사이에 개최된 음식관광축제의 효율성을 평가하였다. 효율성을 평가하기 위하여 고려한 요소는 음식의 유형, 축제기간, 계절, 활동의 다양성 및 투자된 사적 자본의 비율 등이었다. 대부분의 음식축제는 규모에 대비한 수익률이 낮았고 효율성도 낮았다.

김문규와 양리나(2015)는 대전뿌리문화축제를 조사대상으로 하여 지역축제의 매력성이 방문객의 만족 및 행동의도에 미치는 영향을 검증하였다. 축제 방문객을 대상으로 축제를 관람한 후에 설문조사를 실시하였다. 지역축제의 매력성 요인 중에서 행사내용, 편의시설, 행사안내 등과 같은 요인이 매력적일수록 방문객들이 느끼는 만족도가 높은 것으로 나타났다. 행사내용, 편의시설, 행사홍보 등의 요인이 매력적일수록 재방문을 많이 하는 것으로 나타났다. 기념품 및 음식, 행사내용 및 행사안내 등과 같은 요인이 매력적일수록 방문객들의 추천의도도 높아지는 것으로 나타났다. 지역축제를 방문한 사람들이 축제에 대하여 만족할수록 행동의도도 높아지는 것으로 나타났다.

김보민, 고재윤, 김현영(2016)은 축제 참가자의 관점에서 와인 축제의 페스티벌스케이프를 분석하고 이러한 페스티벌스케이프가 행동의도에 미치는 영향을 분석하였다. 축제 참가자를 지역민과 외지인, 첫 방문객과 재방문객으로 나누어 행동의도에 의미있는 영향을 미치는 페스티벌스케이프 요인을 실증적으로 비교하였다. 지역민과 외지인, 첫 방문객과 재방문객이 지각하는 페스티벌스케이프 요인이 행동의도에 다르게 영향을 미친다는 것이 밝혀졌다.

김정훈, 장미향 및 김대철(2016)은 음식 관여도와 신기성 추구가 음식관광 행동에 미치는 영향을 살펴보고, 음식관광 행동이 전주비빔밥 음식축제를 재방문하려는 의도에 어떠한 영향을 미치는지를 분석했다. 음식에 대한 관여도가 높고 신기성을 추구하는 소비자일수록 음식관광행동을 더 많이 하고 있는 것으로 밝혀졌다. 두 변수가 음식관광행동에 미치는 영향력의 크기를 비교한 결과, 음식관여도의 영향력이 신기성추구보다 더 큰 것으로 나타났다. 그러므로 음식에 대하여 관심이 많고, 음식을 중요하게 생각하는 소비자일수록 음식축제를 재방문하려는 의도가 크다고 해석할 수 있다.

손은미와 조문수(2016)는 소비자들이 음식관광을 하는 동기로 일상적인 생활에서 느끼는 무료함이나 지루함 등과 같은 스트레스를 해소하고, 사회적 관계를 유지하고, 다른 사람을 이해하고 다른 사람에게서 친밀감을 느끼고, 건강을 유지하고 개선하는 것 등을 밝혀냈다. 이러한 음식관광 소비동기는 음식관광에 참석하려는 의도에 영향을 미친다. 관광객들은 주로 축제, 길거리 음식관련행사, 음식관련박물관, 음식전시, 음식박람회, 농어촌 체험마을, 지역농수산물 시장, 지역음식 조리체험 등과 같은 다양한 음식관련 체험활동을 통해 음식관광에 참여하는 것으로 밝혀졌다.

손정기와 한상일(2016)이 음식관광객 행동을 예측하기 위하여 계획행동이론에 즐거움과 각성 변수를 추가하여 수정된 계획행동이론을 구성하고, 음식관광에 대한 태도, 주관적 규범, 지각된 행동통제, 즐거움, 각성이 음식관광 행도의도에 미치는 영향을 살펴보았다. 음식관광 행동의도에 영향을 미치는 선행요인 중에서 즐거움이 가장 큰 영향력을 주는 것으로 나타났다. 다음으로 각성, 태도, 주관적 규범의 순서로 영향력이 큰 것으로 나타났다. 계획행동이론에서 행동의도의 선행 변수인 태도와 주관적 규범은 수정된 계획행동이론의 선행변수인 즐거움과 각성보다 영향력이 낮은 것으로 밝혀졌다. 음식관광을 즐거워하고, 음식관광을 통하여 각성이 많이 되고 지속될수록 음식관광에 대하여 긍정적인 태도를 가지고 있고 주관적 규범을 따르려는 의지가 강할수록 행동의도에 의미있는 긍정적 영향을 주는 것으로 나타났다.

신황호, 손호기, 우수곤 및 조록환(2016)은 지역특화자원을 활용하여 마을축제를 개발하여 마을중심 6차 산업화를 활성화할 수 있다고 하였다. 마을의 전통자원과 생태자원을 활용하여 고사, 체험, 판매, 공연, 전시와 같은 5가지 주제로 마을축제를 구성하였다. 고사는 마을전통 제례행사인 풍잠기원제[3])로 축제의 시작을 알리는 식전행사로 재연하였고, 체험은 생태

3) 풍잠기원제는 한 해 양잠 풍년 농사를 기원하고, 인간에게 이로움을 주고자 희생한 누에의 영혼을 위로하는 제례의식이자 고유 전통문화유산이다. 예기에 기록된 중국 주나라

자원인 누에와 오디를 활용하여, 누에 올림픽, 누에 힐링체험, 오디수확체험, 신나는 전통놀이 등을 개발하여 시행해보았다. 이렇게 시행한 축제에 방문한 관광객을 대상으로 재방문의도에 영향을 미치는 변수들을 분석하였다. 경관과 서비스요인이 다른 변수들에 비하여 재방문의도에 미치는 영향이 더 큰 것으로 밝혀졌다.

유영심(2016)은 강릉커피축제에 참여한 관광객들을 대상으로 하여 축제 체험프로그램 선호도와 축제 매력성의 관계를 분석하였다. 요인분석을 한 결과 커피프로그램 체험은 전시상품, 커피 체험 및 문화관광 등과 같은 3개 요인이 추출되었고, 축제매력성은 홍보안내, 축제상품, 편의시설, 프로그램 등과 같은 4개 요인이 추출되었다. 문화관광 선호는 프로그램과 축제상품에 의하여 영향을 받았으나, 홍보안내와 편의시설에 의해서는 영향을 받지 않았다. 커피체험은 프로그램에 의해서만 영향을 받았고, 나머지 3개 매력요인에 의해서는 영향을 받지 않았다. 전시.상품은 프로그램, 축제상품, 홍보.안내에 의해서는 영향을 받았으나, 편의시설에 의해서는 영향을 받지 않았다.

최인섭과 정강환(2016)은 대전 푸드&와인 페스티벌 사례를 중심으로 와인축제 기간 동안 행사장을 다녀간 방문객의 특성, 관광형태, 소비지출 성향 등을 파악하고, 와인축제가 지속적으로 발전하기 위한 개선방안을 제시하였다. 남성보다는 여성들이 와인축제에 대하여 관심이 많았고, 참여도 더 많이 하였다. 남성들은 소주나 위스키 같은 고도주를 선호하나 여성들은 맥주나 와인 같은 저도주를 더 즐기는 경향이 강하기 때문에 이러한 결과가 나왔다고 해석했다. 여성들이 소주를 즐기는 경우가 증가하면서 과거에 비하여 소주의 도수가 낮아지고 있다는 점도 이러한 결과를 반영

때 선잠제에서 유래했으며, 우리나라의 선잠제 기원은 정확하지 않으나 공식적인 기록 중 가장 오래된 것은 정종 2년(1400년) 3월에 열린 선잠제이다. 현대에 와서는 첫 누에 사육기를 앞두고 매년 5월에 열린다(매일신문, 2017년 5월 1일).

한다고 볼 수 있다. 연인 및 친구 단위 방문객과 가족단위 방문객을 포함한 비율이 전체의 약 80%를 차지하였다. 이 결과는 와인 음용이 주로 연인, 가족, 친구 및 SNS를 통한 동호회 모임에서 이루어지기 때문이다. 방문객을 대상으로 하여 행사장에서 필요한 정보를 분석한 결과 44.4%가 와인구매 및 와인 고르는 방법에 대한 정보를 요구하고 있었다. 그러므로 와인에 관한 상식과 문화를 쉽게 접근하고 체험할 수 있는 세미나 프로그램을 시행할 필요가 있다.

박대환과 장병주(2017)은 청도반시축제에 참가한 사람들을 대상으로 인구 통계적 변수에 따라 지역축제이미지, 지역애착도, 축제개최 성과를 인식하는데 차이가 있는가를 분석하였다. 청도반시축제를 방문한 사람들은 지역축제이미지의 하위요소인 편리성과 가치성에 대해서 차이를 인식하지 못하였으나, 접근성과 유희성에 대해서는 차이를 인식하였다. 지역애착도는 인구 통계적 특성 중 성별과 교육수준에 따라서는 차이가 없었으나, 결혼여부와 방문횟수에 따라서는 차이가 있는 것으로 나타났다. 축제 개최성과의 하위요인인 지역발전성과에 대한 인식은 결혼여부에 따라서는 차이가 있었으나, 성별, 교육수준, 방문횟수에 따라서는 차이가 없었다. 축제 개최성과의 하위효소인 마케팅 성과는 성별, 결혼여부 그리고 교육수준에 따라서는 차이가 없었으나, 방문횟수에 따라서는 차이가 있었다.

윤석주와 임연정(2017)은 강원도 지역축제에 참여한 관광객을 대상으로 강원도 지역축제의 지속성이 만족도에 미치는 영향을 분석하였다. 강원도 지역축제의 지속성이 클수록 서비스만족도, 프로그램 만족도 및 축제의 주제음식인 홍게에 대한 만족도가 높았고, 전반적인 축제에 대한 만족도도 높은 것으로 나타났다. 지역축제에 참여하는 동기는 프로그램 만족도에 통계적으로 의미있는 영향을 미치지 못한 것으로 나타났다. 지역축제 지속성과 지역특산물인 홍게 만족도의 상관계수는 .812로 매우 높은 것으로 나타났다. 홍게가 축제의 핵심이기 때문에 이러한 결과가 나왔다고 볼 수 있다. 그러므로 음식축제에서 소비자에게 만족을 주는 가장 중요한 요소는 음식이라고 볼 수 있다.

최영민과 길가영(2017)은 지역의 음식축제를 방문하는 관광객들의 동기가 음식축제 장소인 관광지 선택과 만족에 어떠한 영향을 미치는가를 살펴보고, 국내에서 제공되는 무분별한 음식축제에 대한 문제점을 개선하고 음식관광 활성화에 대한 실무적인 기초자료를 제시하였다. 음식축제 방문동기 요인중에서 일상탈출성과 음식체험성은 매력성과 서비스에 영향을 미쳤으며, 문화체험성은 매력성, 서비스, 지역정체성에 영향을 미쳤다. 가족친화성은 편의성과 지역정체성에 영향을 미쳤고, 사교성은 매력성과 서비스에 영향을 미쳤고, 축제매력성은 관광지 선택속성의 모든 영역인 편의성, 매력성, 지역정체성, 서비스에 영향을 미쳤다. 관광지 선택속성의 모든 영역인 편의성, 매력성, 지역정체성, 서비스는 만족도에 영향을 미쳤는데, 지역정체성의 영향력이 가장 큰 것으로 나타났다.

김장호, 홍종숙, 백남길(2017)은 2014년 담양 죽녹원일대에서 실시되었던 남도음식문화큰잔치를 대상으로 음식축제를 찾는 방문객들의 참여동기가 만족도에 미치는 영향을 분석하였다. 호기심충족형, 탐구형, 경험가치형과 같은 참여동기는 음식 및 문화만족에 양의 영향을 미치는 것으로 나타나 지역축제에서 음식 및 문화에 대한 만족도를 높이면 참가자의 만족도를 높힐 수 있다. 교육 및 구매형과 경험가치형 참여동기는 휴식 및 시설만족에 양의 영향을 미치는 것으로 나타났다. 호기심 충족형은 프로그램의 구성에 양의 영향을 미치는 것으로 나타났다. 이 축제에 참여하는 사람들은 교육 및 구매형, 호기심 충족형, 탐구형, 경험가치형 등과 같은 다양한 동기에 의하여 지역축제에 참여하였으나 정보안내, 프로그램, 휴식 및 시설, 음식 및 문화 만족도는 설명력이 그렇게 크지는 않았다.

김성곤, 이선호, 이종호(2017)는 음식관광 참여활동, 관광만족도 및 행동의도의 구조적인 인과관계를 설명하고, 관광만족도의 매개효과를 검증하였다. 음식관광 참여활동의 하위요인 모두 관광만족도에 의미있는 인과관계를 보였는데, 이 중에서 관광지음식의 영향력이 가장 큰 것으로 나타났고, 관광만족도도 행동의도에 의미있는 영향을 미쳤다. 관광만족도의 매개효과는 관광지음식은 완전매개, 음식체험참가는 부분매개, 특산물구매는 매개효과를 보이지 않았다.

이제용과 이광옥(2017)은 강릉지역의 커피축제를 대한민국 대표축제로 발전시키기 위해서는 강릉이 전통적인 예향의 도시라는 이미지에서 벗어나 젊고 밝은 이미지를 부각시킬 수 있는 시스템을 마련해야 한다고 주장했다. 이를 위해 커피축제참가자의 서비스품질, 지각된 가치, 만족도, 충성도의 관계를 구조방정식 모형을 통해 분석하였다. 서비스 품질요인은 축제프로그램과 이미지, 축제장소와 음식, 축제안내와 진행의 3개의 요인으로 나뉘어졌다. 축제의 서비스품질은 지각된 가치, 만족도, 충성도에 일부 항목을 제외하고는 전반적으로 의미있는 영향을 미치는 것으로 나타났다. 지각된 가치는 만족도에만 의미있는 영향을 미치고 충성도에는 영향을 미치지 않는 것으로 나타났다. 축제에 대한 만족도는 충성도에 의미있는 영향을 미치는 것으로 나타났다.

강진희(2017)는 많은 지방정부가 지방경제를 활성화하고 지방재정을 확충하기 위한 정책으로 향토음식을 관광 상품화하여 음식관광을 통해 관광객을 유치하려고 다양한 노력과 시도를 하고 있다고 보았다. 이러한 전제하에 소비자들을 대상으로 향토음식에 대한 경험가치가 향토이미지 제고와 방문의도에 미치는 영향을 분석하였다. 향토음식에 대한 소비자들의 경험가치의 하위요인인 본질적 가치, 경제적 가치, 감정적 가치, 진귀적 가치는 향토이미지를 제고시키고 방문의도도 높이는 것으로 나타났으며, 향토이미지 제고시키면 방문의도도 높아지는 것으로 나타났다.

이정민, 김재남 및 이상호(2017)은 농특산물 축제를 방문하는 사람들이 가지고 있는 축제참가 동기가 축제만족과 행동의도에 미치는 영향을 분석하였다. 구체적인 축제 참가 동기는 문화체험, 일상탈출, 사교성 등과 같은 일반적인 동기와 농특산물 구매 동기로 구성되었다. 행동의도는 구전의도, 추천의도와 함께 농특산물 구매의도로 구성되었다. 실증연구 결과 농특산물 축제의 참가 동기는 문화체험, 일상탈출 뿐만 아니라 일반 축제에서 발견하기 어려운 농특산물 구매동기가 함께 있다는 사실을 확인하였다. 문화체험 동기가 강할수록 축제에 대하여 더 많이 만족했고, 축제에 대한 만족감이 클수록, 구전의도, 추천의도 및 농·특산물 구매의도도 높은 것으로 나타났다.

안태기(2017)는 순천시의 원도심권에서 열린 푸드 & 아트 페스티벌 축제장을 방문한 사람들의 만족도와 재방문 의도에 결정적인 영향을 미치는 변수를 조사하였다. 축제 만족도에 미치는 영향력을 조사한 결과 관광 상품 및 푸드, 안내 및 홍보 행사 프로그램의 순서대로 영향력을 미치는 것으로 확인되었다. 또한 상품 및 음식 편의시설, 안내 및 홍보 부분은 축제의 재방문의도와 축제의 추천의도에도 영향을 미쳤다.

박진호와 김건휘(2018)은 전주비빔밥 축제에 참석한 관광객들을 대상으로 음식관광동기가 관광만족도에 미치는 영향을 조사하였다. 음식관광동기 중에서 체험동기와 문화동기가 높을수록 음식관광에 대하여 더 만족하는 것으로 나타났다. 문화동기와 감정적 요소의 상호작용과 문화동기와 행동적 요소의 상호작용은 음식관광동기가 관광 만족도에 미치는 영향을 조절하였다.

제5장

연구방법

1. 연구모형

1) 합리적 행동이론

합리적 행동이론(Theory of Reasoned Action)은 특히 소비자의 행동의도와 행동을 예측하는데 중요한 이론적 통찰력을 제공하는 모델로 다양한 분야에서 광범위하고 유용하게 사용되고 있다. 이 이론에서 행동은 전적으로 행위를 수행하는 사람들의 의도에 의해 결정이 되며 행위 의도는 미래의 특정 행동을 수행하는데 있어 개인의 기대, 시도 또는 계획으로 정의될 수 있다(Hsu & Huang, 2012; Swan & Trawick, 1981).

합리적 행동이론은 태도와 주관적 규범에 초점을 두고 이 두 가지 독립적 요인에 따라 행동 의도가 결정되며 행동의도가 행동에 영향을 미친다는 점에서 태도와 주관적 규범이 행동에도 영향을 미친다고 본다. 태도는 특정 행위에 대해 개인이 전체적으로 긍정적 또는 부정적으로 판단하는 것을 의미한다. 다시 말해 태도는 개인의 특정 행동에 대한 신념과 행동한 결과에 대한 평가로 구성된다. 개인이 자신의 삶에 중요한 영향을 미치는 사람들의 사회적 압력을 어떻게 지각하고 있는가를 의미하는 주관적 규범은 개인의 중요한 타자의 의견에 따라 개인의 규범적 신념과 규범적 신념에 순응하려는 동기로 구성된다(Ryu & Han, 2010; Ryu & Jang, 2006).

주관적 규범은 한국 사회에서 영향을 많이 받을 수 있다. 그 이유는 흔히 유럽과 북미 지역 등의 서양은 개인주의 문화가 발달하고, 한국, 중국 등 아시아 지역인 동양의 경우는 집단주의 문화가 발달하였기 때문이다. 집단주의 성향이 강한 사람들은 개인을 위한 성취보다는 그들이 속한 집단을 위해 자신의 욕구를 억제하는 경향을 가지고 있으므로(고윤주, 2001), 행동을 하는데 주변 사람들의 의견에 순응하려는 주관적 규범의 영향을 더 많이 받을 수 있다. 심리학과 소비자행동을 다룬 다양한 연구에서 특정 행동에 대한 태도는 행동의도와 긍정적인 영향을 미친다는 사실이 밝혀졌고, 주관적 규범도 개인의 행동의도를 예측할 수 있다는 연구결과들이 많이 있다(Cheng & Lam, 2008).

2) 계획행동이론

합리적 행동이론은 개인의 의지적 노력에 초점을 두었기 때문에 이 이론은 특정 행동이 완전히 의지적 통제 하에 있을 경우에만 정확하다는 단점이 있다(Han, Hsu, & Sheu, 2010). 합리적 행동이론은 행동의 주체인 소비자나 개인은 시간, 금전, 자원과 기회 등이 무한하지 않고 한계가 존재한다는 현실적 상황을 충분히 고려하지 못했다는 단점이 있다(Ajzen &

Fishbein, 1980). 예를 들면 최고급 1인 전용 레스토랑에 대하여 긍정적인 태도를 가지고 있고 그러한 레스토랑을 이용하는 것에 대한 주관적 규범이 긍정적이라 하더라도 시간이나 돈 등과 같이 그러한 행동을 하는데 필요한 여러 기회와 자원에 대하여 불확실한 상황이 발생한다면 방문하려는 가능성이나 기회가 줄어들 것이다. 아무리 좋은 레스토랑이라고 하더라도 예약하거나 방문할 때 마다 문제가 발생할 수 있기 때문이다. 즉 사람들의 의지적 통제는 불완전하다는 점을 인정하고 이러한 한계를 보완하기 위하여 합리적 행동이론의 의지적 요인인 태도와 주관적 규범과 더불어 비의지적 요인인 지각된 행동통제 변수를 추가한 계획행동이론이 개발되었다 (Han & Ryu, 2012).

Ajzen(1991)은 계획행동이론에서 인지심리적 접근을 통하여 인간 행동의 의사결정과정을 설명하였다. 인간의 의사결정과정은 초기 단계에서는 세 가지 신념이 존재한다. 행동 결과에 대한 기대와 평가에 의한 행동적 믿음이라고 할 수 있는 신념, 타인에 의한 규범적 기대와 이러한 기대들과 부합된 동기가 되는 규범적 신념 및 특정 행동 수행을 촉진하거나 저해할 수 있는 요인들의 존재와 힘을 이해하는 통제적 신념이다. 두 번째 단계에서 행동적 신념은 좋아하거나 싫어하는 태도로 발전하고, 준거적 신념은 사회적 압력을 지각하는 주관적 규범으로 발전하고, 세 번째 단계에서 이러한 요인들이 종합적으로 작용하여 행동의도를 형성한다.

지각된 행동통제는 주어진 행동을 수행하는 데 있어서 쉽고 어려운 정도의 능력에 대해 개인이 주관적으로 판단하는 지각을 의미하고, 이것은 행동의도를 통해 직접 또는 간접적으로 행동에 영향을 줄 수 있다(Ong & Musa, 2011). 일부 학자들은 계획행동이론의 세 가지 변수들이 행동의도를 예측하는데 부족하다고 느끼는 경우 변수를 추가하기도 하고 다른 이론과 결합시키기도 한다(김서연, 류기상, 2014). 계획행동이론은 합리적 행동이론을 확장한 개념으로 세 가지의 개념적인 독립 변수를 가정한다.

첫 번째는 행동에 대한 태도(Attitude toward the behavior)이다. 태도는 특정 대상에 대하여 호의적 또는 비호의적 양태로 일관되게 반응하는 학습된 성향으로 행동의도에 영향을 미친다. 인지적 태도와 감정적 태도로 구분되는 태도는 행동을 수행하는 것에 호의적인지 비호의적인지를 평가하여 형성된다. Ajzen & Driver(1992)에 의하면 행동하기 전의 태도는 행동에 대한 신념과 정서를 나타내고 행동한 후의 태도는 신념의 정도와 평가의 신념으로 나누어진다. 따라서 특정행동에 대한 태도를 측정하기 위해서는 특정행동에 대한 신념을 측정한 점수와 행동결과를 평가한 점수를 구해야 하고, 이 두 점수를 더해서 전반적인 태도 점수를 측정할 수 있다.

두 번째는 주관적 규범(Subjective Norm)이다. 주관적 규범은 가족이나 친구와 같은 영향력 있는 준거집단이 어떤 행동에 대하여 가지고 있는 의견과 관련이 있다(조태영, 하동현, 김성민, 2009). 어떤 행동을 하려고 할 때 내가 중요하게 생각하고 있는 사람들의 보이지 않는 압력은 그 행동을 할 것인지 아니면 하지 말 것인지를 결정할 때 매우 중요한 역할을 한다. 특히 한국의 경우는 주관적 규범이 제품에 대한 태도보다 의사결정에 더 많은 영향을 미친다고 한다(조태영 등, 2009).

세 번째는 지각된 행동통제(Perceived Behavioral Control: PBC)이다. 지각된 행동통제는 특정 행동을 수행하기가 쉬울지 아니면 어려울지를 지각하는 것으로 예상되는 장애뿐만 아니라 과거의 경험 등도 영향을 미칠 수 있다(Ajzen, 2002). 지각된 행동통제는 어떤 행동을 쉽게 하게 하는 시간과 돈 등과 같은 물질적 자원과 개인의 능력 즉 자아효능감이나 자신감과 같은 내적 자원을 포함한다(Taylor & Todd, 1995). 소비자가 스스로 얼마나 통제력을 가지고 있는지의 여부에 따라 행동의도가 달라질 수 있으며 특히 소비자가 자신이 스스로 할 수 있다는 정서적 반응을 통해서 행동에 대한 만족감을 느끼고 이러한 만족은 행동의도에 영향을 미친다. 이와는 반대로 여러 가지 제약 때문에 특정 행동을 살 수 없다는 정서적 반응을 통해서는 특정 행동에 대하여 불만족하게 되고 이러한 불만족은 그 행동을 하려는 의도를 없게 하고 그 결과 특정 행동도 하지 않게 된다 (Bandura, 1997).

계획행동이론은 어떠한 선택에 대한 속성들을 바탕으로 태도나 신념과 주관적 규범이라는 사회적 영향뿐만 아니라 개인적 능력 및 물질적 자원과 관련된 지각된 행동통제감도 고려하고 있다는 점에서 소비자의 의사결정 또는 선택과 관련된 소비자행동분석을 통합적으로 설명할 수 있는 모델이라고 할 수 있다(조태영 등, 2009).

이준엽과 안태기(2008)는 축제방문자가 축제먹거리를 어떻게 지각하고 있으며, 먹거리 구매 행동과의 인과관계를 계획행동이론을 적용해 규명하였다. 행동의도에는 신념, 주관적 규범, 지각된 행동통제 모두가 영향을 미치는 것으로 나타났다. 축제먹거리를 구매하려는 의도가 강할수록 최종 먹거리를 구매한 것으로 나타났는데, 지각된 행동통제는 축제먹거리 구매에 의미있는 영향을 미치지 않는 것으로 나타났다.

김서연과 류기상(2014)은 1인 전용 레스토랑을 방문하는 고객의 의도를 파악하기 위해 동기변수를 추가한 확장된 계획행동이론을 적용하여 분석하였다. 지각된 행위통제와 실용적 동기는 방문의도에 영향을 미치지 않았지만 태도, 주관적 규범, 쾌락적 동기 등은 행위의도에 긍정적으로 의미있는 영향을 미쳤다. 이 연구에 사용된 확장된 모델은 동기 변수를 추가한 경우가 그렇지 않은 경우보다 설명력이 3.3% 증가해 방문의도를 더 잘 설명해 준다는 사실을 입증하였다.

임은순과 호지(2017)은 중국인들의 음식관광과 관련하여 한국방문의도에 대한 행동을 분석하였다. 기존의 계획행동이론의 선행변수인 태도와 주관적 규범, 지각된 행동통제에 한식이미지를 추가하여 확장된 계획행동이론을 적용해 한국방문의도에 미치는 구조적 영향을 알아보았고, 한국을 방문한 경험 유무에 따라 이러한 변수들이 방문의도에 미치는 영향이 어떻게 다른지를 살펴보았다. 중국인 관광객들의 한국방문의도를 결정하는 주요 변수들은 태도, 주관적 규범, 지각된 행동통제, 한식이미지로 나타났다. 특히 한식이미지가 가장 큰 영향을 미치는 것으로 나타나 음식관광에 대한 의사결정과정을 설명하는 가장 중요한 변수로 나타났다. 확장된 계획행동이론의 선행변수들과 방문경험 유・무의 조절효과를 살펴본 결과 한국에 방문경험이 있는 중국인들보다 방문경험이 없는 중국인들이 주관적 규범과 한식이미지에 의하여 더 크게 영향을 받는 것으로 나타났다. 이와는 다르게 지각된 행동통제는 방문경험이 있는 중국인들이 방문경험이 없는 중국인들보다 방문의도에 더 크게 영향을 미치는 것으로 나타났다.

송학준, 이충기, 부숙진(2011)은 확장된 계획행동이론을 적용하여 자연기반 축제의 방문행동을 분석하였다. 자연기반 축제 재방문 행동의도를 결정하는 주요 변수들은 태도, 주관적 규범, 환경친화적 관광 소비행동으로 나타났는데, 주관적 규범의 영향력이 가장 컸다. 방문객들 주변의 중요한 사람들이 축제 재방문에 대해 긍정적으로 생각하고 있다고 느끼고, 축제의 재방문 행동에 대해 긍정적으로 평가하며, 환경친화적 관광 소비행동을 할수록 축제 재방문 행동의도가 높게 형성되는 것으로 나타났다. 그러나 확장된 계획행동이론에서 지각된 행동통제는 축제 재방문 의도에 의미있는 영향을 미치지 못하는 것으로 나타났다.

이진우와 손영곤(2017)은 우리나라에서 발표된 계획행동이론 및 확장된 계획행동이론을 적용한 논문을 메타분석하여 계획행동이론을 확장하기 위해 사용된 변수들과 변수가 추가됨에 따라 계획행동이론의 설명력이 어느 정도 증가하고 있는지를 알아보았다. 2016년까지 국내 학술지에 발표된 217편의

연구를 분석대상으로 하였다. 계획행동이론의 설명력을 증가시기키 위해 사용된 추가 변수는 과거 행동, 습관, 과거 경험, 도덕규범, 집단규범, 기술규범, 지식, 자아효능감, 자아정체성, 실천의도 등이 많이 포함되었는데, 특히 습관, 과거 행동 및 도덕규범은 행동의도나 행동의 설명력을 크게 증가시키고, 행동의도나 행동에 직접적인 영향을 미치고 있다는 점에서 계획행동이론을 확장하는 데 있어 매우 유용한 변수라고 결론을 내렸다.

계획행동이론은 과거 행동이나 습관이 행동의도나 행동을 예측할 수 있다는 연구와 행동의도가 태도나 주관적 신념보다 지각된 도덕적 의무, 즉 당위에 의해서 더 결정된다는 연구 등을 근거로 하여 한계가 있다는 지적이 제기되었다. 또한 계획된 행동이론의 주관적 규범을 보완해야 하고, Bagozzi(1989)는 태도의 결정요인으로서 후회나 쾌감과 같은 감정적 결과를 추가할 필요가 있다고 제안했다. 모형이 지나치게 단순하기 때문에 설명력을 높이기 위한 추가변수가 포함되어야 한다는 주장도 있다(이준엽과 안태기, 2008).

3) 목표지향적 행동이론

계획행동이론의 이러한 한계점을 보완하기 위해 Perugini와 Bagozzi(2001)는 목표지향적 행동이론(Model of Goal-directed Behavior)을 제안하였다. 이 이론에서는 계획행동이론의 모든 변수들이 포함되어 있지만, 이들의 역할은 새롭게 제시된 변수 중의 하나인 열망에 의해 간접적으로 행동의도에 영향을 미치도록 재정의 되었다. 또한, 과거 행동과 감정요인의 영향력을 고려하기 위해 열망 이외에 긍정적 예상정서, 부정적 예상정서, 과거 행동의 빈도, 그리고 과거 행동의 최신성이라는 새로운 개념들이 제시되었다.

열망이란 행동주체가 사람, 사물 그리고 행동을 포함하는 목표대상에 대해 가지는 강렬한 감정상황으로 정의될 수 있다(Perugini & Bagozzi,

2004). 목표지향적 행동이론에서 열망은 행동의도와 기존의 계획행동이론의 변수인 태도, 주관적 규범, 지각된 행동통제감, 목표지향적 행동이론에서 추가된 다른 개념들인 긍정적 예상정서, 부정적 예상정서, 과거 행동의 빈도와 최신성을 매개함으로써 목표행동에 대한 의사결정과정을 완성하는 핵심적 역할을 수행하고 있다.

대상행동을 하기 전에 갖게 되는 사전적 감정으로 정의할 수 있는(송학준과 이충기, 2010) 예상정서는 설정된 목표를 성공하거나 실패하는 상황을 떠올렸을 때 경험하게 되는 정서로 인지적 요소와 감정적 요소가 결합되어 나타난다(남민정, 2013). 태도가 사람들의 행동에 초점을 둔다면, 예상정서는 목표달성에 초점을 둔다(Bagozzi, Gurhan-Chnli & Priester, 2002; 남민정, 2013). 예상정서는 열망의 선행 변수로서 목표 설정 행동의 동기요인이 될 수 있으며 목표로 설정한 행동을 하려고 가정할 때 인식하는 긍정적 감정에 대한 긍정적 예상정서와 행동을 하지 않으려고 가정할 때 인식하는 부정적 예상정서의 형태로 측정된다(Leone, Perugini, & Ercolani, 2004).

과거 행동은 구체적으로 과거행동의 빈도와 최신성으로 구분된다(Perugini & Bagozzi, 2004). 과거 행동의 빈도는 어떠한 행동을 인식하게 되었을 때부터 현재까지의 총 행동 빈도의 횟수를 의미하고, 특정 행동을 하려는 열망, 행동의도 및 실제행동에 영향을 미친다. 과거행동의 최신성은 어떠한 행동에 대한 최근의 행동빈도의 횟수를 의미하며, 실제 행동에 직접적인 영향을 미친다. 이렇게 과거 행동의 개념을 포함시킴으로써 목표지향적 행동이론은 기존의 계획행동이론이 간과해왔던 목표행동을 반복하는 습관이 그 행동을 하려는 의도 또는 실제행동에 미치는 영향력을 고려할 수 있게 되었다.

목표지향적 행동이론에서 행동의도, 과거 행동의 최신성, 과거행동의 빈도 및 지각된 행동통제감이 실제행동에 영향을 미치고, 열망, 과거 행동의 빈도 및 지각된 행동통제감은 행동의도에 영향을 미친다. 계획행동이론의 독립변수들인 태도, 주관적 규범, 지각된 행동통제는 목표지향적 행동이론에서 새롭게 제시된 긍정적 예상정서, 부정적 예상정서 및 과거 행동의 빈도와 함께 열망에 영향을 미치게 된다. 다시 말하면 목표지향적 행동이론은 계획행동모형에 열망, 예상정서, 과거 행동의 개념을 포괄적으로 포함시킨 통합적 사회심리학 이론이라고 할 수 있다. 많은 경험적 연구에서 열망, 예상정서, 그리고 과거행동의 개념을 새롭게 포함함으로써 목표지향적 행동이론의 설명력은 크게 향상되는 것으로 나타났다(Esposito et al., 2016; 송학준과 이충기, 2010).

Song, Lee, Kang & Boo(2012)는 목표지향적 행동이론을 적용하여 보령머드축제 방문객을 대상으로 환경친화적 지각이 축제행동에 미치는 영향을 분석하였다. 환경친화적 지각은 확장된 목표지향적 행동이론의 설명력을 제고시켰고, 태도, 주관적 규범, 긍정적 예상정서, 과거경험은 열망에 양적 영향을 미쳤고, 열망과 지각된 행동통제도 축제 재방문의도에 의미있는 영향을 미쳤다.

Song, You, Reisinger, Lee & Lee(2014)는 확장된 목표지향적 행동이론을 적용하여 산청한방축제를 방문한 고객을 대상으로 축제지역 이미지와 한방의학 인식이 태도에 영향을 미치는 영향을 연구하였다. 축제지역의 한방의학에 대한 이미지가 좋고, 한방의학에 대하여 긍정적으로 인식할수록 한방축제 방문에 대하여 긍정적인 태도를 가지고 있었다. 특히 축제지역의 한방의학 이미지가 한방의학 인식보다 태도에 미치는 영향력이 더 큰 변수로 나타났다. 또한 열망, 태도, 주관적 규범, 긍정적 예상정서, 과거행동 빈도 등도 축제방문의도에 의미있는 영향을 미쳤다.

Kim & Preis(2016)는 한국의 모바일 기기 사용 시니어를 대상으로 이용

동기와 사전지식을 추가한 목표지향적 행동모형을 적용하는 연구를 진행하였다. 유용성 동기가 유희성 동기가 강할수록 모바일 기기 사용에 관하여 긍정적인 태도를 가지고 있었다. 모바일 사용에 관하여 긍정적인 태도를 가지고 있고, 긍정적인 예상정서가 강하고, 사전지식이 많고, 지각된 행동통제가 강할수록 모바일 기기 사용에 대한 열망이 컸다.

Lee, Song, Lee & Patrick(2017)은 목표지향적 행동이론에 AIDA모형[4])을 통합한 확장모형을 통해 K팝 문화 팬의 여행의사결정과정을 분석하였다. 목표지향적 행동이론과 AIDA모형의 통합모형 변수들이 방문의도를 설명하였으며 특히 K팝 문화에 대한 주의와 긍정적 예상정서가 중요한 독립변수로 나타났다.

Lee, Bruwer, & Song(2017)은 한국 와인관광객의 의사결정과정을 설명하기 위하여 와인관광의 경험과 관여도 변수를 추가한 확장된 목표지향적 행동이론을 분석하였다. 와인관광의 경험이 많고 와인관광에 대한 관여도가 높을수록 와인관광에 대하여 긍정적인 태도를 가지고 있었다. 태도, 주관적 규범, 긍정적 예상정서, 지각된 행동통제는 열망인식에 의미있는 영향을 미쳤으나, 지각된 행동통제는 행동의도에는 의미있는 영향을 미치지 않는 것으로 나타났다.

Park, Lee, & Peters(2017)는 습지관광지를 대상으로 지각된 혜택과 과거 행동

---

4) AIDA 모형은 인적 판매 과정에서 판매원이 소비자들을 유도해 최종적으로 제품을 판매하도록 하기 위하여 개발된 것이다. 이모형에서는 고객에게 제품을 판매하기 위해 '주의(attention)→흥미(interest)→욕망(desire)→행동(action)'의 과정을 연속적으로 거쳐 가야 한다고 설명한다. 소비자로 하여금 제품을 구매하도록 하려면 우선 소비자의 주목을 끌어야 하고, 다음으로 제품에 대한 관심을 유발해야 한다. 제품에 대한 관심이 생겨야 소비자는 그 제품을 소유하고 사용하고픈 욕망이 생기게 되고, 그 욕망을 기반으로 실제 구매행동을 하게 된다는 것이다. 이 네 단계 중 욕망과 행동 사이에 기억(memory)을 추가한 것이 AIDMA 모형이다. 이때 기억의 역할은 제품이나 특정 브랜드를 사서 사용하고픈 소비자의 욕망을 소비자 기억 속에 저장시키는 것이다. 예컨대 "나는 저 브랜드를 사고 싶다"라는 욕망을 "저 브랜드를 사고 싶으니, 다음에 제품이 필요할 때 꼭 저 브랜드를 구매해야지"라고 기억 속에 저장시키는 것이다(이명천, 김요한, 2013).

빈도를 확장변수로 포함하는 목표지향적 행동이론을 검증하였다. 지각된 혜택은 태도에 의미있는 영향을 미쳤으며, 열망인식에는 태도, 긍정적 예상정서, 부정적 예상정서, 과거 행동빈도가 의미있는 영향을 미치는 변수로 나타났다.

이승훈과 박정숙(2017)은 확장된 목표지향적 행동이론을 이용하여 분석한 결과 축제-지역이미지 일치성과 축제-자아이미지 일치성은 축제에 대한 태도 인식에 긍정적인 영향을 미치는 것으로 나타났다. 축제-지역이미지 일치성이 축제-자아이미지 일치성보다 태도에 더 큰 영향력을 미치는 나타났다. 축제에 대한 열망인식에 영향을 미치는 요인을 분석한 결과 지각된 행동통제를 제외한 태도, 주관적 규범, 긍정적 예상정서, 부정적 예상정서 모두 긍정적인 영향을 미치는 것으로 나타났는데, 긍정적 예상정서와 부정적 예상정서가 열망인식에 미치는 영향이 큰 것으로 나타났다. 지각된 행동통제와 열망은 축제의 행동의도 인식에 큰 영향을 미치는 요인으로 나타났다. 간접효과를 분석한 결과 선행 변수인 축제-지역이미지 일치성과 축제-자아이미지 일치성은 태도를 매개로 열망에, 태도와 열망을 매개로 행동의도에 의미있는 영향을 미치는 것으로 나타났다. 또한 열망은 태도, 주관적 규범, 예상정서가 행동의도 인식에 영향을 줄 수 있게 하는 매개변수 역할을 하는 것으로 확인되었다.

2. 조사도구 개발

음식축제에 대한 인식은 연구자가 개발하였다. 모두 8문항으로 구성하였고, 각 문항은 '전혀 아니다'의 1점부터 '매우 그렇다'의 5점을 부여하는 리커트 척도를 이용하여 측정하였다. 부정적인 인식을 나타내는 문항은 '전혀 아니다'의 5점부터 '매우 그렇다'의 1점을 부여하였다. 음식축제에 대한 인식 점수의 범위는 8점 – 64점으로 점수가 많을수록 음식축제에 대하여 긍정적으로 인식하고 있다고 해석할 수 있다.

음식축제 평가기준은 김한도와 조승아(2014), 김문명, 김상범 및 이수범(2012), 서휘석과 이동기(2000), 오정근(2008), 부명숙(2008), 진영재(2009), 김주연과 안경모(2009) 등의 연구를 참고로 하여 연구자가 작성하였다. 프로그램과 관련된 내용 3문항, 판매음식과 관련된 내용 4문항, 접근성과 관련된 내용 2문항, 시설과 관련된 내용 2문항, 홍보와 관련된 내용 2문항으로 구성하였다. 각 문항은 '전혀 중요하지 않다'의 1점부터 '매우 중요하다'의 5점을 부여하는 리커트 척도를 이용하여 측정하였다.

음식축제에 대한 관여도는 관여도를 측정하는 문항을 응용하여 연구자가 작성하였다. 모두 4문항으로 구성하였고, 각 문항은 '전혀 아니다'의 1점부터 '매우 그렇다'의 5점을 부여하는 리커트 척도를 이용하여 측정하였다. 음식축제 참여에 대한 관여도 점수의 범위는 4점 – 20점으로 점수가 많을수록 음식축제 참여에 대하여 관여도가 높다고 해석할 수 있다.

음식축제 참여에 대한 태도는 송학준, 이충기 및 부숙진(2011), 성보현과 조록한(2014), Ajzen(1991), 손정기와 한상일(2016)의 연구를 참고로 하여 작성하였다. 모두 5문항으로 구성하였고, 각 문항은 '전혀 아니다'의 1점부터 '매우 그렇다'의 5점을 부여하는 리커트 척도를 이용하여 측정하였다. 음식축제 참여에 대한 태도 점수의 범위는 5점 – 25점으로 점수가 많을수록 음식축제 참여에 대하여 긍정적인 태도를 가지고 있다고 해석할 수 있다.

음식축제 참여에 대한 주관적 규범은 송학준, 이충기, 부숙진(2011), 손정기와 한상일(2016)의 연구를 참고로 하여 작성하였다. 모두 4문항으로 구성하였고, 각 문항은 '전혀 아니다'의 1점부터 '매우 그렇다'의 5점을 부여하는 리커트 척도를 이용하여 측정하였다. 음식축제 참여에 대한 주관적 규범 점수의 범위는 4점 – 20점으로 점수가 많을수록 음식축제 참여에 대하여 강한 주관적 규범을 가지고 있다고 해석할 수 있다.

음식축제 참여에 대한 즐거움은 이지훈, 구동모, 이미정 및 임성혁(2011), Mehrabian & Russell(1974), 손정기와 한상일(2016)의 연구를 참고로 하여 작성하였다. 모두 6문항으로 구성하였고, 각 문항은 '전혀 아니다'의 1점부터 '매우 그렇다'의 5점을 부여하는 리커트 척도를 이용하여 측정하였다. 음식축제 참여에 대한 태도 점수의 범위는 6점 - 30점으로 점수가 많을수록 음식축제 참여를 즐거워한다고 해석할 수 있다.

음식축제 참여에 대한 각성은 이지훈, 구동모, 이미정 및 임성혁(2011), Mehrabian & Russell(1974), 손정기와 한상일(2016)의 연구를 참고로 하여 작성하였다. 모두 6문항으로 구성하였고, 각 문항은 '전혀 아니다'의 1점부터 '매우 그렇다'의 5점을 부여하는 리커트 척도를 이용하여 측정하였다. 음식축제 참여에 대한 태도 점수의 범위는 6점 - 30점으로 점수가 많을수록 음식축제 참여에 대한 각성을 많이 한다고 해석할 수 있다.

음식축제 참여에 대한 지각된 행동통제는 송학준, 이충기, 부숙진(2011), 손정기와 한상일(2016)의 연구를 참고로 하여 작성하였다. 모두 4문항으로 구성하였고, 각 문항은 '전혀 아니다'의 1점부터 '매우 그렇다'의 5점을 부여하는 리커트 척도를 이용하여 측정하였다. 음식축제 참여에 대한 태도 점수의 범위는 4점 - 20점으로 점수가 많을수록 음식축제 참여에 대하여 행동통제가 강하다고 해석할 수 있다.

음식축제 참여 의도는 노정희와 유주(2013), 부영숙, 오창호, 서문식(2010), 김한도, 조승아(2014), 손정기와 한상일(2016)의 연구를 참고로 하여 작성하였다. 모두 6문항으로 구성하였고, 각 문항은 '전혀 아니다'의 1점부터 '매우 그렇다'의 5점을 부여하는 리커트 척도를 이용하여 측정하였다. 음식축제 참여에 대한 태도 점수의 범위는 6점 - 30점으로 점수가 많을수록 음식축제 참여할 의도가 많다고 해석할 수 있다.

3. 조사대상자의 특성

이 책에서는 주부소비자를 조사대상으로 선정하였다. 주부는 가정경영의 핵심역할을 맡고 있으며, 음식축제의 중요한 방문객이 되고 있기 때문이다. 또한 여가활동이 활발해지면서 음식에 민감한 주부들이 다양한 음식재료를 구매하고 다양한 지역의 향토음식을 체험하기 위한 여행도 증가하고 있다.

< 표 3-1 > 조사대상자의 일반적인 특성

구분	변수	응답자수(N)	백분율(%)
연령	30대 이하	131	32.8
	40대	162	40.5
	50대 이상	107	26.8
직업	전업주부	131	34.3
	전문직/사무직	108	28.3
	판매/서비스직/자영업	124	32.5
	생산직	19	5.0
교육수준	고졸이하	145	36.3
	전문대졸	92	23.0
	대졸이상	163	40.8
월평균 가계소득	300만원 이하	55	13.9
	300-400만원 미만	92	23.2
	400-500만원 미만	84	21.2
	500만원 이상	165	41.7
종교	기독교 및 천주교	153	38.3
	불교	139	34.8
	기타	108	27.0
음식축제 참여빈도	참석 안했음	139	34.8
	1-2번 참석했음	160	40.1
	3번 이상 참석했음	100	25.1

<표 3-1>에는 조사대상자의 일반적 특성이 제시되어 있다. 연령대는 30대 이하가 32.8%, 40대가 40.5%, 50대 이상이 26.8%로 40대가 약간 높게 표집되었다. 주부 소비자의 직업은 전업주부가 34.3%, 전문직과 사무직이 28.3%, 서비스직과 자영업이 32.5%, 생산직이 5.0%로 나타났다. 주부 소비자의 교육수준은 고졸이하가 36.3%, 전문대졸이 23.0%, 대졸이상이 40.8%으로 나타났다. 주부 소비자의 월평균 가계소득은 300만원 이하가 13.9%, 300-400만원 미만이 23.2%, 400-500만원 미만이 21.2%, 500만원 이상이 41.7%이었다. 주부 소비자의 종교는 기독교 및 천주교가 38.3%, 불교가 34.8%, 기타는 27.0%이었다. 음식축제 참여빈도는 1-2번 참석했음이 40.1%로 가장 많았으며, 참석 안했음이 34.8%, 3번 이상 참석했음이 25.1% 이었다.

제6장

음식축제에 대한 소비자 인식과 참여태도

1. 소비자 인식

소비자인식은 소비자가 특정 대상을 어떻게 평가하고 있고, 그 대상의 다양한 속성을 얼마나 알고 있으며 ,다른 대상과 어떻게 구분할 수 있는지 등을 의미하고(김기영과 김지연, 2013; 박영기와 박재성, 2013; 박종철, 김경진, 이한준, 2010; Lichtenstein, Drumwright 및 Braig, 2004), 그 대상이 어떤 범주에 포함되는지를 인지하거나 상기하는 것을 의미한다(손영진, 2013; Maignam과 Ferrell, 2001). 대부분의 소비자들은 특정 대상의 장점과 단점을 파악하고 위험을 비교하여 선택을 하는 경우가 많기 때문에, 공급자들은 자신이 공급하는 제품이나 서비스가 소비자에게 줄 수 있는 편익과 장점을 소비자에게 인식시켜야 한다(안주아, 황경아, 윤석년, 2011). 이렇게 소비자인식을 정의하면, 음식축제에 대한 소비자인식은 음식축제에 대하여 소비자가 장점과 단점을 어떻게 파악하고 있고, 어떻게 평가하고 있으며 얼마나 알고 있는지를 알려주는 중요한 단서가 될 수 있다. 이러한 소비자인식을 통하여 음식축제를 기획하고 실행하는 지방자치단체의 관련자들은 보다 정교하고 효율적인 축제를 기획하고 홍보할 수 있을 뿐 아니라 기존의 축제프로그램의 내용과 형식도 보다 바람직한 방향으로 개선할 수 있을 것이다.

Jin(2017)은 중국의 2017년 CCTV 설맞이 야회를 대상으로 지역주민의 축제에 대한 인식이 장소정체성, 장소애착, 장소감이 환경태도와 환경 친화적 책임행동에 미치는 영향을 분석하였다. 2017년 CCTV 설맞이 야회에 대하여 지역주민들이 긍정적으로 인식할수록 장소정체성과 장소애착이 강해졌으며 환경 친화적 책임행동도 증가하는 것으로 나타났다. 장소정체성과 장소애착이 강할수록 긍정적인 장소감을 가지고 있었고, 긍정적인 장소감을 가지고 있는 주민일수록 환경에 대하여 긍정적인 태도를 가지고 있었고, 환경에 대하여 긍정적인 태도를 가지고 있는 주민일수록 환경 친화적 책임행동을 많이 했다. 주민의 축제에 대한 인식은 환경 친화적 책임행동에 직접적인 영향도 미치는 것으로 나타났다.

신창열, 송학준, 이충기(2012)는 2010 제천국제한방엑스포를 대상으로 축제품질과 가치, 축제주제인식과 만족 간의 관계를 분석하였다. 구조모형분석을 한 결과, 축제주제 인식에 영향을 미치는 축제품질 요인은 축제내용, 행사장, 편의성의 순으로 밝혀졌고, 축제 방문객의 지각된 가치에 영향을 미치는 요인은 축제내용과 편의성으로 나타났다. 축제주제 인식은 축제 만족도에 간접적으로 영향을 미치지만 지각된 가치는 축제 만족도에 직접적으로 영향을 미쳤다. 그러나 축제운영은 축제주제와 지각된 가치에 통계적으로 의미 있는 영향을 미치지 않았다.

부숙진(2008)은 축제 개최지역에 거주하는 지역주민들을 대상으로 자신들이 거주하고 있는 지역에서 열리고 있는 축제를 어떻게 인식하고 있는지를 조사하였다. 지역주민의 지역축제 효과와 관련된 요인에 관한 인식에서 문화적 효과 요인은 긍정적 영향을 미쳤으나, 경제적 효과 요인은 부정적 영향을 미쳤다. 축제개최 지역주민들이 축제에 참여한 경우와 참여하지 않은 경우에 따라 축제를 인식하는 데 차이가 있을 것으로 보고 축제 참여 여부를 조절변수로 하여 참여의도와의 관계를 살펴본 결과, 조절효과는 작용하지 않는 것으로 나타났다. 축제참여도가 높을수록 지역축제에 대한 지역주민의 축제만족도가 높은 것으로 나타났다.

<표 6-1>에는 음식축제에 관한 소비자인식을 측정한 문항의 빈도를 분석한 결과가 제시되어 있다. "음식축제는 중요한 관광자원이다."라는 문항에 대하여 49.0%의 소비자가 그렇다고 응답했고, 27.3%의 소비자는 보통이라고 했고, 19.3%의 소비자는 매우 그렇다고 해서 4.6%에 불과한 부정적인 인식보다는 긍정적인 인식이 훨씬 더 많았다. "음식축제는 지역의 특산품을 홍보할 수 있는 수단이다."라는 문항에 대하여 49.0%의 소비자가 그렇다고 응답했고, 28.3%의 소비자는 매우 그렇다고 했고, 18.8%의 소비자는 보통이라고 해서 4.1%에 불과한 부정적인 인식보다는 긍정적인 인식이 훨씬 더 많았다.

"음식축제를 통해 향토음식문화를 보존할 수 있다."라는 문항에 대하여 45.0%의 소비자가 그렇다고 응답했고, 23.5%의 소비자는 보통이라고 했고, 23.3%의 소비자는 매우 그렇다고 해서 8.3%에 불과한 부정적인 인식보다는 긍정적인 인식이 훨씬 더 많았다. "음식축제는 지자체의 예산을 낭비하는 쓸모없는 행사이다."라는 문항에 대하여 41.8%의 소비자가 아니라고 응답했고, 28.0%의 소비자는 보통이라고 했고, 14.8%의 소비자가 전혀 아니라고 해서 15.5%에 불과한 부정적인 인식보다는 긍정적인 인식이 훨씬 더 많았다.

<표 6-1> 음식축제에 대한 소비자인식의 분포차이

구분		N(%)
1. 음식축제는 중요한 관광자원이다.	전혀 아니다	1(.3%)
	아니다	17(4.3%)
	보통이다	109(27.3%)
	그렇다	196(49.0%)
	매우 그렇다	77(19.3%)
2. 음식축제는 지역의 특산품을 홍보할 수 있는 수단이다.	전혀 아니다	1(.3%)
	아니다	15(3.8%)
	보통이다	75(18.8%)
	그렇다	196(49.0%)
	매우 그렇다	113(28.3%)
3. 음식축제를 통해 향토음식문화를 보존할 수 있다.	전혀 아니다	2(.5%)
	아니다	31(7.8%)
	보통이다	94(23.5%)
	그렇다	180(45.0%)
	매우 그렇다	93(23.3%)
4. 음식축제는 지자체의 예산을 낭비하는 쓸모없는 행사이다.	전혀아니다	59(14.8%)
	아니다	167(41.8%)
	보통이다	112(28.0%)
	그렇다	46(11.5%)
	매우 그렇다	16(4.0%)
5. 우리나라에는 음식축제가 너무 많다.	전혀 아니다	20(5%)
	아니다	83(20.8%)
	보통이다	191(47.8%)
	그렇다	81(20.3%)
	매우 그렇다	25(6.3%)
6. 나는 음식축제에 대한 인터넷 검색을 자주한다.	전혀 아니다	47(11.8%)
	아니다	154(38.5%)
	보통이다	122(30.5%)
	그렇다	60(15.0%)
	매우 그렇다	17(4.3%)
7. 음식축제를 통해 한식을 세계화시킬 수 있다.	전혀아니다	5(1.3%)
	아니다	48(12.0%)
	보통이다	146(36.5%)
	그렇다	148(37.0%)
	매우 그렇다	53(13.3%)
8. 음식축제의 내용과 프로그램이 너무 단순하고 비슷하다.	전혀 아니다	6(1.5%)
	아니다	49(12.3%)
	보통이다	154(38.5%)
	그렇다	150(37.5%)
	매우 그렇다	41(10.3%)

“우리나라에는 음식축제가 너무 많다.” 라는 문항에 대하여 47.8%의 소비자가 보통이라고 응답했고, 20.8%의 소비자는 아니라고 했고, 20.3%의 소비자가 그렇다고 하고, 6.3%가 매우 그렇다고 하여 부정적인 인식이 긍정적인 인식보다 약간 더 많았다. 비슷한 시기에 유사한 내용의 축제가 난립하고 있는 현 상황에 대하여 부정적인 인식을 하고 있는 소비자가 많다고 볼 수 있다. “나는 음식축제에 대한 인터넷 검색을 자주한다.”라는 문항에 대하여 38.5%의 소비자가 아니라고 응답했고, 30.5%의 소비자는 보통이라고 했고, 15.0%의 소비자는 그렇다고 하고, 11.8%의 소비자가 전혀 아니라고 해서 부정적인 인식이 긍정적인 인식보다 높았다. 비슷한 음식축제가 너무 많아 식상해진 소비자들이 더 새로운 정보를 검색할 필요를 못 느꼈기 때문에 이러한 결과가 나왔다고 해석할 수 있다.

“음식축제를 통해 한식을 세계화시킬 수 있다.” 라는 문항에 대하여 37.0%의 소비자가 그렇다고 했고, 36.5%의 소비자는 보통이라고 했고, 13.3%의 소비자가 매우 그렇다고 했고, 12.0%의 소비자가 아니라고 해서 부정적인 인식보다는 긍정적인 인식이 훨씬 더 많았다. “음식축제의 내용과 프로그램이 너무 단순하고 비슷하다.” 라는 문항에 대하여 38.5%의 소비자가 보통이라고 했고, 37.5%의 소비자가 그렇다고 했고, 12.3%의 소비자가 아니라고 했고, 10.3%의 소비자가 매우 그렇다고 해서 부정적인 인식이 긍정적인 인식보다 많았다.

현재 개최되고 있는 지역축제들은 지역고유의 축제에 대한 다양한 문제의식이나 고민을 하지 않고 주로 대형 이벤트행사에 의존하여 이곳저곳에서 동시다발적으로 유사한 내용으로 꾸며지기 때문에 비판을 받고 있다(배만규, 2008). 획일적인 몽고식텐트, 유사한 이벤트프로그램, 연예인 초청쇼, 천편일률적인 민속 공연과 체험 등으로 꾸며져 있어서 행사내용이 단조롭고 이미지가 산만하며, 상징성이 부족한 실정이다(부명숙, 오창호,

서문식, 2010). 수많은 지역축제가 지역의 경제활성화를 추구하고 있지만 실질적으로 지역주민들에게 축제로 발생되는 이익은 극히 적고, 지방자치단체장의 정치적 홍보를 위한 정치수단으로 전락되고 있다는 비판도 거센 실정이다(오정근과 이훈, 2008).

지나치게 관광상품화로 축제가 전락함에 따라 진정한 축제정신이 결여되어 있다. 특히 난장이라는 명목으로 전국의 축제가 거의 유사한 수많은 종류의 물건과 음식물들을 파는 장소로 변질되어 순수한 의미의 축제성을 희석시키며, 결국은 경제적 수입만을 올리기 위한 축제로 변하면서 축제의 본질적 의미가 왜곡되고 있다(류정아, 2003). 지역에서 이루어지고 있는 음식축제가 성공을 하기 위해서는 그 지역의 고유한 주제를 반영할 수 있는 축제의 적합성을 고려해야 한다(김창수와 노경희, 2007).

<표 6-2> 음식축제에 대한 소비자인식 하위요인의 일반적인 수준

구분	평균	표준편차
관광자원과 홍보수단으로 인식 (5문항)	3.14	.688
비판적 현실인식 (3문항)	2.65	.747

<표 6-2>는 음식축제에 대한 소비자인식을 관광자원과 홍보수단으로 인식과 비판적 현실인식의 2개 하위요인으로 구분하여 일반적인 수준을 제시한 것이다. 관광자원과 홍보수단으로 인식 하위요인은 평균이 3.14점으로 보통 수준에 해당하나, 비판적 현실인식은 2.65점으로 중간점인 3점보다 약간 낮은 것으로 나타났다.

<표 6-3>에는 사회인구학적 변수와 음식축제 참여빈도에 따라 관광자원과 홍보수단으로 인식이 차이가 나는지를 알아보기 위하여 분산분석을 한 결과가 제시되어 있다. 소비자가 음식축제를 관광자원과 홍보수단으로 인식하는 것은 사회인구학적 변수 중에서 연령, 직업, 교육수준, 월평균가계

소득, 종교에 따라서는 의미있는 차이를 보이지 않았고, 음식축제 참여빈도에 따라서만 의미있는 차이가 났다. 관광자원과 홍보수단으로 인식은 음식축제에 3번 이상 참석한 소비자가 가장 높았고, 그 다음은 참석 안한 소비자이고, 1-2번 참석한 소비자가 가장 낮았다.

<표 6-3> 사회인구학적 변수와 음식축제 참여빈도에 따른 관광자원과 홍보수단으로의 인식차이

			관광자원과 홍보수단으로 인식			
			빈도	평균	표준편차	Scheffe
인구사회학적변수	연령	30대 이하	131	3.15	.82	
		40대	162	3.13	.63	
		50대 이상	107	3.16	.59	
		F				
	직업	전업주부	131	3.24	.580	
		전문직/사무직	108	3.04	.760	
		판매/서비스직/자영업	124	3.11	.746	
		생산직	19	3.05	.621	
		F				
	교육수준	고졸이하	145	3.16	.597	
		전문대졸	92	3.15	.769	
		대졸이상	163	3.12	.718	
		F				
	월평균 가계소득	300만원 이하	55	3.13	.640	
		300~400 만원 미만	92	3.13	.744	
		400~500 만원 미만	84	3.02	.658	
		500만원 이상	165	3.20	.683	
		F				
	종교	기독교 및 천주교	153	3.13	.714	
		불교	139	3.12	.671	
		기타	108	3.19	.676	
		F				
음식축제 참여빈도		참석 안했음	139	3.02	.696	a
		1-2번 참석	160	3.06	.607	b
		3번 이상 참석	100	3.44	.715	c
		F	13.575*			

* p <.05

<표 6-4> 사회인구학적 변수와 음식축제 참여빈도에 따른 비판적 현실 인식의 차이

			비판적 현실인식			
			빈도	평균	표준편차	Scheffe
인구사회학적변수	연령대	30대 이하	131	2.63	.797	
		40대	162	2.61	.716	
		50대 이상	107	2.75	.728	
		F				
	직업	전업주부	131	2.70	.698	
		전문직/사무직	108	2.52	.779	
		판매/서비스직/자영업	124	2.66	.742	
		생산직	19	2.89	.875	
		F				
	교육수준	고졸이하	145	2.67	.635	
		전문대졸	92	2.74	.739	
		대졸이상	163	2.59	.837	
		F				
	월평균 가계소득	300만원 이하	55	2.62	.733	
		300~400 만원 미만	92	2.80	.842	
		400~500 만원 미만	84	2.65	.630	
		500만원 이상	165	2.58	.750	
		F				
	종교	기독교 및 천주교	153	2.58	.731	
		불교	139	2.71	.727	
		기타	108	2.69	.793	
		F				
음식축제 참여빈도		참석 안했음	139	2.81	.731	a
		1-2번 참석	160	2.59	.657	ab
		3번 이상 참석	100	2.53	.870	b
		F	4.846*			

* $p < .05$

<표 6-4>에는 사회인구학적 변수와 음식축제 참여빈도에 따라 비판적 현실인식이 차이가 나는지를 알아보기 위하여 분산분석을 한 결과가 제시되어 있다. 소비자가 음식축제를 비판적 현실로 인식하는 것은 사회인구학적 변수 중에서 연령, 직업, 교육수준, 월평균가계소득, 종교에 따라서는 의미있는 차이를 보이지 않았고, 음식축제 참여빈도에 따라서만 의미있는 차이가 났다. 비판적 현실인식은 음식축제에 3번 이상 참석한 집단과 1-2번 참석한 집단 사이, 참석 안한 집단과 1-2번 참석한 집단 사이에는 차이가 없었고, 3번 이상 참석한 집단과 참석 안한 집단 사이에만 의미있는 차이가 있었다. 3번 이상 참석한 집단이 가장 높았다.

2) 음식축제 참여에 대한 소비자태도

Fishbein & Ajzen(1975)은 태도는 소비자행동을 이끄는 가장 기본적인 요소로, 어떤 대상에 대해 일관성 있게 호의적 또는 비호의적으로 반응하려는 학습된 성향으로 정의하였다. 그러므로 음식축제 참여에 대한 소비자태도는 음식축제 참여에 대하여 소비자가 호의적 혹은 비호의적, 긍정적 혹은 부정적인 평가로 정의할 수 있다. 태도는 인지적 요소, 감정적 요소, 행동적 요소로 구분된다. 인지적 요소는 특정 대상에 대하여 개인이 가지는 주관적인 지식이나 신념을 의미하며, 감정적 요소는 대상에 대한 긍정적 또는 부정적인 느낌이고, 행동적 요소는 대상에 대한 의도를 의미한다.

음식축제 참여에 대한 소비자태도는 행동에 영향을 미치는 중요한 심리적 요인이기 때문에, 음식축제를 방문하는 소비자들은 음식축제에 대하여 자신이 가지고 있는 신념과 태도 사이에 일관성을 유지함으로써 심리적으로 편안함을 느끼게 되고 태도를 통하여 행동을 어느 정도 예측할 수 있다

(이학식, 안광호, 하영원, 2015). 음식축제 참여에 대한 소비자들의 긍정적인 태도가 형성되면 재방문하는 소비자가 증가하게 되고 긍정적인 구전효과가 나타나 새로운 방문자가 증가하는 선순환이 나타난다. 그러나 부정적인 태도가 형성되면 재방문을 하는 소비자가 감소하고 불평행동을 하거나 다른 축제에 참여하거나 부정적인 구전을 해 새로운 참여자가 거의 없게 되고, 참여하고 있던 사람도 줄어드는 악순환이 발생할 수 있다. 어떤 축제에 갔을 때 사람이 너무 많아도 문제가 될 수 있지만 사람이 너무 적으면 축제에 대한 흥미가 급격하게 줄어들면서 참가자들이 썰물처럼 빠져나갈 수 있기 때문이다.

새로운 축제를 개발하는 것은 관광개발의 중요한 유형의 하나가 될 수 있다. 오늘날과 같이 음식이 관광에서 차지하는 비중이 커지고 있는 상황에서 음식축제가 차지하는 비중은 더 크다고 할 수 있다. 관광개발에 대한 지역주민의 태도는 관광개발을 통해 발생되거나 예상되는 여러 가지 영향에 대한 인식 또는 기대와 이러한 영향에 대한 종합적인 판단 및 정서적 반응, 찬성 또는 반대의 행동이라고 할 수 있다(고동완, 2001). 새로운 지역축제의 개발 즉 관광개발에 대한 지역주민의 태도 연구가 중요한 이유는 태도는 행동에 영향을 미치는 중요한 심리적 요인이며 행동을 예측하거나 변화시키려고 할 때 밀접한 관련성이 있기 때문이다(양영관과 김기범, 2012).

관광에 대한 지역주민의 태도는 동질적으로 간주될 수 없다. 지역주민 각자의 삶과 지역사회에 미치는 관광의 영향에 대한 인식에 따라 좌우된다. 즉 관광에 대한 경제적 의존도가 높은 사람들은 관광에 대한 태도가 긍정적인 반면, 교통 혼잡이나 범죄증가 등과 같이 관광객들로 인한 사회적 비용을 크게 느끼는 사람들은 대체로 관광에 대해 부정적인 태도를 취한다(송성인, 2013; 조광익과 김남조, 2002). 벽화마을로 유명해진 서울 종로구 이화동 이화마을에서는 소음과 쓰레기에 불만을 가진 주민이 변화를 훼손해 구속된 사례도 있다. 소음과 낙서 등을 참지 못한 일부 벽화마을 주민들이 지속적으로 민원을 제기했지만 이들은 민원이 해결되지 않자 벽화를 훼손하기에 이르렀다(헤럴드경제, 2016년 9월 20일).

서울 북촌 한옥마을 등 전통 가옥 밀집 지역에 사는 주민들이 몰려드는 관광객 때문에 몸살을 앓고 있다. 이곳 전통 가옥 중 상당수는 실제 주민들이 거주하고 있는 곳인데, 관광객 때문에 일상생활이 힘들 지경이라는 게 주민들의 호소다. 참다못한 일부 주민들이 북촌 앞에서 시위를 벌이는 등 집단행동에 나섰다. 2018년 연휴가 시작된 5월 5일에는 '북촌 한옥마을 운영회' 회원 30여명은 "북촌 주민도 사람답게 살고 싶다"며 마을 입구에서 집회를 열었다. 일부 주민들은 관광객이 감소할 것을 우려해 관광객을 통제하는 것을 반대하고 있어 주민들 사이에 갈등도 있다(한겨레신문, 2018년 5월 7일).

Gursoy, Jurowski & Uysal(2002)의 연구에서도 관광개발에 대한 태도는 지역주민들의 지역에 대한 관심, 환경 중심적 가치관, 자원의 이용, 관광개발의 지각된 비용 및 혜택과 관계가 있는 것으로 나타났다. 관광산업에 고용된 지역주민은 다른 산업에 종사하는 지역주민보다 관광객과 관광개발에 더 호의적이지만(Lindberg & Johnson, 1997; Milman & Pizam, 1988; Pizam, 1978; Snaith & Haley, 1995; 김한도와 조승아, 2014), 관광업에 종사하지 않는 지역주민들과 경제적 이윤을 공유하지 못할 경우 두 집단 사이에 갈등도 유발될 수 있다.

이재곤, 홍정화, 송기현(2011)은 문화관광부에서 선정한 우리나라 대표 축제인 보령머드축제를 활성화된 관광축제로 정하고, 선정되지 못한 화성 포구축제를 비활성화된 관광축제로 정하여 두 지역의 관광영향요인들이 지역민들의 태도와 관광개발 지지에 미치는 영향을 비교하였다. 활성화된 관광축제의 지역민과 비활성화된 관광축제의 지역민 모두 관광개발 지지에 영향을 미치는 요인은 태도에 영향을 주고, 태도도 관광개발 지지에 영향을 주었다. 활성화된 관광축제의 지역민은 경제적 혜택, 환경 인식, 축제에 대한 인지가 비활성화된 관광축제의 지역민들에 비해 태도에 더욱 많은 영향을 미쳤다.

권상미, 서성용, 이관표(2010)의 연구에 의하면 지역축제를 경험한 방문객들이 축제에 대한 가치를 크게 지각할수록 개최지역에 하여 긍정적인 태도를 가지고 있는 것으로 나타났다. 축제의 브랜드자산이 방문객의 가치와 개최지역의 태도에 미치는 영향에 있어 함평 나비축제와 보령 머드축제축제로 구분한 축제종류에 따른 조절효과를 분석한 결과, 브랜드자산 요인 중 지각된 품질만이 방문객의 지각된 가치에 미치는 영향에 있어 의미있는 차이를 보이는 것으로 나타났다. 함평 나비축제보다 보령 머드축제가 방문객의 지각된 가치에 미치는 영향에 있어 지각된 품질의 영향을 많이 받는 것으로 나타났다(권상미, 사성용, 이관표, 2010).

김한도와 조승아(2014)가 진해 웅천지역을 대상으로 한 연구에 의하면 지역주민이 음식문화축제의 성공요인에 대해 높게 인식할수록 축제 개최에 대한 주민들의 태도는 긍정적이었다. 진해 웅천 지역주민들은 음식문화축제 개최를 통해 경제적 이득을 기대하지 않고 있기 때문에 직업은 지역주민의 음식문화축제 성공요인에 대한 인식과 태도와의 관계에 영향을 미치지 않았다. 그러므로 축제 기획가나 행정가는 지역주민의 경제적 이득을 창출하기 위해 지역주민과의 대화를 위한 노력을 해야 할 것을 제안하며, 이것이 지역축제 성공의 열쇠인 지역주민 지지와 참여를 이끌어내는 방법이라고 주장했다.

서철현, 안현영, 김용철(2009)의 연구에 의하면 지역축제의 브랜드가치 요인 중에서 축제의 독특성, 사회적 혜택 및 심리적 혜택이 클수록 방문지향적 브랜드 이미지가 좋아지고, 사회적 혜택과 심리적 혜택이 클수록 미래지향적 브랜드 이미지가 좋아졌다. 방문지향적 이미지와 미래지향적 이미지에 대하여 강하게 인식할수록 긍정적인 브랜드 태도를 가지고 있었다.

임명재와 임미라(2010)에 의하면, 관광축제의 서비스 품질이 좋을수록 관광객들은 축제에 대하여 긍정적인 태도를 가지고 있고, 긍정적인 태도를 가진 관광객일수록 행동의도가 강한 것으로 나타났다. 관광축제의 서비스 품질요소와 관광객 태도와의 관계를 검토한 결과 운영서비스, 프로그램, 가격요인이 만족도에 영향을 미쳤으나, 이용성요인과 접근성 관련 요인은 관광객의 태도에 영향을 미치지 못하는 것으로 나타났다.

오선영과 강해상(2011)이 이천쌀 문화축제를 대상으로 한 연구에 의하면, 지역축제에서 긍정적인 체험을 한 사람일수록 축제브랜드에 대하여 긍정적인 태도를 가지고 있었다. 체험마케팅 관점에서 접근한 감각, 감성, 인지, 행동, 관계와 같은 체험요소들을 통해 축제 관광객들의 호감, 매력, 믿음 등의 특정한 기분과 생각을 유발하였고, 축제 체험의 효과로 축제 브랜드에 대한 긍정적인 태도를 이끌어 낼 수 있었다. 지역축제의 축제브랜드에 대한 긍정적인 태도는 관광객의 만족도를 높이고 행동의도를 강하게 하는 것으로 나타났다. 그러므로 축제 브랜드에 대하여 호의적인 태도를 형성한 관광객들은 지역축제에 대하여 만족도가 높고, 재방문 의도가 높으며, 타인에게 긍정적으로 전달하거나 추천하는 구전활동 등 여러 가지 행동으로 발전하게 될 수 있다.

고동우(1999)는 축제에 대한 긍정적인 체험은 후속태도에 긍정적인 영향을 미쳤다고 하였다. 자기향상적 체험을 하고 서비스 수행이 잘 될수록 긍정적인 후속태도가 형성되는 것으로 밝혀졌는데, 상대적 영향력의 크기를 비교한 결과 자기향상적 체험이 서비스 수행보다 컸다. 내재적 동기도 후속 태도에 긍정적인 영향을 미쳤는데, 이 두 변수들의 관계는 자기향성성 체험이 클수록 증가하였으나, 서비스 수행은 영향을 거의 미치지 않았다.

최훈과 진영재(2009)의 연구에 의하면, 순천만 갈대축제 평가속성 중에서 이벤트성은 긍정적 정서경험에 영향을 미치지 않았다. 이벤트성을 제외한 방문객 평가속성에서 긍정적 정서경험이 클수록 방문객은 더 만족했고, 긍정적 태도를 더 많이 형성했으나, 이벤트성은 긍정적 태도 형성에 영향을 미치지 않았다.

소비자는 특별하거나 좋아하는 브랜드, 사람, 지역 등과 같은 대상에 대해 애착을 할 수 있다(Thomson 등, 2005). 애착도는 장기적인 관점에서 행동 대상의 관계형성과 강화에 영향을 미쳐 지속적으로 그 행동 대상을 소유하려는 호의적인 태도로 전이되고, 이렇게 형성된 애착은 소비자와 애착 대상 사이에 강한 관계를 구축한다(안광호와 이재환, 2010). 윤설민(2011)은 모험적 여가활동에 관한 연구에서 모험적인 여가활동에 대한 애착이 강할수록 모험적 여가활동을 하려는 행동이 증가한다고 하였다. 모험적 여가활동에 태도는 애착도와 행동지속의도 사이를 연결해주는 매개변수 역할을 하고 있다.

<표 6-5>에는 음식축제 참여에 대한 소비자태도를 측정한 문항을 빈도분석한 결과가 제시되어 있다. “음식축제에 참여하는 것은 좋다고 생각한다.” 라는 문항에 대하여 50.3%의 소비자가 그렇다고 응답했고, 14.5%의 소비자는 매우 그렇다고 응답했고, 28.5%의 소비자는 보통이라고 응답해 긍정적인 태도를 가진 소비자가 훨씬 더 많았다. “음식축제에 참여하는 것은 기쁜 일이라고 생각한다.” 라는 문항에 대하여 41.3%의 소비자가 그렇다고 응답했고, 13.0%의 소비자는 매우 그렇다고 응답했고, 37.0%의 소비자는 보통이라고 응답해 긍정적인 태도를 가진 소비자가 훨씬 더 많았다. “음식축제에 참여하는 것을 긍정적으로 생각한다.” 라는 문항에 대하여 48.5%의 소비자가 그렇다고 응답했고, 13.5%의 소비자는 매우 그렇다고 응답했고, 30.0%의 소비자는 보통이라고 응답해 긍정적인 태도를 가진 소비자가 훨씬 더 많았다.

<표 6-5> 음식축제 참여에 대한 소비자태도 문항의 분포차이

구분		N(%)
1. 음식축제에 참여하는 것은 좋다고 생각한다.	전혀 아니다	3(.8%)
	아니다	24(6.0%)
	보통이다	114(28.5%)
	그렇다	201(50.3%)
	매우 그렇다	58(14.5%)
2. 음식축제에 참여하는 것은 기쁜 일이라고 생각한다.	전혀 아니다	2(.5%)
	아니다	33(8.3%)
	보통이다	148(37.0%)
	그렇다	165(41.3%)
	매우 그렇다	52(13.0%)
3. 음식축제에 참여하는 것을 긍정적으로 생각한다.	전혀 아니다	3(.8%)
	아니다	29(7.3%)
	보통이다	120(30%)
	그렇다	194(48.5%)
	매우 그렇다	54(13.5%)
4. 음식축제에 참여하는 것은 가치 있는 일이라고 생각한다.	전혀 아니다	3(.8%)
	아니다	39(9.8%)
	보통이다	147(36.8%)
	그렇다	161(40.3%)
	매우 그렇다	50(12.5%)
5. 음식축제에 참여하면 좋은 결과가 나타날 것이다.	전혀 아니다	4(1%)
	아니다	46(11.5%)
	보통이다	165(41.3%)
	그렇다	138(34.5%)
	매우 그렇다	47(11.8%)

“음식축제에 참여하면 좋은 결과가 나타날 것이다.” 라는 문항에 대하여 34.5%의 소비자가 그렇다고 응답했고, 11.8%의 소비자는 매우 그렇다고 응답했고, 41.3%의 소비자는 보통이라고 응답해 긍정적인 태도를 가진 소비자가 더 많았다.

<표 6-6> 음식축제 참여에 대한 소비자태도의 전반적인 수준

구분	평균	표준편차
참여태도 (5문항)	3.29	.822

<표 6-6>에 의하면 음식축제 참여에 대한 소비자태도의 전반적인 수준은 평균 3.29로 중간값보다 약간 높다고 볼 수 있다.

<표 6-7>에는 사회인구학적 변수와 음식축제 참여빈도에 따른 음식축제 참여태도를 분산분석한 결과가 제시되어 있다. 음식축제 참여태도는 연령, 직업, 교육수준, 월평균가계소득 및 종교와 같은 사회인구학적 변수에 따라서는 의미있는 차이가 없었고, 음식축제 참여빈도에 따라서만 $p < .05$ 수준에서 의미있는 차이를 보였다. Scheffe 검증결과 음식축제에 참여 안한 집단, 1-2번 참여한 집단 및 3번 이상 참여한 집단 사이에 음식축제 참여태도는 모두 의미있는 차이를 보였다. 비록 차이가 적기는 했으나, 음식축제 참여태도는 참여 안한 집단이 가장 긍정적이었고, 1-2번 참여한 집단이 가장 부정적인 것으로 나타났다.

음식축제에 참여하지 않은 집단은 현재 우리나라의 음식축제가 가지고 있는 여러 문제점들에 관하여 직접적으로 경험하지 않았기 때문에 가장 긍정적인 태도를 가지고 있다고 해석할 수 있다.

<表 6-7> 사회인구학적 변수와 음식축제 참여빈도에 따른 음식축제 참여태도의 분산분석

<table>
<tr><th colspan="3" rowspan="2">구분변수</th><th colspan="4">참여태도</th></tr>
<tr><th>빈도</th><th>평균</th><th>표준편차</th><th>Scheffe</th></tr>
<tr><td rowspan="24">인구사회학적변수</td><td rowspan="4">연령대</td><td>30대 이하</td><td>131</td><td>3.24</td><td>.895</td><td></td></tr>
<tr><td>40대</td><td>162</td><td>3.27</td><td>.833</td><td></td></tr>
<tr><td>50대 이상</td><td>107</td><td>3.36</td><td>.706</td><td></td></tr>
<tr><td>F</td><td colspan="4"></td></tr>
<tr><td rowspan="5">직업</td><td>전업주부</td><td>131</td><td>3.43</td><td>.795</td><td></td></tr>
<tr><td>전문직/사무직</td><td>108</td><td>3.21</td><td>.887</td><td></td></tr>
<tr><td>판매/서비스직/자영업</td><td>124</td><td>3.16</td><td>.790</td><td></td></tr>
<tr><td>생산직</td><td>19</td><td>3.21</td><td>.855</td><td></td></tr>
<tr><td>F</td><td colspan="4"></td></tr>
<tr><td rowspan="4">교육수준</td><td>고졸이하</td><td>145</td><td>3.32</td><td>.841</td><td></td></tr>
<tr><td>전문대졸</td><td>92</td><td>3.25</td><td>.779</td><td></td></tr>
<tr><td>대졸이상</td><td>163</td><td>3.27</td><td>.832</td><td></td></tr>
<tr><td>F</td><td colspan="4"></td></tr>
<tr><td rowspan="5">월평균 가계소득</td><td>300만원 이하</td><td>55</td><td>3.24</td><td>.793</td><td></td></tr>
<tr><td>300~400 만원 미만</td><td>92</td><td>3.30</td><td>.886</td><td></td></tr>
<tr><td>400~500 만원 미만</td><td>84</td><td>3.13</td><td>.861</td><td></td></tr>
<tr><td>500만원 이상</td><td>165</td><td>3.37</td><td>.775</td><td></td></tr>
<tr><td>F</td><td colspan="4"></td></tr>
<tr><td rowspan="4">종교</td><td>기독교 및 천주교</td><td>153</td><td>3.27</td><td>.788</td><td></td></tr>
<tr><td>불교</td><td>139</td><td>3.19</td><td>.881</td><td></td></tr>
<tr><td>기타</td><td>108</td><td>3.43</td><td>.776</td><td></td></tr>
<tr><td>F</td><td colspan="4"></td></tr>
<tr><td colspan="2" rowspan="4">음식축제 참여빈도</td><td>참석 안했음</td><td>139</td><td>3.14</td><td>.844</td><td>a</td></tr>
<tr><td>1-2번 참석</td><td>160</td><td>3.18</td><td>.734</td><td>b</td></tr>
<tr><td>3번 이상 참석</td><td>100</td><td>3.66</td><td>.819</td><td>c</td></tr>
<tr><td>F</td><td colspan="4">14.888*</td></tr>
</table>

* $p < .05$

음식축제에 1-2번 참석한 집단의 태도가 가장 부정적인 이유는 음식축제의 부정적인 면을 직접 경험했기 때문이고, 3번 이상인 집단은 1-2번 참석한 집단 보다는 긍정적이기 때문에 더 참석했다고 해석할 수 있다. 음식축제를 기획하는 단체들은 음식축제 참여태도가 3번 이상 참여한 집단보다 한 번도 참석안한 집단이 더 긍정적이라는 이 연구결과를 시금석으로 삼아 보다 소비자들이 긍정적인 태도를 형성할 수 있도록, 다양한 프로그램과 주제, 축제환경 조성에 노력을 해야 할 것이다. 그래야 우후죽순처럼 이루어지고 있는 수많은 축제에서 경쟁력을 확보하고 살아남을 수 있기 때문이다.

제7장

음식축제 평가기준

Getz(1997)은 축제를 평가하기 위한 요인을 경제적인 요인, 사회문화적인 요인, 환경 문화적인 요인으로 구분하고, 정보원천, 추구편익, 만족도, 축제참가동기, 숙박, 식음료, 쇼핑, 관광요인 등과 환경오염 등과 같은 환경적인 영향, 지역주민의 태도와 물가의 변화까지 포함시켜 축제를 평가하였다. 문화관광부(2003)에서는 방문객의 만족도 측정을 위한 항목으로 홍보 및 안내, 전반적인 행사진행, 축제프로그램과 쇼핑 및 음식, 홍보 및 안내 등의 내용이 포함된 18개 항목을 제시하고 있다.

고승익 등(2000)은 제주 섬문화축제를 사례로 수행한 연구에서 만족도에 영향을 미치는 요인으로 행사장환경, 행사내용, 행사장 시설 및 접근성, 가격(비용), 행사진행 등 5개 요인에 22개의 문항으로 구성된 측정도구를 사용하였다. 장양례(2005)는 지역축제의 평가속성으로 음식, 축제내용, 교통/접근성, 서비스 편의시설, 행사공연, 쇼핑 등 7개의 요인이 포함된다고 하였다. 정강환과 윤유식(2004)은 축제의 평가변수를 축제음식 및 서비스,

축제상품 및 시설, 축제장소 접근성 등 3개의 요인으로 구분하였다.

이정록과 안종현(2004)은 문화관광축제의 방문객 만족도를 구성하는 요인으로 기념품과 음식, 행사내용, 홍보안내, 편의시설 등 4개를 제시하였다. 김판영(2014)는 축제품질서비스는 물리적 서비스, 프로그램 서비스 및 인적 서비스로 구성된다고 하였다. 물리적 서비스에는 공간의 구성과 활용, 무대 이미지 연출, 주차장의 편리성 및 음식시설의 편리성 등이 포함되었고, 프로그램 서비스에는 프로그램 진행 일치, 체험 프로그램의 재미 및 프로그램의 오락성이 포함되었고, 인적 서비스에는 안내원의 언행, 태도, 자세 및 응대성 등이 포함되었다.

서철현(2010)은 지역축제장을 방문한 방문객들이 지각하는 만족요인이 인구통계적 특성에 따라 만족도에 차이가 나는가를 분석했다. 행사내용에 대한 만족도는 외지인이 지역주민보다 높았다. 지역축제 방문객들의 결혼 여부에 따라 만족요인에 차이가 있는가를 분석한 결과 기념품 및 음식요인, 편의시설요인, 홍보안내요인에서 유의미한 차이가 있는 것으로 나타났다. 지역축제장을 방문한 방문객들이 지각하는 만족요인이 직업에 따라 만족도에 차이가 있는가를 분석한 결과 행사내용요인, 편의시설요인, 홍보안내요인에서는 의미 있는 차이가 있었다.

김한도와 조승아(2014)는 지역축제의 성공요인을 크게 축제조직, 지역주민, 축제전략, 축제프로그램, 축제 마케팅 등의 5가지로 분류하였다. 축제 조직은 조직구성원의 축제에 대한 전문성, 경쟁력, 위임의 정도, 인재육성, 효율적 인 조직체계 등이 포함되고, 지역주민에는 지역주민의 자긍심 고취여부, 경제적 효과 여부, 지역의 특징적 소재 활용 여부, 지역의 특징적 주제 설정 여부, 차별적 성격의 축제인지 여부, 개최장소의 합리성, 기존 인프라의 활용 유무, 장소의 관람객, 프로그램 수용능력 등이 포함되고 있다. 축제 전략에서는 지역축제의 목적과 목표의 정확성, 축제의 소재에 대한 지역의 문화적.산업적.자연적 특징의 반영, 축제 주제의 독창성, 지역의 역사적. 문화적 요소의 반영 등이 포함되고, 축제 프로그램 측면에 있어서는 탈일상성, 오락성, 내용의 독창성 등이 포함되고, 축제 마케팅 측면에는 체험요소의 개발, 마케팅 홍보 활성화, 매력적인 상품개발, 커뮤니티(자매결연, 회원제, 동호회 등)의 확보 등이 포함된다.

이소영(2008)은 음식관광상품 평가영역을 이용편의성, 상품매력성, 내용충실성, 가격적절성, 구성체계성의 5개 영역으로 구성하였다. 평가속성은 평가영역의 하부항목으로 이용편의성의 평가속성은 접근용이성과 이용용이성, 상품매력성의 평가속성은 음식요인 매력성과 주변요인 매력성, 내용충실성의 평가속성은 체험유형 다양성과 문화체험 가능성으로 구성되었다. 평가영역의 상대적 중요도를 분석한 결과 구성체계성과 가격적절성이 다른 평가 영역에 비해 높았고, 그 다음으로 이용편의성, 상품매력성, 내용충실성 순이었다. 평가속성의 상대적 중요도를 구한 결과는 이용편의성 영역에서는 접근용이성이, 상품매력성 영역에서는 음식요인 매력성이, 내용충실성 영역에서는 문화체험 가능성이 다른 속성 보다 상대적으로 더 중요한 것으로 나타났다.

조태영(2011)은 금산인삼축제의 평가요인에는 운영적합성, 유희성, 행사의 편익성, 행사 주제 부합성, 행사 정보성 등이 포함된다고 하였다. 지역축제의 평가요인에 대하여 긍정적으로 인식할수록 지역축제의 이미지가 좋았고 지역축제에 대한 만족도도 높았다. 이러한 5개의 요인 중에서 운영적합성, 행사에 대한 진행 그리고 행사정보성 요인은 다른 요인들에 비해 더 큰 영향을 미친다고 하였다.

서구원과 김경선(2010)은 강릉단오제 전통문화축제를 대상으로 한 연구에서 요인분석을 통하여 유희성, 체험, 주변경관, 숙식, 지역특산품, 환대 등과 같은 6개의 요인을 추출하였다. 전반적으로 유희성과 환대가 재방문의도와 추천의도에 영향을 주는 중요한 요인이라고 하였다. 김문명, 김상범 및 이수범(2012)는 음식축제의 서비스품질은 음식체험, 상품성, 편의성 및 행사시설의 4개 요인으로 이루어진다고 하였다. 이 요인 중에서 음식체험과 상품성 요인의 영향력이 가장 높게 나타났기 때문에 음식문화축제 프로그램을 구성할 때에는 특색 있는 프로그램을 확대하고 축제주제와 관련된 상품을 개발하고 품질을 향상시키기 위한 노력이 이루어져야 한다.

김종관과 정강환(2015)는 축제 서비스품질 요인인 행사내용, 축제 상품 및 음식, 홍보 및 안내, 축제 환경, 사회적 요인이 방문객의 축제만족에 의미 있는 양의 영향을 미치고, 방문객의 축제만족은 축제성과와 의미 있는 양의 영향을 미친다고 하였다. 축제 서비스품질 요인인 행사내용, 축제 상품 및 음식, 홍보 및 안내, 축제 환경, 사회적 요인이 축제성과에 의미 있는 양의 영향을 미친다고 하였다.

김민정과 전현모(2015)는 음식축제 웹사이트의 서비스품질은 디자인, 내용충실성, 고객응대성, 시스템능력 및 편의성의 5개 요인으로 구성된다고 하였다. 축제 웹사이트 방문객은 웹사이트 방문 시 시각적으로 호감이 가는 외형적인 요소와 빠른 접속이 가능한 즉각적인 반응을 선호하며, 축제 웹사이트에 대한 내용적인 면과 편리함에 대해선 덜 관심을 가지는 것으로 나타났다. 방문객들 사이에 방문후기가 유용한 정보로 인식되므로 방문후기를 올리는 사람들에게 실시간으로 축제를 방문했을 때 유용하게 사용할 수 있는 온라인 이벤트, 할인 쿠폰 등을 상시적으로 부여해 줌으로써 적극적으로 방문후기를 남길 수 있도록 유도해야 한다.

부명숙, 오창호, 서문식(2010)은 철마한우불고기 축제의 서비스품질 요인은 물리적 환경요인과 서비스요인으로 구성된다고 하였다. 물리적 환경요인에는 유익한 공연, 화장실의 쾌적성, 시설과 집기 등의 안전성, 행사장의 안전한 설계, 주위환경 만족, 청결한 행사장, 쉼터, 주차공간 등이 포함되었다. 서비스요인에는 안내도우미의 능력, 외국인을 위한 유익한 이벤트, 외국인 관광객을 위한 안내, 다양한 전통 먹거리, 행사요원의 친절, 안내방송, 식당의 신속한 서비스와 시스템 보유, 질병이나 식중독 등 위생상태 양호, 다양한 공연 등이 포함되었다.

<표 7-1>에는 음식축제 평가기준을 측정하기 위한 문항을 빈도분석한 결과가 제시되어 있다. '다양한 음식체험 프로그램'은 가장 많은 49.8%의 소비자가 중요하다고 하였고, 24.8%의 소비자는 그저 그렇다고 하였고, 20.8%는 매우 중요하다고 했고, 중요하지 않다고 한 소비자는 4.8%에 불과해 매우 긍정적이라고 볼 수 있다. '음식전시와 강연 등 유익한 프로그램'은 가장 많은 47.3%의 소비자가 중요하다고 하였고, 31.8%의 소비자는 그저 그렇다고 하였고, 13.5%는 매우 중요하다다고 했고, 중요하지 않다고 한 소비자는 7.3%에 불과해 매우 긍정적이라고 볼 수 있다.

'다양한 판매 음식의 종류'는 가장 많은 53.5%의 소비자가 중요하다고 하였고, 26.8%는 매우 중요하다고 했고, 16.3%의 소비자는 그저 그렇다고 하였고, 중요하지 않다고 한 소비자는 3.6%에 불과했다. 축제의 주제가 음식이기 때문에 다양한 종류의 음식을 판매하는 것이 아주 중요한 평가속성이라고 볼 수 있다. '적당한 판매음식의 가격'은 가장 많은 49.5%의 소비자가 중요하다고 하였고, 27.8%는 매우 중요하다고 했고, 19.5%의 소비자는 그저 그렇다고 하였고, 중요하지 않다고 한 소비자는 3.1%에 불과했다. 음식축제에서 판매되고 있는 음식이라고 하더라도 소비자는 가격을 매우 중요한 평가속성으로 인식하고 있다고 볼 수 있다.

'쉬운 행사장 접근'은 가장 많은 51.3%의 소비자가 중요하다고 하였고, 28.5%는 매우 중요하다고 했고, 17.5%의 소비자는 그저 그렇다고 하였고, 중요하지 않다고 한 소비자는 2.8%에 불과했다. 아무리 좋은 축제라고 하더라도 축제 장소에 접근하기가 어렵다면 참여하기가 어렵다고 볼 수 있다.

< 표 7-1> 음식축제 평가기준 문항의 분포차이

구분		N(%)
1. 다양한 음식체험 프로그램	전혀 중요하지 않다	4(1%)
	중요하지 않다	15(3.8%)
	그저 그렇다	99(24.8%)
	중요하다	199(49.8%)
	매우 중요하다	83(20.8%)
2. 음식전시와 강연 등 유익한 프로그램	전혀 중요하지 않다	3(.8%)
	아니다	26(6.5%)
	그저 그렇다	127(31.8%)
	그렇다	189(47.3%)
	매우 그렇다	54(13.5%)
3. 다양한 판매음식의 종류	전혀 중요하지 않다	3(.8%)
	중요하지 않다	11(2.8%)
	그저 그렇다	65(16.3%)
	중요하다	214(53.5%)
	매우 중요하다	107(26.8%)
4. 적당한 판매음식의 가격	전혀 중요하지 않다	3(.8%)
	중요하지 않다	9(2.3%)
	그저 그렇다	78(19.5%)
	중요하다	198(49.5%)
	매우 중요하다	111(27.8%)
5. 쉬운 행사장 접근	전혀 중요하지 않다	2(.5%)
	중요하지 않다	9(2.3%)
	그저 그렇다	70(17.5%)
	중요하다	205(51.3%)
	매우 중요하다	114(28.5%)
6. 편리한 교통	전혀 중요하지 않다	2(.5%)
	중요하지 않다	1(.3%)
	그저 그렇다	60(15%)
	중요하다	214(53.5%)
	매우 중요하다	122(30.5%)
7. 편의시설	전혀 중요하지 않다	2(.5%)
	중요하지 않다	9(2.3%)
	그저 그렇다	92(23.0%)
	중요하다	204(51.0%)
	매우 중요하다	93(23.3%)

8. 숙박시설	전혀 중요하지 않다	9(2.3%)
	중요하지 않다	46(11.5%)
	그저 그렇다	142(35.5%)
	중요하다	147(36.8%)
	매우 중요하다	54(13.5%)
9. 다양한 공연	전혀 중요하지 않다	12(3.0%)
	중요하지 않다	36(9.0%)
	그저 그렇다	138(34.5%)
	중요하다	161(40.3%)
	매우 중요하다	53(13.3%)
10. 판매음식의 질	전혀 중요하지 않다	2(.5%)
	중요하지 않다	4(1%)
	그저 그렇다	30(7.5%)
	중요하다	150(37.5%)
	매우 중요하다	214(53.5%)
11. 위생상태	전혀 중요하지 않다	1(.3%)
	중요하지 않다	4(1%)
	그저 그렇다	26(6.5%)
	중요하다	106(26.5%)
	매우 중요하다	263(65.8%)
12. 축제 홈페이지	전혀 중요하지 않다	7(1.8%)
	중요하지 않다	35(8.8%)
	그저 그렇다	110(27.5%)
	중요하다	152(38.0%)
	매우 중요하다	96(24.0%)
13. 사람들의 입소문	전혀 중요하지 않다	2(.5%)
	중요하지 않다	9(2.3%)
	그저 그렇다	73(18.3%)
	중요하다	173(43.4%)
	매우 중요하다	143(35.8%)

'편리한 교통'은 가장 많은 53.5%의 소비자가 중요하다고 하였고, 30.5%는 매우 중요하다고 했고, 15.0%의 소비자는 그저 그렇다고 하였고, 중요하지 않다고 한 소비자는 0.8%에 불과했다. 축제에는 많은 사람들이 짧은 기간 동안 몰리고, 다른 지역에서 개최되고 있는 축제에 참여하기 위해서는 무엇보다 교통이 편해야 한다는 것을 알 수 있다.

'편의시설'은 가장 많은 51.0%의 소비자가 중요하다고 하였고, 23.3%는 매우 중요하다고 했고, 23.0%의 소비자는 그저 그렇다고 하였고, 중요하지 않다고 한 소비자는 2.8%에 불과했다. 다양한 편의시설에 대한 소비자의 요구가 매우 크다고 볼 수 있다. '숙박시설'은 가장 많은 36.8%의 소비자가 중요하다고 하였고, 35.5%의 소비자는 그저 그렇다고 하였고, 13.5%는 매우 중요하다고 했으나, 중요하지 않다고 한 소비자는 13.8%나 되 다른 속성에 비하여 중요하지 않다고 한 소비자들이 많았다. 음식축제를 즐기기 위하여 숙박까지 하는 경우가 많지 않기 때문에 이러한 결과가 나왔다고 해석할 수 있다.

'다양한 공연'은 가장 많은 40.3%의 소비자가 중요하다고 하였고, 34.5%의 소비자는 그저 그렇다고 하였고, 13.3%는 매우 중요하다고 했고, 중요하지 않다고 한 소비자는 12.0%를 차지하였다. 우리나라의 거의 대부분의 지역축제가 주제와 크게 상관하지 않고 가수의 노래공연을 가장 중요한 이벤트로 하고 있는데 이 결과를 보면 매우 잘못된 의사결정이라고 볼 수 있다.

'판매음식의 질'은 가장 많은 53.5%의 소비자가 매우 중요하다고 했고, 37.5%가 중요하다고 해 아주 중요한 평가속성이라고 판단할 수 있다. 음식축제에서 판매하고 있는 음식의 질이 음식축제의 성공여부를 가리는 시금석이라고도 볼 수 있다. '위생상태'도 65.8%의 소비자가 매우 중요하다고 했고, 26.5%가 중요하다고 해 특히 중요한 평가속성이라고 판단할 수 있다. 판매음식의 위생상태가 나쁘면 병에 걸릴 수 있고, 특히 많은 사람들이 먹기 때문에 더 심각한 문제가 발생할 수 있기 때문이다.

축제 먹거리는 고열량의 음식이 많이 준비되며, 축제에서 먹거리를 판매하는 상인들은 다른 지역의 여러 장소로 이동하며 영업을 하기 때문에 재료의 부패와 같은 여러 문제점이 나타날 수 있다. 축제장은 일탈성이 강조된다는 점에서 심각한 문제가 발생할 수 있다(이준엽과 안태기, 2008). 식중독이 발생한 원인 장소로는 가정에서의 주부에 의한 21.2%를 제외한 나머지 장소가 공공 장소 64.1% 및 노점에서가 14.7% 등으로 나타났다(박경진, 천석조, 박기환, 홍종해와 김정원, 2003).

'축제 홈페이지'는 가장 많은 38.0%의 소비자가 중요하다고 하였고, 27.5%의 소비자는 그저 그렇다고 하였고, 24.0%는 매우 중요하다고 하여 그저 그렇다고 한 소비자가 다른 속성에 비하여 많았고, 중요하지 않다고 한 소비자도 10.6%나 돼 주부들의 경우 홈페이지의 중요성이 다른 속성에 비하여 낮다고 볼 수 있다. '사람들의 입소문'은 가장 많은 43.4%의 소비자가 중요하다고 하였고, 35.8%는 매우 중요하다고 했고, 18.3%의 소비자는 그저 그렇다고 하였고, 중요하지 않다고 한 소비자는 2.8%에 불과했다. 주부소비자들은 홈페이지보다는 사람들의 입소문을 훨씬 더 중요한 속성으로 평가하고 있으므로 음식축제를 기획하고 홍보하는 관계자들은 긍정적인 입소문을 내기 위한 다양한 전략을 세우고 실행하여야 할 것이다.

<표 7-2> 음식축제 평가요인의 일반적인 수준

구분	평균	표준편차
프로그램 (3문항)	3.38	.702
판매음식 (4문항)	3.94	.625
접근성 (2문항)	3.99	.725
시설 (2문항)	3.55	.796
홍보 (2문항)	3.74	.809

<표 7-2>에는 음식축제 평가요인의 일반적인 수준이 제시되어 있다. 접근성이 3.99점으로 가장 높고, 판매음식이 3.94로 두 번째로 높았다. 홍보는 3.74로 세 번째이고, 프로그램은 3.38로 가장 낮았다. 음식축제를 기획할 때는 쉽게 접근 할 수 있는 곳에서 행사를 해야 하고, 프로그램보다 판매음식의 질, 가성비, 위생에 더 많이 신경 써야 할 것이다. 일상에서 느낄 수 있는 작지만 확실하게 실현 가능한 행복을 추구하는 소확행이 중요한 트렌드로 떠오르고 있는 현재 상황에서 먹방여행이 큰 인기를 끌고 있기

때문에 음식축제에서 음식이 차지하는 비중은 아무리 강조해도 지나치지 않다고 볼 수 있다.

<표 7-3>사회인구학적 변수와 음식축제 참여빈도에 따른 음식축제 프로그램 평가요인의 차이

구분변수			프로그램			
			빈도	평균	표준편차	Scheffe
인구사회학적변수	연령대	30대 이하	131	3.28	.694	
		40대	162	3.46	.706	
		50대 이상	107	3.39	.697	
		F				
	직업	전업주부	131	3.40	.710	
		전문직/사무직	108	3.33	.736	
		판매/서비스직/자영업	124	3.40	.635	
		생산직	19	3.26	.872	
		F				
	교육수준	고졸이하	145	3.37	.676	
		전문대졸	92	3.42	.699	
		대졸이상	163	3.37	.728	
		F				
	월평균 가계소득	300만원 이하	55	3.16	.764	a
		300~400 만원 미만	92	3.42	.730	ab
		400~500 만원 미만	84	3.30	.636	ab
		500만원 이상	165	3.47	.686	b
		F	3.248*			
	종교	기독교 및 천주교	153	3.42	.646	
		불교	139	3.39	.707	
		기타	108	3.31	.769	
		F				
음식축제 참여빈도		참석안했음	139	3.30	.709	a
		1-2번 참석	160	3.36	.649	ab
		3번이상 참석	100	3.53	.758	b
		F	3.214*			

* p <.05

<표 7-4>사회인구학적 변수와 음식축제 참여빈도에 따른 음식축제 판매음식 평가요인의 차이

구분변수			판매음식			
			빈도	평균	표준편차	Scheffe
인구사회학적변수	연령대	30대 이하	131	3.95	.666	
		40대	162	3.93	.612	
		50대 이상	107	3.94	.596	
		F				
	직업	전업주부	131	3.92	.668	ab
		전문직/사무직	108	3.92	.549	ab
		판매/서비스직/자영업	124	4.05	.596	a
		생산직	19	3.53	.772	b
		F	4.212*			
	교육수준	고졸이하	145	3.89	.614	
		전문대졸	92	4.01	.703	
		대졸이상	163	3.95	.586	
		F				
	월평균 가계소득	300만원 이하	55	3.58	.832	a
		300~400 만원 미만	92	3.92	.633	ab
		400~500 만원 미만	84	3.98	.537	ab
		500만원 이상	165	4.05	.539	b
		F	8.206*			
	종교	기독교 및 천주교	153	3.97	.628	
		불교	139	3.96	.642	
		기타	108	3.87	.597	
		F				
음식축제 참여빈도		참석안했음	139	3.86	.697	a
		1-2번 참석	160	3.95	.581	ab
		3번이상 참석	100	4.05	.575	b
		F	2.841*			

* p <.05

<표 7-3>에는 사회인구학적 변수와 음식축제 참여빈도에 따라 음식축제 프로그램 평가요인이 차이가 나는지를 알아보기 위하여 분산분석을 한 결과가 제시되어 있다. 음식축제 프로그램 평가요인은 사회인구학적 변수 중에서 연령, 직업, 교육수준, 종교에 따라서는 의미있는 차이를 보이지 않았고, 월평균가계소득과 음식축제 참여빈도에 따라서만 p <.05 수준에서 의미있는 차이가 났다.

음식축제 프로그램 평가요인은 월평균가계소득이 300만원 이하인 집단과 500만원 이상인 집단 사이에서만 의미있는 차이가 났고, 500만원 이상인 집단이 가장 높았다. 300만원 이하인 집단과 300~400 만원 미만인 집단 및 400~500 만원 미만인 집단간에는 차이가 없었고, 300~400 만원 미만인 집단과 400~500 만원 미만인 집단 및 500만원 이상인 집단간에도 차이가 없었다. 음식축제 프로그램 평가요인은 음식축제에 3번 이상 참석한 집단과 1-2번 참석한 집단 사이, 참석 안한 집단과 1-2번 참석한 집단 사이에는 차이가 없었고, 3번 이상 참석한 집단과 참석 안한 집단 사이에만 의미있는 차이가 있었다. 음식축제 프로그램 평가요인은 3번 이상 참석한 집단이 가장 중요하게 생각했다.

<표 7-4>에는 사회인구학적 변수와 음식축제 참여빈도에 따라 음식축제 판매음식 평가요인이 차이가 나는지를 알아보기 위하여 분산분석을 한 결과가 제시되어 있다. 음식축제 판매음식 평가요인은 연령, 교육수준, 종교에 따라서는 의미있는 차이를 보이지 않았고, 직업, 월평균가계소득 및 음식축제 참여빈도에 따라서만 p <.05 수준에서 의미있는 차이가 났다. 음식축제 판매음식 평가요인은 생산직 집단과 판매, 서비스직, 자영업 집단간에만 의미있는 차이가 났고, 전업주부 집단, 전문직과 사무직 집단 및 판매, 서비스직, 자영업 집단간에는 차이가 없었고, 주부 집단, 전문직과 사무직 집단 및 생산직 집단간에도 차이가 없었다.

음식축제 판매음식 평가요인은 월평균가계소득이 300만원 이하인 집단과 500만원 이상인 집단 사이에서만 의미있는 차이가 났고, 500만원 이상인 집단이 가장 높았다. 300만원 이하인 집단과 300~400 만원 미만인 집단 및 400~500 만원 미만인 집단간에는 차이가 없었고, 300~400 만원 미만인 집단과 400~500 만원 미만인 집단 및 500만원 이상인 집단간에도 차이가 없었다. 음식축제 판매음식 평가요인은 음식축제에 3번 이상 참석한 집단과 1-2번 참석한 집단 사이, 참석 안한 집단과 1-2번 참석한 집단 사이에는 차이가 없었고, 3번 이상 참석한 집단과 참석 안한 집단 사이에만 의미있는 차이가 있었다. 음식축제 판매음식 평가요인은 3번 이상 참석한 집단이 가장 중요하게 생각했다.

<표 7-5>에는 사회인구학적 변수와 음식축제 참여빈도에 따라 음식축제 접근성 평가요인이 차이가 나는지를 알아보기 위하여 분산분석을 한 결과가 제시되어 있다. 음식축제 접근성 평가요인은 연령, 직업, 종교에 따라서는 의미있는 차이를 보이지 않았고, 교육수준, 월평균가계소득 및 음식축제 참여빈도에 따라서만 $p < .05$ 수준에서 의미있는 차이가 났다. 음식축제 접근성 평가요인은 고졸이하 집단과 대졸이상 집단간에만 의미있는 차이를 보이고, 고졸이하 집단과 전문대졸 집단간에는 의미있는 차이가 없었다. 음식축제 접근성 평가요인은 전문대졸 집단과 대졸이상 집단간에도 차이가 나지 않았다. 음식축제 접근성 평가요인은 300만원 미만인 집단, 300~400 만원 미만인 집단 및 500만원 이상인 집단간에 의미있는 차이가 있었으나, 400~500 만원 미만인 집단은 다른 세 집단과 모두 의미있는 차이가 없었다. 음식축제 접근성 평가요인은 음식축제에 3번 이상 참석한 집단과 1-2번 참석한 집단 사이, 참석 안한 집단과 1-2번 참석한 집단 사이에는 차이가 없었고, 3번 이상 참석한 집단과 참석 안한 집단 사이에만 의미있는 차이가 있었다. 음식축제 접근성 평가요인은 3번 이상 참석한 집단이 가장 중요하게 생각했다.

<표 7-5>사회인구학적 변수와 음식축제 참여빈도에 따른 음식축제 접근성 평가요인의 차이

구분변수			접근성			
			빈도	평균	표준편차	Scheffe
인구사회학적 변수	연령대	30대 이하	131	4.07	.806	
		40대	162	3.94	.613	
		50대 이상	107	3.94	.775	
		F				
	직업	전업주부	131	3.98	.779	
		전문직/사무직	108	4.04	.772	
		판매/서비스직/자영업	124	3.95	.648	
		생산직	19	3.79	.713	
		F				
	교육수준	고졸이하	145	3.88	.696	a
		전문대졸	92	3.98	.770	ab
		대졸이상	163	4.09	.715	b
		F	3.259*			
	월평균 가계소득	300만원 이하	55	3.71	.875	a
		300~400 만원 미만	92	4.07	.643	b
		400~500 만원 미만	84	3.95	.759	abc
		500만원 이상	165	4.04	.680	c
		F	3.415*			
	종교	기독교 및 천주교	153	3.99	.748	
		불교	139	3.99	.717	
		기타	108	3.96	.709	
		F				
음식축제 참여빈도		참석안했음	139	3.80	.744	a
		1-2번 참석	160	3.99	.705	b
		3번이상 참석	100	4.22	.660	c
		F	10.337*			

* $p < .05$

<표 7-6>사회인구학적 변수와 음식축제 참여빈도에 따른 음식축제 시설 평가요인의 차이

<table>
<tr><th colspan="3" rowspan="2">구분변수</th><th colspan="4">시설</th></tr>
<tr><th>빈도</th><th>평균</th><th>표준편차</th><th>Scheffe</th></tr>
<tr><td rowspan="20">인구사회학적변수</td><td rowspan="4">연령대</td><td>30대 이하</td><td>131</td><td>3.50</td><td>.863</td><td></td></tr>
<tr><td>40대</td><td>162</td><td>3.59</td><td>.752</td><td></td></tr>
<tr><td>50대 이상</td><td>107</td><td>3.53</td><td>.781</td><td></td></tr>
<tr><td>F</td><td colspan="4"></td></tr>
<tr><td rowspan="5">직업</td><td>전업주부</td><td>131</td><td>3.57</td><td>.823</td><td></td></tr>
<tr><td>전문직/사무직</td><td>108</td><td>3.52</td><td>.881</td><td></td></tr>
<tr><td>판매/서비스직/자영업</td><td>124</td><td>3.51</td><td>.716</td><td></td></tr>
<tr><td>생산직</td><td>19</td><td>3.68</td><td>.582</td><td></td></tr>
<tr><td>F</td><td colspan="4"></td></tr>
<tr><td rowspan="4">교육수준</td><td>고졸이하</td><td>145</td><td>3.49</td><td>.698</td><td></td></tr>
<tr><td>전문대졸</td><td>92</td><td>3.64</td><td>.884</td><td></td></tr>
<tr><td>대졸이상</td><td>163</td><td>3.55</td><td>.826</td><td></td></tr>
<tr><td>F</td><td colspan="4"></td></tr>
<tr><td rowspan="5">월평균 가계소득</td><td>300만원 이하</td><td>55</td><td>3.45</td><td>.878</td><td></td></tr>
<tr><td>300~400 만원 미만</td><td>92</td><td>3.65</td><td>.702</td><td></td></tr>
<tr><td>400~500 만원 미만</td><td>84</td><td>3.44</td><td>.782</td><td></td></tr>
<tr><td>500만원 이상</td><td>165</td><td>3.59</td><td>.819</td><td></td></tr>
<tr><td>F</td><td colspan="4"></td></tr>
<tr><td rowspan="2">종교</td><td>기독교 및 천주교</td><td>153</td><td>3.50</td><td>.796</td><td></td></tr>
<tr><td>불교</td><td>139</td><td>3.60</td><td>.805</td><td></td></tr>
<tr><td></td><td></td><td>기타</td><td>108</td><td>3.55</td><td>.790</td><td></td></tr>
<tr><td></td><td></td><td>F</td><td colspan="4"></td></tr>
<tr><td colspan="2" rowspan="4">음식축제 참여빈도</td><td>참석 안했음</td><td>139</td><td>3.42</td><td>.833</td><td>a</td></tr>
<tr><td>1-2번 참석</td><td>160</td><td>3.55</td><td>.708</td><td>ab</td></tr>
<tr><td>3번이상 참석</td><td>100</td><td>3.74</td><td>.836</td><td>b</td></tr>
<tr><td>F</td><td colspan="4">4.903*</td></tr>
</table>

* $p < .05$

<표 7-7>사회인구학적 변수와 음식축제 참여빈도에 따른 음식축제 홍보 평가요인의 차이

구분변수			홍보			
			빈도	평균	표준편차	Scheffe
인구사회학적 변수	연령대	30대 이하	131	3.76	.840	
		40대	162	3.73	.796	
		50대 이상	107	3.72	.799	
		F				
	직업	전업주부	131	3.72	.853	
		전문직/사무직	108	3.67	.797	
		판매/서비스직/자영업	124	3.75	.813	
		생산직	19	3.84	.602	
		F				
	교육수준	고졸이하	145	3.74	.743	ab
		전문대졸	92	3.91	.898	a
		대졸이상	163	3.63	.801	b
		F	3.603*			
	월평균 가계소득	300만원 이하	55	3.71	.994	
		300~400 만원 미만	92	3.75	.765	
		400~500 만원 미만	84	3.65	.649	
		500만원 이상	165	3.76	.840	
		F				
	종교	기독교 및 천주교	153	3.67	.866	
		불교	139	3.82	.783	
		기타	108	3.73	.756	
		F				
음식축제 참여빈도		참석 안했음	139	3.74	.887	a
		1-2번 참석	160	3.64	.740	ab
		3번이상 참석	100	3.89	.790	b
		F	3.020*			

* $p < .05$

<표 7-6>에는 사회인구학적 변수와 음식축제 참여빈도에 따라 음식축제 시설 평가요인이 차이가 나는지를 알아보기 위하여 분산분석을 한 결과가 제시되어 있다. 음식축제 시설 평가요인은 연령, 직업, 교육수준, 월평균가계소득 및 종교에 따라서는 의미있는 차이를 보이지 않았고, 음식축제 참여빈도에 따라서만 $p < .05$ 수준에서 의미있는 차이가 났다. 음식축제 시설 평가요인은 음식축제에 3번 이상 참석한 집단과 1-2번 참석한 집단 사이, 참석 안한 집단과 1-2번 참석한 집단 사이에는 차이가 없었고, 3번 이상 참석한 집단과 참석 안한 집단 사이에만 의미있는 차이가 있었다. 음식축제 시설 평가요인은 3번 이상 참석한 집단이 가장 중요하게 생각했다. <표 7-7>에는 사회인구학적 변수와 음식축제 참여빈도에 따라 음식축제 홍보 평가요인이 차이가 나는지를 알아보기 위하여 분산분석을 한 결과가 제시되어 있다. 음식축제 홍보 평가요인은 연령, 직업, 월평균가계소득 및 종교에 따라서는 의미있는 차이를 보이지 않았고, 교육수준과 음식축제 참여빈도에 따라서만 $p < .05$ 수준에서 의미있는 차이가 났다. 음식축제 홍보 평가요인은 전문대졸 집단과 대졸이상 집단간에만 의미있는 차이를 보이고, 고졸이하 집단은 전문대졸 집단 및 대졸이상 집단과 의미있는 차이가 없었다. 음식축제 시설 평가요인은 전문대졸 집단과 대졸이상 집단간에도 차이가 나지 않았다. 음식축제 시설 평가요인은 음식축제에 3번 이상 참석한 집단과 1-2번 참석한 집단 사이, 참석 안한 집단과 1-2번 참석한 집단 사이에는 차이가 없었고, 3번 이상 참석한 집단과 참석 안한 집단 사이에만 의미있는 차이가 있었다. 음식축제 시설 평가 요인은 3번 이상 참석한 집단이 가장 중요하게 생각했다.

제8장

음식축제 참여에 대한 관여도와 주관

1. 음식축제 참여에 대한 관여도

관여도는 사회심리학 관점에서 개발된 것으로서 자아와 관련이 깊다. Sherif 등이 1965년 사회적 판단이론을 연구하면서부터 비롯된 이 개념의 정의는 학자들마다 다양하다. 관여도는 특정한 자극 또는 상황에 의해 야기되며, 개인의 욕구나 가치 또는 관심을 가지는 정도에 따라 특정 대상에 대해 느끼는 관련성 또는 이로 인한 특정 대상에 대한 검색 등의 정보처리 노력의 정도라고 할 수 있다(Wiley et al., 2000).

소비자행동에 영향을 미치는 관여도는 상황적, 지속적, 그리고 반응적 관여도 등의 세 가지 유형으로 나타난다. 상황적 관여도는 특정 상황에 대한 인식 즉 위험부담이 느껴지는 상황인지에 대한 인식에 의해 결정된다. 따라서 상황적 관여도는 상황에 대한 위험 부담 인식에 따라 변하는 일시적 감정의 형태를 나타낸다. 지속적 관여도는 개인의 경험에 의한 어떤 특정 자극에 대한 관심도에 의해 결정되는 즉, 개인 특성에 기인하는 특징을 보인다. 그러므로 상황에 따라 변하는 일시적 감정이 아닌 지속적이고 일관된 관심을 나타낸다. 반응적 관여도는 이 두 가지 속성이 결합하여 나타나는 것이라고 할 수 있다(Bloch & Richins, 1983).

관여를 통해 형성된 태도, 소비 행동전 기대와 성과간의 일치로 나타나는 평가적 반응인 만족 등은 소비자의 심리적 성격이 강한 개념이다. 따라서 다양한 심리 변수 중 관여도는 특별한 상황에 의해 나타나는 보이지 않는 동기로서 이는 소비자 구매행동의 결과로 나타나는 만족/재구매의도 등의 선행변수가 된다(서동구와 주현식, 2008; 한경희와 조재립, 2002; Zaikowsky, 1985).

지역축제에 관심이 많고 삶의 영역에서 차지하는 비중이 얼마나 큰가를 설명해 주는 관여도 이론은 지역주민이 참가해서 즐거워하는 토대에서 지역축제가 발전해 가야 한다는 사실을 잘 설명해준다. 또한 관광에서 발생하는 여러 문제점[5]을 해결하기 위해서는 지역관광의 중심에 지역주민들이 있어야 한다는 주장(Sönmez & Apostolopoulos, 1999; Mitchell & Reid, 2001; Reed, 1997; Jamal & Getz, 1995)을 뒷받침해 준다(서용석, 이훈, 임

5) 해외 유명 관광지들은 과잉 관광 문제를 해결하기 위해 여러 대책을 시행하고 있다. 스페인 바르셀로나는 신규 호텔 허가를 중단하고 불법·미등록 주택임대 관리를 강화하는 등 관광 수요 억제를 위한 대책을 시행하는 중이다. 스페인의 대표적인 여름 관광지인 마요르카는 여름 성수기 방문객에게 관광세를 부과하는 등 비용 부담을 높이는 방식으로 관광 수요를 억제하고 있다. 이탈리아의 베네치아는 역사지구 호텔 신축을 금지했고 크루즈 관광객을 줄이기 위해 크루즈 입항 횟수를 제한하고, 산 마르코 대성당 등 인기 관광지의 입장객 수 제한을 검토하는 중이다. 페루는 안데스산맥을 따라 마추픽추로 향하는 하이킹 코스인 '잉카 트레일' 이용자 수를 하루 500명, 마추픽추 방문객은 하루 2500명으로 제한하고 있다. 네덜란드의 암스테르담은 1인당 하루 10유로(약 1만3500원)의 관광세 부과 방안을 논의하고 있고, 기존 숙박비에 포함된 세금 5%를 6%로 올리기로 했다. 노르웨이도 관광세 신설을 검토 중이고, 일본은 도쿄와 오사카, 교토 등이 관광세를 부과하고 있다(세계일보, 2017년 12월 24일).

동일, 2008). 지역축제는 지역주민이 중심이 되어 자신들의 지역역사와 산물 그리고 사회적 가치를 드러내고, 함께 즐거워하며 공동체감을 형성하는 과정에서 지역의 가치를 보편화하고 매력화하여 관광이라는 사회적 현상과 결합할 수 있기 때문이다(이훈, 2005).

서귀포시 송산동 보목마을회는 자리돔 축제 찬반 여부를 묻는 투표를 실시한 결과 근소한 차이로 반대 의견이 많이 나옴에 따라 2010년부터 해마다 개최하던 '보목 자리돔 축제'를 중단하기로 결정했다. 매년 축제를 준비할 때 마다 축제가 주민들 간 보이지 않는 갈등만 조장하고 있다는 비판의 목소리가 나오고, 주민들의 관심과 참여도가 떨어지는 가운데 예산 확보를 위해 매년 주민과 마을 출신 인사를 대상으로 협찬을 받는 것도 문제라는 지적이 나왔다. 일부 음식점을 중심으로 축제 때문에 교통과 주차문제 등으로 단골 손님들이 불편을 겪는 등 장사에 도움이 안된다는 하소연도 있었다(제주신보, 2018년 3월 29일).

Mannell(1993)은 여가나 관광행동에서 관여란 특정 여가나 관광 행동에 지속적으로 참여하려는 성향이고, 참여를 통해 얻을 수 있는 장기적 또는 단기적 이익과 무관하게 관광이나 여가활동에 참여하려고 노력할 수 있는 동기가 부여된 태도라고 하였다. 그러므로 여가나 관광에 높은 관여도를 지닌 사람은 여가나 관광활동에 지속적으로 참여하고 심리적인 관여 수준도 높다고 할 수 있다. Selin과 Howard(1988)는 관여도는 특정 시점에서 특정 여가행동을 즐기고 자기표현에 의해 결정된다고 하였다. Havitz & Dimanche(1990)는 관광과 여가분야의 관여도는 중요성, 즐거움, 자기표현, 위험의 요소가 포함되며 동기를 부여하고 각성시키는 심리 상태라고 정의하였다.

관광행동연구에서 관광객의 관여도는 개인의 욕구에 중요하게 지각되는 것으로서 개인의 내면에서 동기를 유발할 수 있는 요인이기 때문에 중요한 변수로 인식되어 왔다. Marshall & Bell(1996)은 관광객의 음식관광 관여도가 음식선택에 직접 또는 간접적으로 영향을 미친다고 하였고, Long(2004)은 음식 관광객들은 사회적, 문화적으로 음식을 인식하며, 음식 관광에 대한 참여로 이어진다고 주장하였다. 다른 축제유형과 비교하여 음식을 주제로 하는 축제는 소재와 주제의 전달이 분명하기 때문에 방문 의도가 명확하다는 면에서 음식축제에 대한 관여도가 음식문화축제를 방문하는 사람들의 만족을 설명하는 유용한 변수가 될 수 있다(김문명 등, 2012).

김성섭, 최상수 및 전혜진(2004)는 '2003 경주 한국의 술과 떡 잔치' 참가자를 대상으로 축제 관여도를 요인분석을 했는데, 중요성과 관심, 즐거움 및 자기표현의 3개 요인이 추출되었다. 이 3개 요인을 이용하여 군집분석을 한 결과 중관여군집, 고관여군집 및 저관여군집의 3개 군집이 추출되었다. 중관여군집은 '자기표현'동기가 낮아 사회적 지위향상이나 관심사가 비슷한 사람과 어울리는데 다른 군집에 비하여 관심이 적었다. 20대와 월평균소득이 150만원에서 300만원 미만인 사람들이 많이 포함되었다. 고관여 군집은 여가동기의 모든 요인의 점수가 높았고, 30대가 많았고, 기혼의 비율이 높으며 전문직과 공무원의 비율이 상대적으로 많았다. 저관여 군집은 모든 여가 동기 요인의 점수가 낮았고, 20대와 월평균소득이 150만원 이하인 사람들이 많았다. 이 집단은 축제를 재방문할 의사가 낮다고 볼 수 있다.

<표 8-1>에는 음식축제 관여도에 관한 문항을 빈도 분석한 결과가 제시되어 있다. "음식 축제에 관심이 많다." 라는 문항에 대하여 48.0%의 소비자는 보통이라고 했고, 23.0%의 소비자는 그렇다고 했고, 15.8%의 소비자는 아니라고 했고, 7.0%의 소비자는 전혀 아니라고 응답해 절반 가까이가 보통이라고 응답했다. "음식축제에 대한 신문, 방송, 인터넷 기사를 읽는

다." 라는 문항에 대하여 38.5%의 소비자는 보통이라고 했고, 27.8%의 소비자는 전혀 아니라고 했고, 17.0%의 소비자는 그렇다고 했고, 12.3%의 소비자는 전혀 아니라고 응답해 정보탐색 측면에서의 관여도가 낮았다.

<표 8-1> 음식축제 관여도에 관한 문항의 분포차이

구분		N(%)
1. 음식 축제에 관심이 많다.	전혀 아니다	28(7.0%)
	아니다	63(15.8%)
	보통이다	192(48.0%)
	그렇다	92(23.0%)
	매우 그렇다	25(6.3%)
2. 음식축제에 대한 신문, 방송, 인터넷 기사를 읽는다.	전혀 아니다	49(12.3%)
	아니다	111(27.8%)
	보통이다	154(38.5%)
	그렇다	68(17.0%)
	매우 그렇다	18(4.5%)
3. 음식축제를 자주 방문한다.	전혀 아니다	59(14.8%)
	아니다	136(34.0%)
	보통이다	139(34.8%)
	그렇다	52(13.0%)
	매우 그렇다	14(3.5%)
4. 음식축제 프로그램에 적극적으로 참여한다.	전혀 아니다	64(16.0%)
	아니다	123(30.8%)
	보통이다	140(35.0%)
	그렇다	56(14.0%)
	매우 그렇다	17(4.3%)

"음식축제를 자주 방문한다." 라는 문항에 대하여 34.8%의 소비자는 보통이라고 했고, 34.0% 의 소비자는 아니라고 했고, 14.8%의 소비자는 전혀 아니라고 했고, 13.0%의 소비자는 그렇다고 해서 방문 측면에서 본 관여도

는 매우 낮다고 해석할 수 있다. "음식축제 프로그램에 적극적으로 참여한다." 라는 문항에 대하여 35.0%의 소비자는 보통이라고 했고, 30.8% 의 소비자는 아니라고 했고, 16.0%의 소비자는 전혀 아니라고 했고, 14.0%의 소비자는 그렇다고 해서 프로그램 참여 측면에서 본 관여도도 매우 낮다고 해석할 수 있다.

<표 8-2> 음식축제 관여도의 일반적인 수준

구분	평균	표준편차
관심 (2문항)	2.72	.950
참여 (2문항)	2.46	.993

<표 8-2>에는 음식축제 관여도 문항을 관심과 참여로 각각 2문항씩 묶어서 평균을 계산한 값이 제시되어 있다. 관심요인과 참여요인 모두 평균이 중간값인 3점보다 낮았는데, 참여가 관심보다 더 낮게 나타났다. 음식축제를 기획하는 지방자치단체는 소비자들의 관심을 끌고 참여를 높이기 위한 다양한 프로그램을 개발하려고 노력해야 할 것이다. 소비자의 욕구가 다양화해 지고 있는 상황에서 수많은 비슷한 특성을 가지고 있는 음식축제 브랜드는 소비자의 무관심을 초래하거나 참여 결정을 복잡하게 할 수 있다. 참여의사 결정 과정에서 감성적으로 자신과의 이미지 적합성이 높거나 사회적인 정체성과 부합하는 브랜드를 우선적으로 선택가능 할 가능성도 높다(Cătălin & Andreea, 2014). 예를 들면 진주시는 남강유등축제를 통해 밤이 아름다운 도시의 이미지로 도시브랜드를 포시셔닝하여 축제의 정체성과 차별성을 확보하였고, 남강유등축제는 지역의 대표브랜드로서 뿐만 아니라 한국의 대표적 관광브랜드로서 발돋움되고 있다(이승훈과 박정숙, 2017).

<표 8-3> 사회인구학적 변수와 음식축제 참여빈도에 따른 관심의 차이

<table>
<tr><th colspan="3" rowspan="2">구분변수</th><th colspan="4">관심</th></tr>
<tr><th>빈도</th><th>평균</th><th>표준편차</th><th>Scheffe</th></tr>
<tr><td rowspan="25">인구사회학적변수</td><td rowspan="4">연령</td><td>30대 이하</td><td>131</td><td>2.81</td><td>1.02</td><td></td></tr>
<tr><td>40대</td><td>162</td><td>2.65</td><td>.916</td><td></td></tr>
<tr><td>50대 이상</td><td>107</td><td>2.73</td><td>.917</td><td></td></tr>
<tr><td>F</td><td colspan="4"></td></tr>
<tr><td rowspan="5">직업</td><td>전업주부</td><td>131</td><td>2.90</td><td>.867</td><td>a</td></tr>
<tr><td>전문직/사무직</td><td>108</td><td>2.81</td><td>.997</td><td>ab</td></tr>
<tr><td>판매/서비스직/자영업</td><td>124</td><td>2.40</td><td>.919</td><td>c</td></tr>
<tr><td>생산직</td><td>19</td><td>2.79</td><td>.976</td><td>abc</td></tr>
<tr><td>F</td><td colspan="4">6.879*</td></tr>
<tr><td rowspan="4">교육수준</td><td>고졸이하</td><td>145</td><td>2.57</td><td>.919</td><td>a</td></tr>
<tr><td>전문대졸</td><td>92</td><td>2.62</td><td>1.00</td><td>ab</td></tr>
<tr><td>대졸이상</td><td>163</td><td>2.91</td><td>.919</td><td>b</td></tr>
<tr><td>F</td><td colspan="4">5.800*</td></tr>
<tr><td rowspan="5">월평균
가계소득</td><td>300만원 이하</td><td>55</td><td>2.82</td><td>1.04</td><td></td></tr>
<tr><td>300~400 만원 미만</td><td>92</td><td>2.68</td><td>.925</td><td></td></tr>
<tr><td>400~500 만원 미만</td><td>84</td><td>2.58</td><td>.881</td><td></td></tr>
<tr><td>500만원 이상</td><td>165</td><td>2.76</td><td>.968</td><td></td></tr>
<tr><td>F</td><td colspan="4"></td></tr>
<tr><td rowspan="4">종교</td><td>기독교 및 천주교</td><td>153</td><td>2.75</td><td>1.00</td><td></td></tr>
<tr><td>불교</td><td>139</td><td>2.64</td><td>.909</td><td></td></tr>
<tr><td>기타</td><td>108</td><td>2.79</td><td>.928</td><td></td></tr>
<tr><td>F</td><td colspan="4"></td></tr>
<tr><td colspan="2" rowspan="4">음식축제
참여빈도</td><td>참석 안했음</td><td>139</td><td>2.20</td><td>.918</td><td>a</td></tr>
<tr><td>1-2번 참석</td><td>160</td><td>2.76</td><td>.714</td><td>b</td></tr>
<tr><td>3번 이상 참석</td><td>100</td><td>3.37</td><td>.906</td><td>c</td></tr>
<tr><td>F</td><td colspan="4">56.787*</td></tr>
</table>

* $p < .05$

<표 8-4> 사회인구학적 변수와 음식축제 참여빈도에 따른 참여의 차이

<table>
<tr><th colspan="3" rowspan="2">구분변수</th><th colspan="4">참여</th></tr>
<tr><th>빈도</th><th>평균</th><th>표준편차</th><th>Scheffe</th></tr>
<tr><td rowspan="24">인구사회학적변수</td><td rowspan="4">연령대</td><td>30대 이하</td><td>131</td><td>2.46</td><td>1.00</td><td></td></tr>
<tr><td>40대</td><td>162</td><td>2.44</td><td>.991</td><td></td></tr>
<tr><td>50대 이상</td><td>107</td><td>2.49</td><td>.994</td><td></td></tr>
<tr><td>F</td><td colspan="4"></td></tr>
<tr><td rowspan="5">직업</td><td>전업주부</td><td>131</td><td>2.68</td><td>.955</td><td>a</td></tr>
<tr><td>전문직/사무직</td><td>108</td><td>2.52</td><td>.981</td><td>ab</td></tr>
<tr><td>판매/서비스직/자영업</td><td>124</td><td>2.19</td><td>.983</td><td>b</td></tr>
<tr><td>생산직</td><td>19</td><td>2.53</td><td>1.12</td><td>ab</td></tr>
<tr><td>F</td><td colspan="4">5.585*</td></tr>
<tr><td rowspan="4">교육수준</td><td>고졸이하</td><td>145</td><td>2.32</td><td>.998</td><td></td></tr>
<tr><td>전문대졸</td><td>92</td><td>2.50</td><td>1.05</td><td></td></tr>
<tr><td>대졸이상</td><td>163</td><td>2.56</td><td>.943</td><td></td></tr>
<tr><td>F</td><td colspan="4"></td></tr>
<tr><td rowspan="5">월평균
가계소득</td><td>300만원 이하</td><td>55</td><td>2.58</td><td>1.01</td><td></td></tr>
<tr><td>300~400 만원 미만</td><td>92</td><td>2.50</td><td>.989</td><td></td></tr>
<tr><td>400~500 만원 미만</td><td>84</td><td>2.35</td><td>.988</td><td></td></tr>
<tr><td>500만원 이상</td><td>165</td><td>2.45</td><td>.996</td><td></td></tr>
<tr><td>F</td><td colspan="4"></td></tr>
<tr><td rowspan="4">종교</td><td>기독교 및 천주교</td><td>153</td><td>2.48</td><td>1.04</td><td></td></tr>
<tr><td>불교</td><td>139</td><td>2.46</td><td>.965</td><td></td></tr>
<tr><td>기타</td><td>108</td><td>2.44</td><td>.969</td><td></td></tr>
<tr><td>F</td><td colspan="4"></td></tr>
<tr><td colspan="2" rowspan="4">음식축제
참여빈도</td><td>참석 안했음</td><td>139</td><td>1.88</td><td>.847</td><td>a</td></tr>
<tr><td>1-2번 참석</td><td>160</td><td>2.46</td><td>.823</td><td>b</td></tr>
<tr><td>3번이상 참석</td><td>100</td><td>3.27</td><td>.863</td><td>c</td></tr>
<tr><td>F</td><td colspan="4">79.633*</td></tr>
</table>

* $p < .05$

<표 8-3>에는 사회인구학적 변수와 음식축제 참여빈도에 따라 관심을 분산분석한 결과가 제시되어 있다. 음식축제에 대한 관심은 연령, 월평균 소득 및 종교에 따라서는 의미있는 차이를 보이지 않았고, 직업, 교육수준 및 음식축제 참여빈도에 따라서만 p<.05 수준에서 의미있는 차이를 보였다. Scheffe 검증결과 음식축제에 대한 관심은 전업주부와 판매/서비스직/자영업 집단간, 전문직/사무직과 판매/서비스직/자영업 집단간에 의미있는 차이를 보였고, 다른 집단간에는 의미있는 차이를 보이지 않았다. 음식축제에 대한 관심은 전업주부 집단이 가장 높았고, 판매/서비스직/자영업 집단이 가자 낮았다. 음식축제에 대한 관심은 교육수준이 고졸이하인 집단과 대졸이상인 집단간에만 의미있는 차이를 보였는데, 대졸이상의 관심도가 고졸이하에 비하여 더 컸다. 음식축제 참여에 대한 관심은 모든 참여빈도 집단 사이에 의미있는 차이를 보였는데, 3번 이상 참석자 집단이 가장 높았고, 1-2번 참석한 집단이 가장 낮았다.

<표 8-4>에는 사회인구학적 변수와 음식축제 참여빈도에 따라 참여를 분산분석한 결과가 제시되어 있다. 음식축제에 대한 관심은 연령, 교육수준, 월평균소득 및 종교에 따라서는 의미있는 차이를 보이지 않았고, 직업 및 음식축제 참여빈도에 따라서만 p<.05 수준에서 의미있는 차이를 보였다. Scheffe 검증결과 음식축제에 대한 관심은 전업주부와 판매/서비스직/자영업 집단간에만 의미있는 차이를 보였고, 다른 집단간에는 의미있는 차이를 보이지 않았다. 음식축제에 대한 참여는 전업주부 집단이 가장 높았고, 판매/서비스직/자영업 집단이 가자 낮았다. 음식축제 참여는 모든 참여 빈도 집단 사이에 의미있는 차이를 보였는데, 3번 이상 참석자 집단이 가장 높았고, 1-2번 참석한 집단이 가장 낮았다.

2. 음식축제 참여에 대한 주관적 규범

주관적 규범은 특정 행동을 수행하려고 할 때 중요하게 고려하는 준거 집단으로부터 인정을 받을 수 있는 정도를 의미한다는 점에서 일종의 사회적 압력이라고 볼 수 있다. 인간은 많은 의사결정을 할 때 가족, 친구와 같은 의미있는 타자의 영향을 많이 받고 있다(Ajzen & Fishbein, 1973; Ajzen & Fishbein, 1980; Eagly & Chaiken, 1993 Fishbein & Ajzen, 1975). 개인주의 성향이 강한 서양에서는 태도가 주관적 규범보다 행동의도에 더 큰 영향을 미치나, 집단주의 성향이 강한 동양에서는 주관적 규범이 태도보다 행동의도에 미치는 영향이 더 강하다는 사실이 여러 경험적 연구에서 입증되었다.

여호근(2007)은 해양관광자의 자아 효능감은 주관적 규범에 의미 있는 영향을 미치고, 주관적 규범은 전환의도를 결정하는 중요한 변수이다. 자아 효능감은 주관적 규범 및 전환태도보다도 전환의도 및 전환행동을 결정하는 강력한 변수가 될 수 있다.

목표지향적 행동모형에서는 주관적 규범은 행동의도에 직접적 영향을 미치는 것이 아니라, 열망을 통해 행동의도에 간접적 영향을 줄 수 있다(Perugini & Bagozzi, 2001; Taylor, 2007). 목표지향적 행동모형을 이용하여 복합리조트 카지노 방문객의 행동의도를 예측한 송학준과 이충기(2010)에서도 주관적 규범은 행동의도와 과거행동 빈도에 직접적인 영향을 미치지 않고 열망을 통하여 간접적인 영향만을 미쳤다.

이준엽과 안태기(2008)은 축제방문자가 축제먹거리를 어떻게 지각하고 있으며, 먹거리 구매 행위와의 인과관계를 계획행동이론을 적용해 규명하였다. 행동의도에는 신념, 주관적 규범, 지각된 행동조절 모두가 유의수준 .05에서 유의하게 영향을 미치는 것으로 나타났다. 이 분석에서 회귀계수가 주관적 규범은 .47, 지각된 행동통제는 .18, 태도가 .11로 나타나 주관적 규범이 지각된 행동통제와 태도에 비하여 행동의도에 훨씬 큰 영향을 미치는 것으로 나타났다.

이승곤, 양승탁, 한지훈(2012)는 확장된 계획행동이론을 적용하여 레저 항공축제 참가자의 행동의도를 분석하였다. 신기성추구, 주관적 규범, 사전지식, 태도 및 행동통제가 행동의도에 영향을 미치는데, 주관적 규범이 가장 큰 영향을 미치는 것으로 나타났다.

<표 8-5> 음식축제 참여에 대한 주관적 규범에 관한 문항의 분포차이

구분		N(%)
1. 나에게 중요한사람들(가족, 친지, 친구 등)은 내가 음식축제에 참여하는 것을 찬성할 것이다.	전혀 아니다	2(.5%)
	아니다	36(9.0%)
	보통이다	162(40.5%)
	그렇다	161(40.3%)
	매우 그렇다	39(9.8%)
2. 나에게 중요한사람들(가족, 친지, 친구 등)은 내가 음식축제에 참여하는 것을 지지할 것이다.	전혀아니다	6(1.5%)
	아니다	41(10.3%)
	보통이다	175(43.8%)
	그렇다	145(36.3%)
	매우 그렇다	33(8.3%)
3. 나에게 중요한 사람들(가족, 친지, 친구 등)은 내가 음식축제에 참여하는 것을 이해할 것이다.	전혀 아니다	4(1.0%)
	아니다	30(7.5%)
	보통이다	143(35.8%)
	그렇다	180(45.0%)
	매우 그렇다	43(10.8%)
4. 나에게 중요한 사람들(가족, 친지, 친구 등)은 내가 음식축제에 참여하는 것을 추천할 것이다.	전혀 아니다	6(1.5%)
	아니다	53(13.3%)
	보통이다	170(42.5%)
	그렇다	136(34.0%)
	매우 그렇다	35(8.8%)

<표 8-5>에는 음식축제 참여에 대한 주관적 규범에 관한 문항을 빈도분석한 결과가 제시되어 있다. “가족, 친지, 친구 등과 같은 나에게 중요한사람들은 내가 음식축제에 참여하는 것을 찬성할 것이다.” 라는 문항에 대하여 40.5%의 소비자는 보통이라고 했고, 40.3%의 소비자는 그렇다고 했는데, 아니다와 전혀 아니라고 한 소비자는 9.5%에 불과했다. 가족, 친지, 친구 등과 같은 나에게 중요한사람들은 내가 음식축제에 참여하는 것을 지지할 것이다.” 라는 문항에 대하여 43.8%의 소비자는 보통이라고 했고, 36.3%의 소비자는 그렇다고 했는데, 아니다와 전혀 아니라고 한 소비자는 11.8%로 찬성보다 약간 더 많았다.

가족, 친지, 친구 등과 같은 나에게 중요한사람들은 내가 음식축제에 참여하는 것을 이해할 것이다.” 라는 문항에 대하여 35.8%의 소비자는 보통이라고 했고, 45.0%의 소비자는 그렇다고 했는데, 아니다와 전혀 아니라고 한 소비자는 8.5%로 다른 문항에 비하여 가장 적었다. 가족, 친지, 친구 등과 같은 나에게 중요한사람들은 내가 음식축제에 참여하는 것을 추천할 것이다.” 라는 문항에 대하여 42.5%의 소비자는 보통이라고 했고, 34.0%의 소비자는 그렇다고 했는데, 아니다와 전혀 아니라고 한 소비자가 14.8%로 다른 문항에 비하여 가장 많았다.

<표 8-6> 음식축제 참여에 대한 주관적 규범의 일반적인 수준

구분	평균	표준편차
주관적 규범 (4문항)	3.26	.823

<표 8-6>에 의하면 음식축제 참여에 대한 주관적 규범의 평균은 3.26으로 중간값인 3점보다 약간 높은 수준이다.

<표 8-7> 사회인구학적 변수와 음식축제 참여빈도에 따른 주관적 규범의 차이

<table>
<tr><th colspan="3" rowspan="2">구분변수</th><th colspan="4">주관적 규범</th></tr>
<tr><th>빈도</th><th>평균</th><th>표준편차</th><th>Scheffe</th></tr>
<tr><td rowspan="25">인구사회학적 변수</td><td rowspan="4">연령</td><td>30대 이하</td><td>131</td><td>3.26</td><td>.873</td><td></td></tr>
<tr><td>40대</td><td>162</td><td>3.21</td><td>.799</td><td></td></tr>
<tr><td>50대 이상</td><td>107</td><td>3.33</td><td>.798</td><td></td></tr>
<tr><td>F</td><td colspan="4"></td></tr>
<tr><td rowspan="5">직업</td><td>전업주부</td><td>131</td><td>3.33</td><td>.863</td><td></td></tr>
<tr><td>전문직/사무직</td><td>108</td><td>3.24</td><td>.874</td><td></td></tr>
<tr><td>판매/서비스직/자영업</td><td>124</td><td>3.19</td><td>.783</td><td></td></tr>
<tr><td>생산직</td><td>19</td><td>3.00</td><td>.577</td><td></td></tr>
<tr><td>F</td><td colspan="4"></td></tr>
<tr><td rowspan="4">교육수준</td><td>고졸이하</td><td>145</td><td>3.19</td><td>.802</td><td></td></tr>
<tr><td>전문대졸</td><td>92</td><td>3.22</td><td>.810</td><td></td></tr>
<tr><td>대졸이상</td><td>163</td><td>3.34</td><td>.848</td><td></td></tr>
<tr><td>F</td><td colspan="4"></td></tr>
<tr><td rowspan="5">월평균
가계소득</td><td>300만원 이하</td><td>55</td><td>3.11</td><td>.832</td><td></td></tr>
<tr><td>300~400 만원 미만</td><td>92</td><td>3.22</td><td>.887</td><td></td></tr>
<tr><td>400~500 만원 미만</td><td>84</td><td>3.19</td><td>.784</td><td></td></tr>
<tr><td>500만원 이상</td><td>165</td><td>3.35</td><td>.801</td><td></td></tr>
<tr><td>F</td><td colspan="4"></td></tr>
<tr><td rowspan="4">종교</td><td>기독교 및 천주교</td><td>153</td><td>3.31</td><td>.823</td><td></td></tr>
<tr><td>불교</td><td>139</td><td>3.16</td><td>.836</td><td></td></tr>
<tr><td>기타</td><td>108</td><td>3.31</td><td>.803</td><td></td></tr>
<tr><td>F</td><td colspan="4"></td></tr>
<tr><td colspan="2" rowspan="4">음식축제
참여빈도</td><td>참석안했음</td><td>139</td><td>3.03</td><td>.798</td><td>a</td></tr>
<tr><td>1-2번 참석</td><td>160</td><td>3.24</td><td>.765</td><td>b</td></tr>
<tr><td>3번이상 참석</td><td>100</td><td>3.60</td><td>.841</td><td>c</td></tr>
<tr><td>F</td><td colspan="4">15.048*</td></tr>
</table>

* $p < .05$

<표 8-7>에는 사회인구학적 변수와 음식축제 참여빈도에 따라 음식축제 참여에 대한 주관적 규범을 분산분석한 결과가 제시되어 있다. 음식축제 참여에 대한 주관적 규범은 연령, 직업, 교육수준, 월평균소득 및 종교에 따라서는 의미있는 차이를 보이지 않았고, 음식축제 참여빈도에 따라서만 $p<.05$ 수준에서 의미있는 차이를 보였다. Scheffe 검증결과 음식축제 참여에 대한 주관적 규범은 모든 참여 빈도 집단 사이에 의미있는 차이를 보였는데, 3번 이상 참석자 집단이 가장 높았고, 1-2번 참석한 집단이 가장 낮았다.

제9장

음식축제 참여를 통한 정서경험

정서는 감정, 기분 등과 같은 개념과 어떤 관계를 맺고 있는지를 통해 파악될 수 있다. 감정은 정서와 기분을 포함한 개념이며, 감정, 정서, 기분 등은 유사한 용어로 사용되기도 하지만 엄격히 구분되기도 한다(홍경완과 김현철, 2005; 성현선 · 임재국, 2008). 감정은 정서와 기분을 동반하며 의식적으로 경험한 주관적인 느낌으로 정신적인 현상의 하나(Westbrook, 1987)이며, 정서는 내적 · 외적 자극변수에 대하여 인지 · 생리 · 행동적으로 반응하려는 유전적 또는 학습된 동기적 경향(최요원과 이수정, 2004)으로 정의되고 있다. 정서는 기분보다 더 지속적이고 강한 느낌이며 자극에 의해 유발되는 반면, 기분은 지속성이 짧고 강하지 않으며 자극이 없어도 나타날 수 있다(Morris, 1992).

정서구조는 정서상태, 정서표현, 정서경험 등으로 구성되며, 각각 정서의 신경학적, 행동학적, 인지적 측면을 의미한다(Izard 1993). 정서상태는 신경학적 측면으로 신체적 또는 생리적인 변화이고, 정서의 행동학적인 측면이라고 할 수 있는 정서표현은 감정자극에 의해 중추신경계가 활성화되어 얼굴이나 신체, 목소리, 활동성 등을 통하여 관찰 가능한 변화이고, 정서경험은 정서상태와 정서표현을 지각하고 이를 인지적으로 평가하고 해석한 결과이다. 따라서 정서의 어떤 측면에 초점을 두느냐에 따라 정서경험이 다르다(이수정, 2000).

정서경험에서 인지적 평가과정이 필요하지 않다고 보는 관점과 필수적이라는 관점으로 나뉘기도 한다. 필수적이라는 관점에서 정서경험은 각 개인의 안녕에 있어 주어진 환경과의 관계를 평가함으로써 정서경험에서의 목표 달성 여부를 판단하기 위해 의식적인 자각이 필요다고 보았다(Lazarus, 1991; Frijda와 Mesquita, 1998). 신경생리학적·신체적인 변화와 느낌 자체만으로는 충분할 수 없고, 주어진 환경적 목표와 개인의 관계 속에 내재한 독특한 원칙 및 목표달성에 대한 평가가 필연적으로 동반되어야 한다는 것이다. 따라서 특정 상황에서 정서를 경험하는 과정에는 여러 단계가 있을 수 있으며, 최종적으로 구체적인 정서경험을 하기 위해서는 일련의 정보처리과정을 거쳐야 한다. 이러한 점에서 정보처리 과정의 어느 단면에 초점을 두느냐에 따라 정서의 정의는 바뀔 수 있다.

소비자 감정적 반응 측정의 대표적 모형인 Mehrabian & Russell(1974)의 PAD(Pleasure Arousal Dominance)모형에서는 감정을 즐거움, 각성, 지배 등 3차원과 각 차원당 6개 의미변별 항목을 두어 18개 항목으로 측정하였다. 이 척도는 환경적 자극에 의하여 유도되는 지각을 즐거움, 각성, 지배로 측정하였다. Izard(1977)는 흥미, 즐거움, 놀라움, 고뇌/슬픔, 화남, 혐오, 경멸, 두려움, 수치심, 죄책감 등과 같은 10가지 기본감정이 포함된 정서변별 척도인 DES(Differential Emotion Scale)를 개발하였다(홍경완 · 김현철, 2005 재인용).

권익현과 유창조(1997)의 연구에서는 리조트의 환경적 요인이 방문객의 감정과 태도에 미치는 영향을 밝혔는데 지배(dominance)는 접근、회피에 영향을 미치지 않고, 리조트에 대한 태도에도 의미있는 영향을 주지 않은 것으로 나타났다.

고동완(2003)의 연구에서는 스키 활동에서 위험지각 및 감정적 반응과 만족과의 관계에 대하여 마케팅 자극에 있어 소비자 반응은 인지적 관점에 의한 합리적 사고보다는 감정적 반응이 지각된 성과 및 만족의 선행변수임을 가정하고, 위험지각, 지각된 성과, 긍정감정, 부정감정, 만족 등 5개 잠재개념 간 구조적 인과관계를 분석하였다. 위험지각이 강할수록 긍정적 감정이 약하고 성과도 감소하는 것으로 밝혀졌다. 긍정적 감정이 강하고 성과를 크게 지각할수록 많이 만족하였으나, 부정적 감정이 강하면 만족이 떨어지는 것으로 나타났다. 그러므로 긍정적 정서경험을 강화하고 위험지각 및 부정적 감정의 경험을 줄임으로써 만족을 높일 수 있다.

홍경완과 김현철(2005)의 연구에 의하면 축제의 과정적 품질은 감정에 영향을 미쳤으나, 만족에는 영향을 미치지 않았다. 물리적 품질은 감정과 만족에 모두 영향을 미쳤고, 감정은 만족에 영향을 미쳤다. 홍경완(2007)의 연구에서는 신성성, 접근성, 매력성, 청결성 등 지역축제의 4가지 물리적 환경요소와 방문객 감정의 영향 관계를 분석한 결과, 접근성을 제외한 3가지 요소가 방문객의 감정에 영향을 미치는 것으로 나타났다.

성현선과 임재국(2008)의 연구에서는 축제 품질의 3가지 측면, 즉 경험적 품질, 물리적 품질, 과정적 품질이 각각 감정과 만족에 미치는 영향, 감정이 만족에 미치는 영향, 감정과 만족이 행동의도에 미치는 영향 등을 구조모형으로 검증하였다. 분석결과 경험적 품질 및 과정적 품질이 감정에 의미있는 영향을 미치는 것으로 나타났다.

1. 음식축제 참여를 통한 즐거움

즐거움은 일률적으로 정의하기가 매우 어려운 개념이고 측정하는 것도 어려운 변수지만 다양한 분야에서 소비자 행동의 감정반응으로 연구되고 있다. 즐거움은 체험 등으로 인한 자극들로부터 나타나는 감정적인 반응 중에서 쾌락적 특성을 지닌 것이라고 정의될 수 있고(이종호 · 옥정원 · 박효현 2008; Clore, Schwarz 및 Conway, 1994), 동기적인 관점으로 해석되기도 하며(Deci & Ryan, 1985), 유희와 같은 개념으로 해석되기도 한다(Lin, Wu and Tsai, 2005). 이와 비슷하게 일부 연구자들은 즐거움을 내적 동기(Deci and Ryan 1985), 혹은 몰입의 개념(Kimiecik and Harris 1996)과 유사한 뜻으로 사용하지만, Scanlan과 Lewthwaite(1986)는 즐거움을 이러한 용어와 구분을 해야 한다고 주장하며 매우 다양한 특성을 가진 폭넓은 구성개념으로 보았다.

Scanlan과 Simons(1992)은 즐거움을 기쁨, 좋아함, 재미있음 등과 같이 들뜨고 신나는 기분을 나타내는 경험이나 체험에 대하여 긍정적인 정서반응이라고 정의하였다. Wiersma(2001)는 스포츠와 즐거움 간의 관계를 밝히는 연구에서 즐거움은 스포츠라는 체험에 참여하고 관여학 하는 중요한 요인이라고 주장했다. 박명진(1992)은 즐거움을 내적 혹은 외적 자극에 의해 생긴 흥분 또는 긴장이 풀라면서 경험하는 만족하는 느낌이라고 정의했다. 박수경, 박지혜 및 차태훈(2007)은 소비자가 매장을 방문하면 오감을 통해 감각적인 체험을 하게 되는데 이 과정에서 느끼는 쾌락적 감정과 유희적 기쁨을 즐거움이라고 정의했다.

김지희, 김화진, 한진수(2010)는 호텔패키지 상품의 체험요소, 즐거움, 만족도, 행동의도 사이의 관계를 분석하였다. 체험요소 중에서는 현실도피와 미적 요소만이 즐거움에 영향을 미치는 것으로 나타났는데, 현실도피와 미적 요수가 강할수록 많이 즐거워했다. 즐거움이 클수록 만족도가 큰 것으로 밝혀졌으나, 즐거움은 행동의도에는 영향을 미치지 않는 것으로 나타났다. 만족도가 클수록 행동의도가 강한 것으로 밝혀졌다.

<표 9-1>에는 음식축제 참여에 대한 즐거움에 관한 문항을 빈도분석한 결과가 제시되어 있다. "나는 음식축제에 참여하는 것이 행복하다." 라는 문항에 대하여 45.0%의 소비자는 보통이라고 했고, 33.0%의 소비자는 그렇다고 했는데, 16.5%의 소비자는 아니다와 전혀 아니라고 했다. "나는 음식축제에 참여하는 것이 즐겁다." 라는 문항에 대하여 37.8%의 소비자는 보통이라고 했고, 38.0%의 소비자는 그렇다고 했는데, 16.3%의 소비자는 아니다와 전혀 아니라고 했다. "나는 음식축제에 참여하는 것이 흡족하다." 라는 문항에 대하여 38.0%의 소비자는 보통이라고 했고, 32.0%의 소비자는 그렇다고 했는데, 24.0%의 소비자는 아니다와 전혀 아니라고 하여 흡족하지 않다고 했다. "나는 음식축제에 참여하는 것이 힘을 준다." 라는 문항에 대하여 42.3%의 소비자는 보통이라고 했고, 19.0%의 소비자는 그렇다고 했는데, 32.8%의 소비자는 아니다와 전혀 아니라고 하여, 음식축제가 생활의 활력소가 되지 못하다는 응답이 전체1/3 정도나 되었다. "나는 음식축제에 참여하는 것이 일상의 긴장감을 준다." 라는 문항에 대하여 29.5%의 소비자는 보통이라고 했고, 17.0%의 소비자는 그렇다고 했고, 50.6%의 소비자가 아니라고 함으로써 다른 문항에 비하여 부정적인 응답이 가장 많았다.

<표 9-1> 음식축제 참여에 대한 즐거움에 관한 문항의 분포차이

구분		N(%)
1. 나는 음식축제에 참여하는 것이 행복하다.	전혀 아니다	12(3.0%)
	아니다	54(13.5%)
	보통이다	180(45.0%)
	그렇다	132(33.0%)
	매우 그렇다	22(5.5%)
2. 나는 음식축제에 참여하는 것이 즐겁다.	전혀 아니다	14(3.5%)
	아니다	51(12.8%)
	보통이다	151(37.8%)
	그렇다	152(38.0%)
	매우 그렇다	32(8%)
3. 나는 음식축제에 참여하는 것이 흡족하다.	전혀 아니다	20(5.0%)
	아니다	76(19.0%)
	보통이다	152(38.0%)
	그렇다	128(32.0%)
	매우 그렇다	24(6.0%)
4. 나는 음식축제에 참여하는 것이 힘을 준다.	전혀 아니다	24(6.0%)
	아니다	107(26.8%)
	보통이다	169(42.3%)
	그렇다	76(19.0%)
	매우그렇다	24(6.0%)
5. 나는 음식축제에 참여하는 것이 희망을 준다.	전혀아니다	36(9.0%)
	아니다	116(29.0%)
	보통이다	155(38.8%)
	그렇다	71(17.8%)
	매우 그렇다	22(5.5%)
6. 나는 음식축제에 참여하는 것이 일상의 긴장감을 준다.	전혀 아니다	47(11.8%)
	아니다	155(38.8%)
	보통이다	118(29.5%)
	그렇다	68(17.0%)
	매우 그렇다	12(3.0%)

<표 9-2>에는 음식축제 참여에 대한 즐거움을 기쁨과 생활의 활력소의 2개 요인으로 묶어서 일반적인 수준이 제시되어 있다. 기쁨은 평균이 3.09로 중간 정도이나, 생활의 활력소는 평균이 2.58로 중간값보다 낮은 수준이다. 음식축제가 소비자들에게 큰 즐거움을 주지 못하고 있다는 이 연구 결과는 의사결정에서 감정이 이성보다 더 중요해지고 있는 현대사회에서 음식축제의 미래를 매우 어둡게 만들고 있는 중요한 요인이라고 볼 수 있다. 그러므로 음식축제를 기획하는 관계자들은 어떻게 하면 참여자들에게 즐거움을 줄 수 있는지를 심각하게 고민해야 할 것이다.

<표 9-2> 음식축제 참여에 대한 즐거움의 일반적인 수준

구분	평균	표준편차
기쁨 (3문항)	3.09	.909
생활의 활력소 (3문항)	2.58	.922

정윤희와 이종호(2009)에 의하면 경험적 소비에서 즐거움에는 유희성, 상징성, 공유성, 유익성의 순서로 긍정적인 영향을 미치므로, 대표적인 경험적 소비의 하나인 음식축제 참여에서 소비자가 즐거움을 얻기 위해서는 음식축제가 이러한 요소가 적극적으로 반영되어야 할 것이다. 2차 산업혁명 이후 물질적으로 풍요로워 지면서 물질적 소비에 비하여 경험적 소비에 대한 욕구가 증가하고 있고, 4차 산업혁명이 진행될수록 경험적 소비가 삶의 질에 미치는 영향과 중요성은 더욱 증가하게 될 것이다. 경험재의 지속적 선택을 연구한 정윤희(2010)에 의하면, 즐거움과 같은 감정적 효용은 현재 경험의 지각된 가치와 순차경험 기대에 직접적으로 긍정적인 영향을 미치고, 현재 경험의 지각된 가치와 순차경험 기대를 매개로 하여 선택의도에 간접적으로 영향을 미친다.

<표 9-3>사회인구학적 변수에 따른 음식축제 참여에 대한 기쁨의 차이

<table>
<tr><td colspan="3" rowspan="2">구분변수</td><td colspan="4">기쁨</td></tr>
<tr><td>빈도</td><td>평균</td><td>표준편차</td><td>Scheffe</td></tr>
<tr><td rowspan="24">인구사회학적 변수</td><td rowspan="4">연령대</td><td>30대 이하</td><td>131</td><td>2.94</td><td>.884</td><td></td></tr>
<tr><td>40대</td><td>162</td><td>2.91</td><td>.894</td><td></td></tr>
<tr><td>50대 이상</td><td>107</td><td>3.07</td><td>.904</td><td></td></tr>
<tr><td>F</td><td colspan="4"></td></tr>
<tr><td rowspan="5">직업</td><td>전업주부</td><td>131</td><td>3.26</td><td>.847</td><td>a</td></tr>
<tr><td>전문직/사무직</td><td>108</td><td>3.14</td><td>.952</td><td>ab</td></tr>
<tr><td>판매/서비스직/자영업</td><td>124</td><td>2.85</td><td>.893</td><td>b</td></tr>
<tr><td>생산직</td><td>19</td><td>2.84</td><td>1.12</td><td>ab</td></tr>
<tr><td>F</td><td colspan="4">5.022*</td></tr>
<tr><td rowspan="4">교육수준</td><td>고졸이하</td><td>145</td><td>2.98</td><td>.901</td><td></td></tr>
<tr><td>전문대졸</td><td>92</td><td>3.04</td><td>.960</td><td></td></tr>
<tr><td>대졸이상</td><td>163</td><td>3.21</td><td>.878</td><td></td></tr>
<tr><td>F</td><td colspan="4"></td></tr>
<tr><td rowspan="5">월평균
가계소득</td><td>300만원 이하</td><td>55</td><td>3.05</td><td>.989</td><td></td></tr>
<tr><td>300~400 만원 미만</td><td>92</td><td>3.00</td><td>.949</td><td></td></tr>
<tr><td>400~500 만원 미만</td><td>84</td><td>3.01</td><td>.898</td><td></td></tr>
<tr><td>500만원 이상</td><td>165</td><td>3.18</td><td>.864</td><td></td></tr>
<tr><td>F</td><td colspan="4"></td></tr>
<tr><td rowspan="4">종교</td><td>기독교 및 천주교</td><td>153</td><td>3.06</td><td>.926</td><td></td></tr>
<tr><td>불교</td><td>139</td><td>3.02</td><td>.913</td><td></td></tr>
<tr><td>기타</td><td>108</td><td>3.21</td><td>.876</td><td></td></tr>
<tr><td>F</td><td colspan="4"></td></tr>
<tr><td colspan="2" rowspan="4">음식축제
참여빈도</td><td>참석안했음</td><td>139</td><td>2.72</td><td>1.00</td><td>a</td></tr>
<tr><td>1-2번 참석</td><td>160</td><td>3.06</td><td>.712</td><td>b</td></tr>
<tr><td>3번이상 참석</td><td>100</td><td>3.66</td><td>.768</td><td>c</td></tr>
<tr><td>F</td><td colspan="4">37.000*</td></tr>
</table>

* p <.05

<표 9-4>사회인구학적 변수에 따른 음식축제 참여에 따른 생활의 활력소의 차이

구분변수			생활의 활력소			
			빈도	평균	표준편차	Scheffe
인구사회학적 변수	연령대	30대 이하	131	2.47	1.00	
		40대	162	2.61	.893	
		50대 이상	107	2.66	.857	
		F				
	직업	전업주부	131	2.82	.893	a
		전문직/사무직	108	2.49	.952	ab
		판매/서비스직/자영업	124	2.36	.877	b
		생산직	19	2.63	.955	ab
		F	5.678*			
	교육수준	고졸이하	145	2.54	.920	
		전문대졸	92	2.59	.963	
		대졸이상	163	2.61	.906	
		F				
	월평균 가계소득	300만원 이하	55	2.84	1.03	
		300~400 만원 미만	92	2.59	.891	
		400~500 만원 미만	84	2.39	.865	
		500만원 이상	165	2.58	.918	
		F				
	종교	기독교 및 천주교	153	2.54	.974	
		불교	139	2.57	.901	
		기타	108	2.66	.877	
		F				
음식축제 참여빈도		참석안했음	139	2.39	.944	a
		1-2번 참석	160	2.47	.831	b
		3번이상 참석	100	3.03	.893	c
		F	17.355*			

* p <.05

<표 9-3>에는 사회인구학적 변수와 음식축제 참여빈도에 따른 기쁨을 분산분석한 결과가 제시되어 있다. 음식축제 참여에 따른 기쁨은 연령, 교육수준, 월평균소득 및 종교에 따라서는 의미있는 차이를 보이지 않았고, 직업 및 음식축제 참여빈도에 따라서만 p<.05 수준에서 의미있는 차이를 보였다. Scheffe 검증결과 음식축제 참여에 따른 기쁨은 전업주부와 판매/서비스직/자영업 집단간에만 의미있는 차이를 보였고, 다른 집단간에는 의미있는 차이를 보이지 않았다. 음식축제에 대한 참여에 따른 기쁨은 전업주부 집단이 가장 높았고, 판매/서비스직/자영업 집단이 가자 낮았다. 음식축제 참여에 따른 즐거움은 모든 참여 빈도 집단 사이에 의미있는 차이를 보였는데, 3번 이상 참석자 집단이 가장 높았고, 1-2번 참석한 집단이 가장 낮았다.

<표 9-4>에는 사회인구학적 변수와 음식축제 참여빈도에 따라 음식축제 참여에 따른 생활의 활력소를 분산분석한 결과가 제시되어 있다. 음식축제 참여에 따른 생활의 활력소는 연령, 교육수준, 월평균소득 및 종교에 따라서는 의미있는 차이를 보이지 않았고, 직업 및 음식축제 참여빈도에 따라서만 p<.05 수준에서 의미있는 차이를 보였다. Scheffe 검증결과 음식축제참여에 따른 각성은 전업주부와 판매/서비스직/자영업 집단간에만 의미있는 차이를 보였고, 다른 집단간에는 의미있는 차이를 보이지 않았다. 음식축제 참여에 따른 생활의 활력소는 전업주부 집단이 가장 높았고, 판매/서비스직/자영업 집단이 가자 낮았다. 음식축제 참여에 따른 생활의 활력소는 모든 참여 빈도 집단 사이에 의미있는 차이를 보였는데, 3번 이상 참석자 집단이 가장 높았고, 1-2번 참석한 집단이 가장 낮았다.

2. 음식축제 참여를 통한 각성

각성은 생리학적 각성과 심리학적 각성으로 분류된다. 생리학적 각성은 뇌의 대뇌피질로부터의 자극, 아드레날린 수치 또는 감각수용기의 자극이나 긴장 때문에 나타나는 자율신경계의 흥분수준을 의미한다. 심리학적 각성은 깨어있음의 정도, 보편적인 준비의 정도 그리고 흥분의 정도로 정의하고 있다(Greenwald and Leavitt, 1984). 감정을 긍정적 감정과 부정적 감정으로 분류하는 연구들은 감정의 활성화에 따른 효과를 간과한다는 비판을 받고 있다(Holbrook & O'Shaughnessy, 1984). 감정의 직접 효과를 검증한 연구들은 긍정과 부정이라는 감정의 유형보다는 활성화 또는 각성을 강조한다(Adelaar et al., 2003; Eckler & Bolls, 2011). Zillmann(1971)의 흥분전이가설에 의하면 각성상태는 각성을 유발하는 상황이나 조건이 사라져도 일정기간 지속되기 때문에 특정 자극에 의하여 발생한 각성상태는 그 자극과 다른 자극에 대한 반응에 전이될 수 있다. 예를 들면 소비자가 자신이 참석했던 음식축제 때문에 각성되면, 그 축제에서 제공한 음식이나, 음식축제와 관련된 광고에도 각성이 될 수 있다.

감정의 종류에 따라 각성의 정도가 다르기 때문에 감성적 메시지의 설득 효과를 설명하는 중요한 근거를 제공하고 있다. Russell(1980)은 부정적인 감정인 슬픔, 불안, 노여움 중에서 슬픔은 감정의 각성 수준이 낮으나, 불안과 노여움은 각성 수준이 높다고 했다. 긍정적인 감정인 흥분과 기쁨은 편안함과 만족보다 각성 수준이 높다. 따라서 불안과 노여움은 슬픔에 비하여 각성수준이 높기 때문에 더 적극적인 행동 반응을 하게 한다 (Berger & Milkman, 2012; LeDoux, 1996; Sanbonmatsu & Kardes, 1988).

Lang(2000)의 매개 정보처리의 제한용량모델(Limited Capacity Model of Mediated Message Processing)에 의하면 사람이 이용할 수 있는 자원은 제

한되어 있기 때문에 감정의 각성 수준에 따라 정보 처리 용량이 달라진다. 정보 처리 능력은 콘텐츠로부터 유발된 감정이 부정적인지 긍정적인지에 관계없이 감정의 활성화 정도에 의하여 영향을 받는다(Lang, 2006). 활성화 수준이 높은 감정이 메시지에 대한 정보 처리를 신속하게 해서 행동 반응을 높이는데 적극적으로 관여한다 (LeDoux, 1996;Sanbonmatsu & Kardes, 1988).

김정룡 등(2003)은 뇌파 반응 실험을 통해 정보 전달형 광고와 감성 유발형 광고가 유발하는 각성 수준 및 이에 따른 효과를 비교하였으며, 결과적으로 각성 수준이 높은 감성 유발형 광고에 대한 메시지 주목도가 높게 나타났다. Sanbonmatsu & Kardes(1988)는 광고가 유발하는 높은 각성 수준은 브랜드 태도에 긍정적인 작용을 한다고 하였다. 광고를 통해 유발된 각성 수준이 제품에 대한 구매 가능성을 높이고(Aaker et al., 1986), 새로운 자극에 의해 감정이 유발될 때에는 반드시 심리적 각성을 경험하고, 각성은 감정을 인식하는 데 필수적인 요인이다(Schachter & Singer, 1962). Bagozzi 등(1999)은 심리적 각성이 감정을 유발하는 메시지와 실제 반응 사이를 매개한다는 이론을 주장하면서 감정과 관련된 행동 반응이 나타나기 전에 각성이 활성화된다고 하였다.

안순태, 이하나, 박현정(2016)은 문화관광축제 방문객을 대상으로 축제에 대한 지역이미지 및 자아이미지 일치를 확장 변수로 하는 확장된 목표지향적 행동모형을 설정하고 이를 검증하였다. 축제-지역이미지 일치성과 축제-자아이미지 일치성은 축제에 대한 태도 인식에 긍정적인 영향을 미치는 것으로 나타났다. 태도에 미치는 영향에 있어서는 축제-지역이미지 일치성이 축제-자아이미지 일치성 보다 영향력이 큰 것으로 나타났다. 축제에 대한 열망인식에 영향을 미치는 요인을 분석한 결과 지각된 행동통제를 제외한 태도, 주관적 규범, 긍정적 예상정서, 부정적 예상정서 모두 긍정적인 영향을 미치는 것으로 분석되었으며 특히 긍정적 예상정서와 부정적 예상정서 요인이 열망인식에 미치는 영향이 큰 것으로 나타났다. 지각된 행동통제와 열망은 축제의 행동의도 인식에 큰 영향을 미치는 요인으로 나타났다. 연구모형의 간접효과 분석결과 선행 변인인 축제-지역이미지 일치성과 축제-자아이미지 일치성은 목표지향적 행동모형에 포함된 변수인 태도를 매개로 열망에, 태도와 열망을 매개로 행동의도에 의미있는 영향을 미치는 것으로 나타났다. 또한 열망은 태도, 주관적 규범, 예상정서가 행동의도 인식에 영향을 줄 수 있게 하는 매개 변수 역할을 하였다.

<표 9-5>에는 음식축제 참여에 따른 각성에 관한 문항을 빈도분석한 결과가 제시되어 있다. "음식축제에 참여하는 것은 나에게 자극을 준다." 라는 문항에 대하여 40.8%의 소비자는 보통이라고 응답했고, 29.3%의 소비자는 아니라고 했고, 19.0%는 그렇다고 했고, 7.5%는 전혀 아니라고 응답함으로써 긍정적인 응답보다는 부정적인 응답이 약간 더 많았다. "음식축제에 참여하는 것은 나를 흥분시킨다." 라는 문항에 대하여 36.8%의 소비자는 보통이라고 응답했고, 31.0%의 소비자는 아니라고 했고, 20.3%는 그렇다고 했고, 8.3%는 전혀 아니라고 응답함으로써 긍정적인 응답보다는 부정적인 응답이 더 많았다.

"음식축제에 참여하는 것은 나에게 들뜨는 기분이 들게 한다." 라는 문항에 대하여 35.5%의 소비자는 보통이라고 응답했고, 24.5%의 소비자는 아니라고 했고, 25.3%는 그렇다고 했고, 10.0%는 전혀 아니라고 응답함으로써 부정적인 응답보다는 긍정적인 응답이 약간 더 많았다. "음식축제에 참여하는 것은 나에게 신경이 쓰이게 한다." 라는 문항에 대하여 35.3%의 소비자는 보통이라고 응답했고, 38.8%의 소비자는 아니라고 했고, 13.3%는 전혀 아니라고 했고, 10.8%는 그렇다고 응답함으로써 긍정적인 응답보다는 부정적인 응답이 훨씬 더 많았다.

<표 9-5> 음식축제 참여에 따른 각성에 관한 문항의 분포차이

구분		N(%)
1. 음식축제에 참여하는 것은 나에게 자극을 준다.	전혀 아니다	30(7.5%)
	아니다	117(29.3%)
	보통이다	163(40.8%)
	그렇다	76(19.0%)
	매우 그렇다	13(3.3%)
2. 음식축제에 참여하는 것은 나를 흥분시킨다.	전혀 아니다	33(8.3%)
	아니다	124(31%)
	보통이다	147(36.8%)
	그렇다	81(20.3%)
	매우 그렇다	15(3.8%)
3. 음식축제에 참여하는 것은 나에게 들뜨는 기분이 들게 한다.	전혀 아니다	40(10%)
	아니다	98(24.5%)
	보통이다	142(35.5%)
	그렇다	101(25.3%)
	매우 그렇다	19(4.8%)
4. 음식축제에 참여하는 것은 나에게 신경이 쓰이게 한다.	전혀 아니다	53(13.3%)
	아니다	155(38.8%)
	보통이다	141(35.3%)
	그렇다	43(10.8%)
	매우 그렇다	8(2%)
5. 음식축제에 참여하는 것은 나에게 정신을 번쩍 나게 한다.	전혀 아니다	69(17.3%)
	아니다	167(41.8%)
	보통이다	120(30%)
	그렇다	34(8.5%)
	매우 그렇다	10(2.5%)
6. 음식축제에 참여하는 것은 나에게 각성을 일으킨다.	전혀 아니다	74(18.5%)
	아니다	158(39.5%)
	보통이다	121(30.3%)
	그렇다	35(8.8%)
	매우 그렇다	12(3%)

"음식축제에 참여하는 것은 나에게 정신이 번쩍 나게 한다." 라는 문항에 대하여 30.0%의 소비자는 보통이라고 응답했고, 41.8%의 소비자는 아니라고 했고, 17.3%는 전혀 아니라고 했고, 8.5%는 그렇다고 응답함으로써 긍정적인 응답보다는 부정적인 응답이 훨씬 더 많았다. "음식축제에 참여하는 것은 나에게 각성을 일으키게 한다." 라는 문항에 대하여 30.3%의 소비자는 보통이라고 응답했고, 39.5%의 소비자는 아니라고 했고, 18.5%는 전혀 아니라고 했고, 8.8%는 그렇다고 응답함으로써 긍정적인 응답보다는 부정적인 응답이 훨씬 더 많았다.

<표 9-6> 음식축제 참여에 따른 각성의 일반적인 수준

구분	평균	표준편차
각성 (6문항)	2.35	.838

<표 9-6>에는 음식축제 참여에 따른 각성의 일반적인 수준이 제시되어 있다. 음식축제를 측정하기 위한 6문항의 질문에 대한 응답을 모두 더해서 평균을 구한 결과 2.35점으로 나타나 보통보다 약간 낮은 수준이라는 것을 알 수 있었다. 축제가 가지는 중요한 속성 중의 하나가 일상에서 탈피하여 기분을 고조시키는 것이라고 한다면 현재 우리나라에서 이루어지고 있는 음식축제는 소비자를 각성시키는데 기여하지 못하고 있다고 볼 수 있다. 그러므로 음식축제를 기획하는 지방자치단체와 관계자들은 소비자의 기분과 마음을 각성시킬 수 있는 프로그램을 개발하는데 더 많은 노력을 기울여야 할 것이다.

<표 9-7> 사회인구학적 변수와 음식축제 참여빈도에 따른 각성의 차이

구분변수			각성			
			빈도	평균	표준편차	Scheffe
인구사회학적변수	연령	30대 이하	131	2.33	.845	
		40대	162	2.36	.808	
		50대 이상	107	2.39	1.04	
		F				
	직업	전업주부	131	2.52	.964	a
		전문직/사무직	108	2.30	.764	ab
		판매/서비스직/자영업	124	2.16	.850	b
		생산직	19	2.58	.961	ab
		F	4.125*			
	교육수준	고졸이하	145	2.32	.831	
		전문대졸	92	2.32	.913	
		대졸이상	163	2.42	.915	
		F				
	월평균 가계소득	300만원 이하	55	2.69	1.20	a
		300~400 만원 미만	92	2.30	.767	ab
		400~500 만원 미만	84	2.14	.747	b
		500만원 이상	165	2.38	.852	ab
		F	4.558*			
	종교	기독교 및 천주교	153	2.35	.891	
		불교	139	2.27	.815	
		기타	108	2.48	.952	
		F				
음식축제 참여빈도		참석 안했음	139	2.13	1.02	a
		1-2번 참석	160	2.36	.738	b
		3번이상 참석	100	2.69	.787	c
		F	15.901*			

* $p < .05$

<표 9-7>에는 사회인구학적 변수와 음식축제 참여빈도에 따라 각성 수준을 분산분석한 결과가 제시되어 있다. 음식축제 참여에 대한 소비자의 각성은 직업, 월평균가계소득 및 음식축제 참여빈도에 따라서는 $p<.05$ 수준에서 의미있는 차이를 보였고, 연령대, 교육수준 및 종교에 따라서는 의미있는 차이를 보이지 않았다. Scheffe 검증결과 음식축제참여에 따른 각성은 전업주부와 판매/서비스직/자영업 집단간에만 의미있는 차이를 보였고, 다른 집단간에는 의미있는 차이를 보이지 않았다. 음식축제 참여에 따른 각성은 생산직 집단이 가장 높았고, 판매/서비스직/자영업 집단이 가장 낮았다. 음식축제 참여에 따른 생활의 활력소는 모든 참여 빈도 집단 사이에 의미있는 차이를 보였는데, 3번 이상 참석자 집단이 가장 높았고, 참석 안한 집단이 가장 낮았다.

제10장

음식축제 참여에 대한 지각된 행동통제와 참여의도

1. 음식축제 참여에 대한 지각된 행동통제

계획행동이론에서 의도에 직접적인 영향을 줄 뿐 아니라 행동에도 영향을 미치는 지각된 행동통제는 개인이 행동을 수행할 수 있는 내적인 자원을 가지고 있다고 믿는 정도와 자신이 행동을 통제하고 있다고 인지하는 정도를 모두 포함한다(Elliott & Ainsworth, 2012). 일반적으로 행동에 대한 호의적인 태도나 주관적 규범이 클수록, 지각된 행동통제가 커지며 또한 그 행동을 수행하려는 의도도 강해진다. 지각된 행동통제는 외적인 요소와 내적인 요소를 모두 포함하고 있다. 외적 요소는 시간, 돈, 그리고 기타 물질적인 자원을 의미하고 내적 요소는 자아효능감이나 자신감과 같은 개인의 능력 을 의미한다(Taylor & Todd, 1995). 보유하고 있는 자원이 많고 자신감이 클수록, 의도하는 행동에 대하여 더 많은 지각된 행동통제력을 갖는다고 하였다. 지각된 행동통제는 각각의 통제적 신념과 각각의 통제적 신념에 대한 중요성이라는 가중치를 감안하여 평가된다. 자신이 행동에 대한 통제력이 있다는 점을 정확하게 지각할 때 실제 행동수행을 더 정확하게 예측하게 된다(Ajzen, 1991).

이준엽과 안태기(2006)는 계획행동이론을 적용하여 축제방문자의 먹거리 구매행동을 분석하였다. 신념, 주관적 규범, 지각된 행동통제가 모두 행동의도에 의미있는 영향을 미치는 것으로 나타났다. 회귀계수가 주관적 규범이 .47로 행동의도에 가장 크게 영향을 미치며, 지각된 행동통제는 .18, 태도가 .11로 영향을 미치는 것으로 나타났다. 최종 종속변수인 먹거리 구매에 영향을 미치는 변수들을 분석한 결과 행동의도가 강할수록 먹거리를 구매를 많이 하였으나, 지각된 행동통제는 먹거리 구매에 의미있는 영향을 미치지 않았다. 지각된 행동통제는 행동의도에 직접적으로 영향을 미치고, 먹거리 구매행동에는 직접적으로는 영향을 미치지 않고, 간접적으로만 영향을 미치는 것으로 나타났다.

유근준과 이승곤(2013)은 확장된 계획행동이론을 적용하여 한방축제방문객의 의사결정과정을 분석하였다. 한방우수성 인식과 한방축제 이미지는 지각된 행동통제에 영향을 미치지 않았으나, 지각된 행동통제는 한방축제 재방문의도에 의미 있는 영향을 미쳤다. 한방축제 재방문의도에 미치는 상대적 영향력은 주관적 규범이 가장 컸고, 그 다음은 지각된 행동통제이고 태도가 가장 작았다.

차동욱(2004)는 지역축제인 전주국제영화제를 대상으로 수요시장에 영향을 미치는 방문자의 만족도와 재방문 및 구전홍보간의 관계를 분석하였다. 영화제에 만족할수록 재방문하려는 경향이 강했고, 구전홍보도 많이 하였는데, 상대적 영향력은 영화프로그램, 홍보, 친절, 운영 및 음식과 상품의 가격 순서로 나타났다.

<표 10-1> 행동통제에 관한 문항의 분포차이

구분		N(%)
1. 내가 원하기만 하면 언제든지 음식축제에 참여할 수 있다.	전혀 아니다	4(1.0%)
	아니다	55(13.8%)
	보통이다	123(30.8%)
	그렇다	184(46.0%)
	매우 그렇다	34(8.5%)
2. 나는 음식축제에 참여 할 수 있는 여유가 있다.	전혀 아니다	8(2%)
	아니다	65(16.3%)
	보통이다	130(32.5%)
	그렇다	163(40.8%)
	매우 그렇다	34(8.5%)
3. 나는 음식축제에 참여 할 수 있는 경제력이 있다.	전혀 아니다	5(1.3%)
	아니다	43(10.8%)
	보통이다	146(36.5%)
	그렇다	165(41.3%)
	매우 그렇다	41(10.3%)
4. 나는 음식축제에 참여 할 수 있는 시간을 가지고 있다.	전혀 아니다	9(2.3%)
	아니다	77(19.3)
	보통이다	152(38.0%)
	그렇다	122(30.5%)
	매우 그렇다	40(10.0%)

<표 10-1>에는 음식축제 참여에 대한 행동통제를 측정하기 위한 문항의 빈도를 분석한 결과가 제시되어 있다. "내가 원하기만 하면 언제든지 음식축제에 참여할 수 있다." 라는 문항에 대하여 30.8%의 소비자는 보통이라고 응답했고, 46.0%의 소비자는 그렇다고 했고, 13.8%는 아니라고 했고, 8.5%는 매우 그렇다고 응답함으로써 긍정적인 응답이 부정적인 응답보다

훨씬 더 많았다. “나는 음식축제에 참여할 수 있는 여유가 있다.” 라는 문항에 대하여 32.5%의 소비자는 보통이라고 응답했고, 40.8%의 소비자는 그렇다고 했고, 16.3%는 아니라고 했고, 8.5%는 매우 그렇다고 응답함으로써 긍정적인 응답이 부정적인 응답보다 훨씬 더 많았다. “나는 음식축제에 참여할 수 있는 경제력이 있다.” 라는 문항에 대하여 36.5%의 소비자는 보통이라고 응답했고, 41.3%의 소비자는 그렇다고 했고, 10.8%는 아니라고 했고, 10.3%는 매우 그렇다고 응답함으로써 긍정적인 응답이 부정적인 응답보다 훨씬 더 많았다. “나는 음식축제에 참여할 수 있는 시간을 가지고 있다.” 라는 문항에 대하여 38.0%의 소비자는 보통이라고 응답했고, 30.5%의 소비자는 그렇다고 했고, 19.3%는 아니라고 했고, 10.0%는 매우 그렇다고 응답함으로써 긍정적인 응답이 부정적인 응답보다 훨씬 더 많았다.

<표 10-2> 음식축제 참여에 대한 행동통제의 일반적인 수준

구분	평균	표준편차
행동통제 (4문항)	3.10	.808

<표 10-2>에는 음식축제 참여에 대한 행동통제를 측정하기 위한 4개 문항에 대한 응답을 모두 더해 평균을 구한 값이 제시되어 있다. 평균은 3.10으로 보통수준인 것을 알 수 있다. 많은 선행연구에서 축제참여에 대한 행동통제 수준이 높을수록 축제 참여의도가 높아지고, 행동통제는 참여의도에 영향을 미치는 매우 중요한 변수인 것으로 밝혀졌다. 축제에 대한 참여의 기회나 여건이 확대, 개선될 경우 축제관광객의 실제 방문은 증가할 것이라는 점에서 중요한 의미가 있다고 볼 수 있다.

<표 10-3> 사회인구학적 변수와 음식축제 참여빈도에 따른 지각된 행동통제의 차이

구분변수			행동통제			
			빈도	평균	표준편차	Scheffe
인구사회학적 변수	연령	30대 이하	131	3.06	.772	
		40대	162	3.03	.791	
		50대 이상	107	3.26	.862	
		F				
	직업	전업주부	131	3.02	.789	a
		전문직/사무직	108	3.07	.782	ab
		판매/서비스직/자영업	124	3.28	.879	ab
		생산직	19	2.79	.535	b
		F	3.456*			
	교육수준	고졸이하	145	3.04	.841	
		전문대졸	92	3.25	.847	
		대졸이상	163	3.07	.750	
		F				
	월평균 가계소득	300만원 이하	55	2.78	.762	a
		300~400 만원 미만	92	3.07	.809	ab
		400~500 만원 미만	84	3.15	.768	ab
		500만원 이상	165	3.21	.823	b
		F	4.052*			
	종교	기독교 및 천주교	153	3.25	.772	a
		불교	139	3.09	.794	ab
		기타	108	2.92	.844	b
		F	5.492*			
음식축제 참여빈도		참석안했음	139	3.09	.872	
		1-2번 참석	160	3.05	.742	
		3번이상 참석	100	3.22	.811	
		F				

* p <.05

<표 10-3>에는 사회인구학적 변수와 음식축제 참여빈도에 따라 지각된 행동통제를 분산분석한 결과가 제시되어 있다. 지각된 행동통제는 직업, 월평균가계소득 및 종교에 따라서만 $p < .05$ 수준에서 의미있는 차이를 보였고, 연령대, 교육수준 및 음식축제 참여빈도에 따라서는 차이를 보이지 않았다. Scheffe 검증결과 지각된 행동통제는 전업주부와 생산직 사이에서만 의미있는 차이를 보였고, 다른 집단 사이에서는 의미있는 차이가 없었다.

일반적으로 전업주부는 생산직에 종사하는 주부에 비하여 시간도 여유롭고, 경제적으로도 조금은 더 여유가 있기 때문에 지각된 행동통제 수준이 더 높다고 해석할 수 있다. 지각된 행동통제는 월평균가계소득이 300만원 이하인 집단과 500만원 이상인 집단 사이에서만 의미있는 차이를 보였고, 다른 집단 사이에서는 의미있는 차이가 없었다. 종교의 경우 지각된 행동통제는 기독교 및 천주교 집단과 기타 집단 사이에서만 의미있는 차이를 보였고, 다른 집단 사이에서는 의미있는 차이가 없었다. 지각된 행동통제는 기독교 및 천주교 집단이 가장 높았다.

2. 음식축제 참여의도

행동의도는 소비자들이 특정 대상, 예를 들어 선택과 구매 또는 소비의 대상이 되는 제품 또는 서비스에 대한 태도가 형성된 후에 미래 시점에서 특정 대상에 대하여 나타나는 개인적 의지와 신념으로써 호의도, 충성도, 재방문, 재구매 또는 재선택, 긍정적 구전, 호의적 추천과 권유 등을 포함한 개념이다(김광용과 조선배, 2014; 최성수 · 유근준 · 권용주, 2011; 최지호 · 문연희, 2011). 행동의도는 소비자가 특정대상에 대해 미래 행동을 나타내는 개인적인 의지나 신념이다(Boulding, Staelin, Kalra & Zeithaml(1993). Keillor, Lewison, Hult & Hauser(2007)은 서비스 접점에서의 품질이 행동의도에 미치는 영향에 관한 연구에서는 재방문의도와 추천의도를 행동의도로 사용하고 있다.

김민정과 전현모(2015)는 축제 웹사이트 이용만족은 구전의도, 재방문, 추천 등과 같은 행동의도에 긍정적인 영향을 미치므로 축제 웹사이트 방문객이 지속적으로 재방문하도록 권장하기 위해서는 축제 서비스품질과 이용후기 정보성 등 축제 웹사이트에 관한 전반적인 만족도를 높여야 한다고 하였다. 축제 웹사이트 서비스품질과 이용후기 정보성의 요인들을 제고하여 이용만족을 극대화함으로써 축제 웹사이트의 방문 횟수를 늘리거나, 오래 머물러 축제에 대한 호의적인 방문의도로 이어질 수 있도록 해야 한다. 김홍렬과 이광옥(2012)도 금산인삼축제 방문객들의 지역축제 체험은 만족도에 양의 영향을 미치고, 축제에 대한 만족은 재방문, 추천의사 및 구전의도에 양의 영향을 미친다고 하였다.

권정택(2000)은 축제 참여자의 재방문 의도에 가장 큰 영향을 미치는 요인은 만족도이므로 관광이벤트를 성공적으로 운영하기 위해서는 참여자들의 문화적 욕구를 충족시키고 모험심과 신비감을 제공해 줄 수 있는 행사로 구성하고, 저렴한 비용으로 누구나 쉽게 참여할 수 있는 축제라는 점을 인식시켜야 한다고 하였다. 또한 지역주민의 적극적인 참여와 주변 관광지와의 연계를 통해 단조로움을 피하고, 축제의 차별화를 위해 지속적으로 노력하고, 프로그램의 다양화와 쾌적한 행사공간 등을 위해 창의적인 기획과 효율적인 운영관리가 필요하다.

김진성과 김진성(2007)은 남원 세계허브산업엑스포 방문객의 만족과 재참가의도를 연구하였다. 엑스포 행사/프로그램에 대한 만족도에 영향을 미치는 요인은 교통과 시설, 학습성, 체험성 및 주관적 규범으로 나타났고, 전반적 만족도에 영향을 미치는 요인은 체험성, 학습성, 교통과 시설 순으로 나타났다. 재참여의도에 영향을 미치는 요인은 학습성, 유익성, 체험성,

교통과 시설이고, 행사에 대한 만족과 전반적인 만족도 재참여의도에 영향을 미쳤다.

정승훈(2015)는 방어축제를 대상으로 한 연구에서 축제에 대한 긍정적인 감정이 강할수록 지각된 가치, 만족도, 행동의도가 높은 것으로 나타났기 때문에 긍정적 감정을 높일 수 있는 방안이 필요하다고 하였다. 축제 행사장 입구에서부터 행사장까지 설치된 노점상들로 인해 축제 이미지가 훼손되고 있으므로 방어축제와 연관된 부스들을 우선적으로 설치하는 방안이 마련되어야 한다. 축제 체험프로그램의 경우에 맨손으로 방어 잡기와 어린이 물고기 잡기 체험 등을 추진하고 있으나, 체험 프로그램에 공급되는 방어의 수가 부족해서 방문객의 불평이 많기 때문에 이 문제를 적극적으로 개선해야 한다는 의견이 제기되었다.

김판영(2014)는 여주 오곡나루축제를 방문한 참여자를 대상으로 축제 서비스 품질이 축제만족과 구전의도에 미치는 영향을 분석하였다. 물리적 서비스는 축제만족과 구전의도에 의미있는 영향을 미치지 않았으나, 프로그램 서비스와 인적 서비스가 좋을수록 축제에 대하여 만족을 많이 했고, 구전의도도 높은 것으로 나타났다. 축제 서비스품질 중 프로그램 서비스가 축제만족과 구전의도에 가장 영향력이 높은 변수인 것으로 나타났고, 축제만족이 높은 관광객일수록 축제에 대한 긍정적 구전과 추천 행위를 하는 것으로 밝혀졌다.

<표 10-4>에는 음식축제 참여의도에 관한 문항을 빈도분석을 한 결과가 제시되어 있다. "나는 앞으로 음식축제에 참여할 계획이 있다." 라는 문항에 대하여 38.3%의 주부소비자가 보통이라고 응답했고, 34.0%는 그렇다고 했고, 19.3%는 아니라고 했고, 5.3%는 매우 그렇다고 함으로써 긍정적인 응답이 부정적인 응답에 비하여 많았다. "나는 향후에 음식축제에 참여하기 위해 노력할 것이다." 라는 문항에 대해서는 46.8%의 주부소비자가 보

통이라고 응답했고, 22.5%는 그렇다고 했고, 22.3%는 아니라고 했고, 4.3%는 각각 전혀 아니다와 매우 그렇다고 함으로써 긍정적인 응답과 부정적인 응답에 비슷하게 나타났다. “나는 향후에 음식축제에 참여할 의도가 있다.” 라는 문항에 대해서는 38.0%의 주부소비자가 보통이라고 응답했고, 38.8%는 그렇다고 했고, 16.0%는 아니라고 했고, 5.0%는 매우 그렇다고 함으로써 긍정적인 응답이 부정적인 응답에 비하여 많았다.

“나는 향후에 음식축제에 참여하기 위해 시간과 돈을 투자할 것이다.” 라는 문항에 대해서는 42.3%의 주부소비자가 보통이라고 응답했고, 28.3%는 아니라고 했고, 20.5%는 그렇다고 했고, 6.0%는 매우 아니라고 함으로써 부정적인 응답이 긍정적인 응답에 비하여 아주 약간 많았다.

“나는 음식축제에 참여에 대해 주위 사람들에게 적극적으로 구전할 것이다.” 라는 문항에 대해서는 45.5%의 주부소비자가 보통이라고 응답했고, 23.3%는 아니라고 했고, 22.3%는 그렇다고 했고, 5.0%는 매우 그렇다고 함으로써 긍정적인 응답이 부정적인 응답에 비하여 많았다.

“나는 음식축제에 참여에 대해 주위 사람들에게 적극적으로 추천할 것이다.” 라는 문항에 대해서는 43.0%의 주부소비자가 보통이라고 응답했고, 22.8%는 아니라고 했고, 24.3%는 그렇다고 했고, 5.8%는 매우 그렇다고 함으로써 긍정적인 응답이 부정적인 응답에 비하여 약간 더 많았다.

<표 10-4> 음식축제 참여의도에 관한 문항의 분포차이

구분		N(%)
1. 나는 앞으로 음식축제에 참여할 계획이 있다.	전혀 아니다	13(3.3%)
	아니다	77(19.3%)
	보통이다	153(38.3%)
	그렇다	136(34.0%)
	매우 그렇다	21(5.3%)
2. 나는 향후에 음식축제에 참여하기 위해 노력할 것이다.	전혀 아니다	17(4.3%)
	아니다	89(22.3%)
	보통이다	187(46.8%)
	그렇다	90(22.5%)
	매우 그렇다	17(4.3%)
3. 나는 향후에 음식축제에 참여 할 의도가 있다.	전혀 아니다	9(2.3%)
	아니다	64(16.0%)
	보통이다	152(38.0%)
	그렇다	155(38.8%)
	매우 그렇다	20(5.0%)
4. 나는 향후에 음식축제에 참여하기위해 시간과 돈을 투자할 것이다.	전혀 아니다	24(6.0%)
	아니다	113(28.3%)
	보통이다	169(42.3%)
	그렇다	82(20.5%)
	매우 그렇다	12(3.0%)
5. 나는 음식축제에 참여에 대해 주위사람들에게 적극적으로 구전할 것이다.	전혀 아니다	16(4.0%)
	아니다	93(23.3%)
	보통이다	182(45.5%)
	그렇다	89(22.3%)
	매우 그렇다	20(5.0%)
6. 나는 음식축제에 참여에 대해 주위 사람들에게 적극적으로 추천할 것이다.	전혀 아니다	17(4.3%)
	아니다	91(22.8%)
	보통이다	172(43.0%)
	그렇다	97(24.3%)
	매우 그렇다	23(5.8%)

<표 10-5> 음식축제 참여의도의 일반적인 수준

구분	평균	표준편차
참여의도 (4문항)	2.79	.834
구전과 추천의도 (2문항)	2.96	.893

<표 10-5>에는 음식축제 참여의도 문항을 참여의도와 구전 및 추천 의도의 2개 하위요인으로 나누어서 일반적인 수준을 측정한 값이 제시되어 있다. 평균이 참여의도는 2.79이고, 구전과 추천 의도는 2.96으로 나타나, 참여의도 보다는 구전과 추천 의도가 약간 더 높았다. 그러나 두 요인 모두 중앙값인 3점보다 낮게 나타나 음식축제에 대한 전망이 밝지 않다는 것을 알 수 있다. 그 이유로는 여러 가지를 고려해 볼 수 있겠으나, 전국에 너무 비슷한 음식축제가 비슷한 시기에 비슷한 내용과 프로그램으로 진행되고 있어 참석했던 사람들이 식상한 것이 가장 중요하다고 볼 수 있다.

프랑스 파리에서 동남쪽으로 2시간 거리에 위치한 작은 마을인 '모레 쉬르 루앙'에서는 매년 여름밤 마을을 가로지르는 강변에서 '소리와 빛의 축제'를 하고 있다. 모레 쉬르 루앙은 전체 인구가 5천명도 되지 않은 작은 마을로서 큰 시내가 마을을 가로지르고 로마시대까지 거슬러 올라갈 정도로 오래된 건물이 많아서 마을 주민들인 자신들이 사는 이곳을 '지붕 없는 박물관'이라고 자랑스러워하고 있다. 매해 여름밤에 마을에서 개최되는 공연을 보기 위해 관광객들이 방문하는데, 관광객을 겨냥한 상점은 100여 곳이나 될 정도로 성황이다.

공연의 주제는 이 마을의 역사 임. 시간의 흐름 속에서 마을의 역사를 공연을 통해 알리고, 마을의 역사를 공연화하기 위해 연구를 하고 마을 주민들이 적극적으로 참여하게 되었다. 공연을 시작한지는 40년이 넘었으며,

공연 참가자들은 모두 지역주민이며 순수한 자원봉사자들인데, 어른뿐만 아니라 어린아이 모두가 참여하며, 공연에서 여러 역할을 동시에 수행한다. 마을의 축제는 뛰어난 배우와 무대, 볼거리가 없지만 이 마을만의 역사를 스토리텔링화 하고 이를 무대화 했다는 점에서 타 축제가 모방할 수 없는 차별성을 지니고 있다는 점이 가장 큰 성공요인이라고 볼 수 있다. 우리나라의 음식축제가 본받아야 할 가장 중요한 요소라고 볼 수 있다(윤상헌, 임상봉, 김진환, 이한성, 정오현, 2013).

<표 10-6>에는 사회인구학적 변수와 음식축제 참여빈도에 따라 음식축제 참여의도를 분산분석한 결과가 제시되어 있다. 음식축제 참여의도는 교육수준, 월평균가계소득, 종교 및 음식축제 참여빈도에 따라서는 $p < .05$ 수준에서 의미있는 차이를 보였으나, 연령과 직업에 따라서는 차이를 보이지 않았다. Scheffe 검증결과 음식축제 참여의도는 고졸이하인 집단은 전문대졸 집단 및 대졸 이상 집단과 의미있는 차이가 났으나, 전문대졸과 대졸 이상인 집단 사이에는 의미있는 차이가 나지 않았다. 음식축제 참여의도는 전문대졸 집단과 대졸 이상의 소비자가 고졸 이하의 소비자보다 높았다. 음식축제 참여의도는 월평균가계소득이 300만원 이하인 소비자는 400-500만원 미만 및 500만원 이상 소비자와 의미있는 차이가 났으나, 300-400만원 소비자와는 차이가 없었고, 400-500만원 미만과 500만원 이상 사이에서도 의미있는 차이가 났다.

월평균가계소득이 높을수록 음식축제 참여의도가 높았다. 음식축제 참여의도는 기독교 및 천주교가 불교와 의미있는 차이가 났으나, 기타와는 차이가 없었고, 불교와 기타 사이에서도 차이가 없었다. 음식축제 참여의도는 기독교 및 천주교가 다른 집단에 비하여 높았다. 음식축제 참여의도는 모든 음식축제 참여빈도 집단 사이에 의미있는 차이가 났는데, 참여 빈도가 높은 집단일수록 높았다.

<표 10-6>사회인구학적 변수와 음식축제
참여빈도에 따른 음식축제 참여의도의 차이

구분변수			참여의도 빈도	평균	표준편차	Scheffe
인구사회학적변수	연령	30대 이하	131	2.79	.850	
		40대	162	2.73	.794	
		50대 이상	107	2.86	.874	
		F				
	직업	전업주부	131	2.80	.881	
		전문직/사무직	108	2.89	.857	
		판매/서비스직/자영업	124	2.68	.792	
		생산직	19	2.74	.806	
		F				
	교육수준	고졸이하	145	2.64	.831	a
		전문대졸	92	2.83	.820	b
		대졸이상	163	2.89	.832	b
		F	3.589*			
	월평균 가계소득	300만원 이하	55	2.65	.821	a
		300~400 만원 미만	92	2.66	.829	ab
		400~500 만원 미만	84	2.71	.785	b
		500만원 이상	165	2.94	.846	c
		F	3.250*			
	종교	기독교 및 천주교	153	2.92	.823	a
		불교	139	2.67	.855	b
		기타	108	2.74	.802	ab
		F	3.593*			
음식축제 참여빈도		참석안했음	139	2.54	.819	a
		1-2번 참석	160	2.70	.708	b
		3번이상 참석	100	3.28	.830	c
		F	28.035*			

* p <.05

<표 10-7>사회인구학적 변수에 따른 음식축제 구전과 추천의도의 차이

구분변수			구전과 추천의도			
			빈도	평균	표준편차	Scheffe
인구사회학적변수	연령	30대 이하	131	2.94	.884	
		40대	162	2.91	.894	
		50대 이상	107	3.07	.904	
		F				
	직업	전업주부	131	3.05	.880	
		전문직/사무직	108	2.98	.947	
		판매/서비스직/자영업	124	2.85	.884	
		생산직	19	2.89	.994	
		F				
	교육수준	고졸이하	145	2.82	.863	
		전문대졸	92	3.07	.823	
		대졸이상	163	3.03	.946	
		F				
	월평균 가계소득	300만원 이하	55	2.96	.942	
		300~400 만원 미만	92	2.83	.793	
		400~500 만원 미만	84	2.93	.902	
		500만원 이상	165	3.05	.926	
		F				
	종교	기독교 및 천주교	153	3.01	.862	
		불교	139	2.88	.910	
		기타	108	3.00	.917	
		F				
음식축제 참여빈도		참석안했음	139	2.71	.896	a
		1-2번 참석	160	2.93	.786	b
		3번이상 참석	100	3.38	.908	c
		F	18.252*			

* p <.05

<표 10-7>에는 사회인구학적 변수와 음식축제 참여빈도에 따라 음식축제 구전과 추천 의도를 분산분석한 결과가 제시되어 있다. 음식축제 구전과 추천 의도는 음식축제 참여빈도에 따라서만 $p < .05$ 수준에서 의미있는 차이를 보였고, 연령, 직업, 교육수준, 월평균가계소득 및 종교례 따라서는 의미있는 차이를 보이지 않았다. Scheffe 검증결과 음식축제 구전과 추천 의도는 모든 음식축제 참여빈도 집단 사이에 의미있는 차이가 났는데, 참여 빈도가 높은 집단일수록 높았다. 음식축제에 많이 참여한 집단일수록 음식축제에 참여의도, 구전과 추천의도가 높았다는 이 연구결과는 음식축제 프로그램의 차별화와 다양성이 매우 중요하다는 점을 시사한다고 볼 수 있다.

참고문헌

강성진, 도경록, & 조록환. (2014). 지역 음식관광 활성화를 위한 외국인 방문객 시장세분화 연구. 관광연구, 29(5), 177-197.

강신겸. (2001). 지역사회 애착도가 관광개발에 대한 태도에 미치는 영향, 한양대학교 박사학위논문.

강진희. (2017). 향토음식에 대한 경험가치가 향토이미지 제고와 방문의도에 미치는 영향. 관광연구, 32(5), 137-155.

강형기. (1999). 특집/지방문화와 지역축제: 지역축제, 어떻게 성공시킬 것인가; 명확한 축제테마, 주민참여, 지방문화 함께 이뤄져야.

강혜숙, & 김경선. (2012). 지역축제선택속성이 축제의 만족도, 재방문의도 및 구전의도에 미치는 영향. 관광레저연구, 24(6), 39-58.

고동완. (2001). 인구통계적 특성과 상황적 특성에 따른 관광영향 인식의 차이. 관광학연구, 25(3), 63-80.

고동완. (2003). 스키활동에서 위험지각과 감정적 반응이 만족에 미치는 영향. 관광학연구, 28(2), 49-69.

고동우. (1999). 기획 축제 참가자의 내재적 동기, 내재적 보상 및 후속 태도. 관광레저연구, 11(2), 7-21.

고상현. (2015). 불교축제의 현황과 발전 방안. 불교학보, 70, 311-340.

고윤주. (2001). 청소년기 초기의 부모-자녀 및 친구 관계-집단주의와 개인주의 개념을 적용한 한국과 독일 비교 연구. 교육의 이론과 실천, 6(1), 1-18.

고종원, & 최영수. (2005). 프랑스 주요 와인 생산지 및 와인투어를 사례로 한 장소마케팅에 관한 연구.

고호석, & 강만호. (2006). 추구편익에 따른 지역축제 시장세분화에 관한 연구. 한국외식산업학회지, 2(2), 9-30.

곽재용. (2008). 신세대의 가치가 관광행동에 미치는 영향에 관한 연구. 관광레저연구, 20(1), 91-108.

권미영, 고호석, & 양진연. (2014). 음식관광 태도와 음식관광객 활동이 전체 만족도 및 행동의도에 미치는 영향. 지역산업연구, 37, 263-286.

권상미, 서성용, & 이관표. (2010). 축제의 고객기반 브랜드자산이 방문객의 지각된 가치와 개최지역 태도에 미치는 영향: 함평 나비축제와 보령 머드축제의 비교. 관광레저연구, 22(2), 77-96.

권익현, & 유창조. (1997). 레저 시설 내에서의 소비자 감정적 반응에 대한 실증연구. 소비자학연구, 8(1), 59-78.

권정택. (2000). 관광이벤트의 방문동기와 사후 이미지가 만족과 재방문 의도에 미치는 영향. 대구대학교 박사학위논문.

김광근.최창권 (2002). 2001년 세계음식문화 큰잔치의 이미지에 관한 연구. 2002년도 대한관광경영학회 제19차 동계정기학술발표대회 논문집, 35-54.

김광용, & 조선배. (2014). 기업의 사회적 책임 (CSR) 이 소비자인식과 행동의도에 미치는 영향. 관광연구저널, 28(2), 65-73.

김기영, & 김지연. (2013). 공정무역 커피 인지도가 만족 및 구매의도에 미치는 영향. 관광연구저널, 27(1), 81-96.

김기현, & 윤유식. (2015). 문화관광축제 평가속성과 방문객 만족, 충성도, 이미지개선 구조적 관계분석. 관광레저연구, 27(5), 185-200.

김대우.오순환(2003). 실증연구를 통한 문화관광축제의 발전방안 탐색. 산업경영논총, 10, 1-16.

김동준, & 김충호. (2015). 요우커 (旅客) 의 음식관광 경험에 대한 질적 연구. 한국외식산업학회지, 11(1), 95-105.

김동호. (2000). 관광자원으로서의 음식문화에 관한 문헌적 고찰. 한국공원휴양학회지, 2(1), 287-304.

김문명, 김상범, & 이수범. (2012). 음식문화축제 서비스 품질과 관여도가 만족 및 재방문의도에 미치는 영향. 관광연구저널, 26(6), 271-285.

김민정, & 전현모. (2015). 음식축제 웹사이트 서비스품질과 이용후기 정보성이 이용만족 및 행동의도에 미치는 영향에 관한 연구. 한국조리학회지, 21(4), 294-308.

김보민, 고재윤, & 김현영. (2016). 페스티벌스케이프가 행동의도에 미치는 영향 연구. 호텔경영학연구, 25(1), 61-77.

김복일, & 오영준. (1998). 광주. 전남지역 향토음식의 관광 상품화 방안에 관한 연구. 관광정보 연구, 195-226.

김상철. (2000). 지역축제의 향토음식 관광상품화에 관한 연구. 한국조리학회지, 6(3), 193-223.

김서연, & 류기상. (2014). 1 인 전용 레스토랑에 대한 고객의 방문의도 연구: 확장된 계획행동이론을 중심으로. 외식경영연구, 17, 53-75.

김선주, 박현정, & 이경희. (2011). 한국인과 동남아시아인의 푸드네오포비아와 음식관여도 차이 비교. 한국식생활문화학회지, 26(5), 429-436.

김선희. (2007). 지역축제에 참여한 지역주민과 외지관광객의 만족도 비교연구: 나주 영산강 문화축제를 중심으로. 관광학 연구, 31(1), 407.

김성곤, 이선호, & 이종호. (2017). 음식관광 참여활동, 관광만족도, 행동의도 간의 구조적인 인과관계-관광만족도의 매개효과. 관광학연구, 41(7), 11-26.

김수인, 박연진, 김소영, & 장혜진. (2013). 향토음식 특화 거리의 관광상품화와 활성화 방안 연구-담양 죽순 푸드빌리지를 중심으로. 한국식생활문화학회지, 28(4), 348-355.

김지희, 김화진, & 한진수. (2010). 호텔패키지 상품의 체험 (Experience) 요소와 즐거움, 만족도, 행동의도 간의 관계에 관한 연구. 소비문화연구, 13, 39-60.

김진성, 김진성 (2007). 남원 세계허브산업엑스포 방문객의 만족과 재참가 의도간의 관계. 서비스경영학회지, 8(1), 215-237.

김영미, & 박광천. (2016). 한방의료관광 진흥을 위한 탐색적 연구-광주권 한방의료관광 공급자간 교류 네트워크 분석을 중심으로. 관광학연구, 40(3), 175-195.

김영석. (2015). 축제서비스품질 국내 연구동향. 관광연구, 30(4), 1-28.

金龙勋, 金熙杰, 최준식, 최종산, & 이종인. (2015). 지역축제 방문객들의 축제 방문 의사결정과정에 관한 연구. 농업생명과학연구, 49(2), 153-164.

김은혜, & 이민아. (2010). 음식관광에 대한 소비자의 인식 및 요인분석. 대한지역사회영양학회지, 15(1), 83-93.

김장호. (2012). 음식관광축제의 현황 및 활성화 방안에 관한 연구. 한국조리학회지, 18(5), 129-145.

김장호, 홍종숙, & 백남길. (2017). 음식축제를 찾는 방문객들의 참여동기가 만족도에 미치는 영향에 관한 연구. 한국외식산업학회지, 13(1), 27-39.

김재곤, & 송경숙. (2011). 축제이벤트에서의 전통향토 음식체험관광에 대한 관광동기가 기대도와 지역애착 및 관광만족에 미치는 영향. 한국콘텐츠학회논문지, 11(10), 434-448.

김정룡, 박지수, & 김미숙. (2003). 정보전달형 TV 광고와 감성유발형 TV 광고의 뇌파반응 비교. 대한인간공학회지, 22(4), 1-13.

김정훈. (2007). 문화관광축제 방문객의 평가속성 만족과 행동의도에 관한 연구: -2006 광주김치대축제를 중심으로. 마케팅과학연구, 17(2), 55-73.

김정훈. (2011). IPA 를 통한 축제방문객의 만족과 행동의도에 미치는 영향요인 연구. 지역사회연구, 19(2), 139-162.

김정훈, 장미향, & 김대철. (2016). 음식 관여도 및 신기성 추구가 음식관광 행동과 전주비빔밥 축제 재방문의도에 미치는 영향. 관광연구저널, 30(6), 71-84.

김종관, & 정강환. (2015). 축제 서비스품질이 방문객만족 및 축제성과에 미치는 영향. 문화산업연구, 15(3), 93-101.

김주연, & 안경모. (2009). 음식문화축제 서비스품질이 방문객의 만족 및 행동의도에 미치는 영향: 2008 서울푸드페스티발 사례를 중심으로. 외식경영연구, 12(1), 315-336.

김지희, 김화진, & 한진수. (2010). 호텔패키지 상품의 체험 (Experience) 요소와 즐거움, 만족도, 행동의도 간의 관계에 관한 연구. 소비문화연구, 13, 39-60.

김진성. (2007). 남원 세계허브산업엑스포 방문객의 만족과 재참가 의도간의 관계. 서비스경영학회지, 8(1), 215-237.

김창수, & 노경희. (2007). 지역축제 서비스품질이 축제 적합성과 지역발전성과에 미치는 영향 연구: 시흥 갯골축제를 중심으로. 관광학연구, 31(5), 437-459.

김창환. (2003). 춘천막국수 축제의 실태 분석 연구. 강원문화연구, 22, 31-47.

김판영. (2014). 축제 서비스품질과 지각된 축제만족, 구전의도와의 영향관계. 한국콘텐츠학회논문지, 14(5), 403-410.

김한도, & 조승아. (2014). 음식문화축제의 성공요인과축제개최에 대한 지역주민 태도와의 관계-진해 웅천지역을 중심으로. Tourism Research, 39(3), 199-218.

김헌철. (2014). 향토음식점 이용 동기에 따른 시장세분화에 관한 연구-완도관광객을 대상으로. Tourism Research, 39(2), 1-16.

김현지, & 최지영. (2014). 음식축제 방문동기와 만족도 및 충성도에 관한 연구. 동북아관광연구, 10(2), 201-223.

김현철. (2009). 건강메뉴 지각, 축제음식에 대한 우려, 축제 만족 및 재방문의도 간의 구조적 관계. 관광학연구, 33(4), 357-379.

김홍길, & 구정대. (2014). 지역축제 서비스품질과 이미지, 지각된 가치, 만족 및 충성도에 대한 영향. 관광연구저널, 28(3), 147-159.

김홍철. (2012). 지역축제의 서비스품질과 축제만족도, 사후행동의도 간의 구조관계에 관한 연구: 익산전국돌문화축제를 사례로. 한국지역지리학회지, 18(3), 326-335.

김홍렬, & 이광옥. (2012). 지역축제 환경단서와 체험이 만족도와 행동의도에 미치는 영향 연구. 관광연구저널, 26(2), 73-86.

남민정. (2013). 외국인 관광객의 목표지향적수용의도 예측, 새로운 유형의 한식퀵서비스레스토랑을 대상으로, 한양대학교, 일반대학원, 관광학전공 박사학위논문.

노정희, & 유주. (2013). 중국유학생의 한국 국내관광 행동의도 예측. 관광연구, 28(5), 23-44.

대홍기획. (2002). Changing Korean, 마케팅컨설팅그룹.

류인평. (2010). 지역축제의 참여동기와 만족, 행동의도에 관한 연구-고창청보리밭 축제를 중심으로. 관광연구, 25(3), 337-352.

류정아. (2003). 축제인류학. 살림출판사.

류정아. (2006). 한국지역축제 조사평가 및 개선방안 연구. 서울: 한국문화관광정책연구원.

문태현(1996). 대구경북지역문화의 세계화를 위한 정책과제. 한국행정논정, 8(4): 771-794.

민계홍. (2010). 김제지역의 향토음식 개발을 통한 관광상품화 연구. 관광연구저널, 24(3), 295-309.

민영희, & 박금순. (2010). 경북향토음식에 대한 실태조사. 한국식품조리과학회지, 26(4), 434-440.

박경진, 천석조, 박기환, 홍종해, & 김정원. (2003). 식중독 경험 및 식품안전에 대한 인식조사. 한국식품위생안전성학회지, 18(3), 139-145.

박대환, & 장병주. (2017). 청도 반시축제 이용객의 지역축제 이미지, 지역애착도와 축제개최성과의 인식차이에 관한 연구. 관광레저연구, 29(10), 277-292.

박명진. (1992). TV드라마가 생산하는 즐거움(Pleasure)의 다원적 기능에 관한 연구. 서울, 방송문화진흥회.

박민아. (2015). 자원봉사활동 지속의지에 영향을 미치는 자원봉사동기에 관한 연구. 서비스산업연구, 13(1), 59-70.

박병렬. (2000). 전통향토음식을 활용한 인제지역의 관광상품화 방안. 관광연구논총, 12, 123-144.

박보경. (2006). 지역축제의 정책집행상의 성공요인에 관한 연구: 부산국제영화제를 대상으로. 서울대학교. 석사학위논문.

박수경, 박지혜, & 차태훈. (2007). 체험요소 (4Es) 가 체험즐거움, 만족도, 재방문에 미치는 영향: Pine 과 Gilmore 의 체험경제이론 (Experience Economy) 을 중심으로. 광고연구], 가을호, 55-78.

박영기, & 박재성. (2013). 커피전문점에 대한 서비스인식이 고객만족과 행동의도에 미치는 영향. 관광연구저널, 27(6), 201-218.

박조원. (2014). 신문의 관광보도 내용분석. 한국콘텐츠학회논문지, 14(11), 68-78.

박종철, 김경진, & 이한준. (2010). 한국형 기업의 사회적 책임활동 측정을 위한 척도 개발 연구: 소비자 인식을 중심으로. 한국마케팅학회지, 12(2), 27-52.

박진영, 이태희, & 김용근. (2000). 지역축제의 중요도-성취도 분석에 관한 연구. 한국공원휴양학회지, 2(1), 61-69.

박진호, & 김건휘. (2018). 관광객 태도가 음식관광동기와 관광만족도 간에 조절효과 연구. 한국엔터테인먼트산업학회논문지, 12(1), 1-11.

배만규. (2008). 축제의 장소 정체성에 관한 연구. 제 64차 한국관광학회 학술연구논문집 (2), 359-373.

부명숙, 오창호, & 서문식. (2010). 향토음식축제의 서비스품질요인과 재방문 영향관계에서의 인지도 조절효과 분석. 서비스경영학회지, 11(1), 1-27.

부숙진. (2008). 국제사회; 축제개최 지역주민의 축제효과요인 인식이 축제참여도 및 만족도에 미치는 영향-한국 보령시를 중심으로. 국제지역연구, 12(3), 567-588.

서구원, & 김경선. (2010). 전통문화축제에 대한 방문의도와추천의도에 미치는 영향요인. Journal of Leisure Studies, 8(2), 33-58.

서동구, & 주현식. (2008). 호텔레스토랑의 로하스 이미지와 관여도, 고객만족, 고객충성도와의 영향관계. 관광연구, 23(1), 399-420.

서용석, 이훈, & 임동일. (2008). 신생 도시축제의 지역영향인식 구조모형. 한국콘텐츠학회논문지, 8(10), 328-341.

서철현. (2010). 지역축제 방문객들의 만족도에 대한 인구통계적 차이 연구. 호텔경영학연구, 19(2), 153-169.

서철현, 안현영, & 김용철. (2009). 지역축제의 브랜드가치, 브랜드이미지, 브랜드태도에 관한 연구. 관광연구, 24(3), 147-168.

서휘석, & 윤정현. (2006). 지역축제의 성공요인에 관한 연구-안동국제탈춤페스티벌, 함평나비축제, 익산서동축제를 중심으로. 지방행정연구, 20(4), 207-229.

서휘석, & 이동기. (2001). 지역축제의 성공전략에 대한 탐색적 접근. 한국공공관리학보, 15(2), 199-213.

선우영수, & 손재영. (2012). 향토음식축제의 서비스스케이프가 행동의도에 미치는 영향. 관광연구, 27(5), 299-316.

성보현, & 조록환. (2014). 확장된 계획행동이론을 통한 지역특산음식 구매행동 영향요인 분석. 관광연구논총, 26(4), 91-112.

성현선, & 임재국. (2008). 지역축제 서비스품질이 방문객의 감정, 만족 및 행동의도에 미치는 영향. 호텔경영학연구, 17(4), 247-263.
손선미. (2017). 축제의 품질과 프로그램 만족이 후속태도에 미치는 영향. 이벤트컨벤션연구, 13(1), 1-16.
손영곤, & 이병관. (2012). 계획된 행동이론을 적용한 사회인지적 행동 모델의 유용성에 대한 메타분석. 한국언론학보, 56(6), 127-161.
손영진. (2013). 한식 레스토랑의 물리적 환경에 대한 인식이 고객의 전환의도에 미치는 영향. 관광연구저널, 27(5), 221-233.
손은미, & 조문수. (2016). 음식소비동기와 음식관련 체험활동 선호도가 음식관광 참여의도에 미치는 영향. 관광레저연구, 28(3), 233-251.
손정기, & 한상일. (2016). 음식관광에 대한 태도, 주관적 규범, 지각된 행동통제가 행동의도에 미치는 영향에 관한 연구-PA (즐거움, 각성) 감정척도를 적용한 수정된 계획행동이론을 중심으로. 관광학연구, 40(3), 11-33.
송성인(2013). 지역호텔 개발이 지역주민의 인식에 미치는 효과에 관한 연구: 청주시를 중심으로. Tourism Research, 38(4), 45-60.
송유형, & 박시원. (2014). 축제 참가동기와 서비스품질이 만족 및 재방문의도에 미치는 영향. 이벤트컨벤션연구, 10(1), 21-36.
송인숙, 윤명애, & 양덕순. (2013). 중년기 여성 소비자의 자신을 위한 소비에 대한 탐색적 연구-40 대 전업주부를 대상으로. 소비자정책교육연구, 9(3), 39-60.
송학준, & 이충기. (2010). 목표지향적 행동모형을 이용한 복합리조트 카지노 방문객의 행동의도 예측. 관광레저연구, 22(5), 341-360.
송학준, & 이충기. (2010). 목표지향적 행동모형을 이용한 복합리조트 카지노 방문객의 행동의도 예측. 관광레저연구, 22(5), 341-360.
송학준, 이충기, & 부숙진. (2011). 계획행동이론을 이용한 자연기반 축제의 방문행동 이해. 관광연구저널, 25(4), 21-38.
송화성, & 윤자연. (2015). 축제 방문객의 장소애착 수준별 집단 특성 분석. 관광연구, 30(4), 231-251.
신동호. (2008). 미국 캘리포니아의 와인생산 클러스터에 관한 연구: 나파· 소노마 지역을 사례로. 한국경제지리학회지, 11(1), 130-147.
신우성. (2009). 문화관광축제 서비스품질과 가치가 관광객만족 및 행동의도에 미치는 영향. 농촌관광연구, 16(3), 107-125.
신창열, 송학준, & 이충기. (2012). 축제품질, 축제주제 인식, 지각된 가치, 만족도 간 구조관계 연구. 관광연구, 25(6), 205-225.
신황호, 손호기, 우수곤, & 조록환. (2016). 마을중심 6 차산업화 활성화를 위한 유유누에마을 참뽕문화 축제개발 영향연구. 관광연구, 31(3), 337-355.
심규원, & 이주희. (2010). 지역축제의 서비스품질이 방문객 만족도 및 충성도에 미치는 영향. 한국산림휴양학회지, 14(1), 31-39.
안광호, 이지은, & 전주언. (2009). 브랜드 태도와 브랜드 애착 형성의 이중경로가 브랜드 충성도에 미치는 효과에 관한 연구. 광고학연구, 20(5), 67-89.
안국찬. (2001). 2001 년도 동계학술대회 발표논문집: 지역축제의 문제점과 개선방안-전북의 사례를 중심으로.
양길승. (2015). 음식축제의 물리적 환경과 지역이미지와의 관계에서 관계품질의 매개효과 연구. 관광연구저널, 29(3), 93-107.
안남일. (2016). 스토리콘텐츠, 축제의 새로운 가능성. 글로벌문화콘텐츠학회 학술대회, 9-14.
안미정, 김진영, & 김창훈. (2009). 농산물 지역축제를 통한 농촌소득 제고 방안.
안순태, 이하나, & 박현정. (2016). 소셜미디어 네이티브 광고의 감성 자극이 심리적 각성과 광고 효과에 미치는 영향에 관한 연구. 방송통신연구, 95, 112-145.
안주아, 황경아, & 윤석년. (2011). 기업의 사회공헌 활동에 대한 소비자 인식 분석. 한국언론정보학보, 237-256.
안태기. (2017). 축제만족도가 축제장 방문객들의 재방문 결정적 영향분석-순천 푸드 & 아트 페스티벌 중심으로. 한국융합학회논문지, 8(11), 241-247.
양영관, & 김기범. (2012). 지역민의 환경의식과 결속력이 생태관광축제 태도에 미치는 영향 연구. 서비스산업연구, 9(1), 1-16.
양일선, 장해진, 신서영, & 정라나. (2004). 한국 전통 음식 문화를 소재로 한 인바운드 관광상품 개발. 외식경영연구, 7, 87-116.
여호근. (2007). 해양관광자의 주관적 규범, 자아 효능감, 전환태도가 전환의도 및 전환행동, 재참가 의도에 미치는 영향. 관광레저연구, 19(3), 7-27.
오선영, & 강해상. (2011). 축제에서의 체험이 브랜드 태도, 만족도 및 행동의도에 미치는 영향. 관광레저연구, 23(3), 7-22.
오수진, & 이정희. (2007). 지역축제의 서비스 품질요인과 방문객 만족도 및 재방문에 관한 연구. 이벤트컨벤션연구, 3(1), 24-40.
오정근, & 이훈. (2008). 축제 이해집단이 인식하는 지역축제의 의미. 관광연구논총, 20(2), 87-116.
유근준, & 이승곤. (2014). 한방축제의 서비스품질과 지역이미지가 방문객 만족 및 한방우수성 인식에 미치는 영향. 관광연구저널, 28(1), 103-116.
유영심. (2016). 축제 프로그램 선호도와 축제매력성과의 영향관계. 관광레저연구, 28(5), 295-310.
유종서, & 이원옥. (2011). 방문동기에 따른 세분시장별 축제방문객 특성분석. 관광연구논총, 23(3), 133-149.
유지은, 이지현, & 안성근. (2012). 향토음식의 개발이 지역주민의 애착, 자긍심 및 축제참여의도에 미치는 영향에 관한 연구. 관광레저연구, 24(1), 473-491.
윤상헌, 임상봉, 김진환, 이한성, & 정오현. (2013). 소규모 농촌 지역축제 효과 분석 및 활성화 모델 개발. 농림축산식품부.
윤석주, & 임연정. (2017). 강원도 지역축제 지속성이 만족도에 미치는 영향. 산업진흥연구, 2(1), 77-83.
윤설민. (2011). 확장된 계획행동이론 (ETPB) 을 적용한 모험적 여가활동에 대한 행동분석. 호텔경영학연구, 20(6), 189-208.
윤형숙, & 선영란. (2010). 관광과 음식축제, 지역정체성. 민족문화논총, 44, 325-350.

은지영, & 박양우. (2014). 축제 서비스품질이 이미지와 재방문의도에 미치는 영향. 관광연구저널, 28(12), 29-43.

이경모, & 손선미. (2006). 방문객특성에 따른 음식문화축제 방문의도 차이분석: 문화관광부 지정 3 대 음식문화축제를 중심으로. 외식경영연구, 9(4), 209-226.

이덕순. (2013). 음식관광 관여도와 동기가 참여활동과 만족도에 미치는 영향. 관광연구, 28(5), 325-342.

이명천, & 김요한. (2013). 광고 핵심 이론. CommunicationBooks.

이사원. (2012). 음식관광 동기요인에 관한 연구. 우석대학교 대학원 석사학위논문.

이상미. (2010). 음식관광의 참여활동이 방문의도에 미치는 영향. 한국콘텐츠학회논문지, 10(8), 417-425.

이상원. (2015). 세계음식관광박람회 경연참가자의 동기와 관여도 및 자아성취감에 관한 연구. 관광연구저널, 29(8), 17-35.

이소영. (2008). 음식관광자원 인벤토리 및 음식관광상품 경쟁력 평가도구 개발. 연세대학교 석사학위논문.

이수범, & 전유정. (2010). The role of food-service in regional festivals. 관광연구저널, 24, 35-49.

이수정. (2000). 정서의 경험과정과 개인차 측정가능성. 한국심리학회지: 사회 및 성격, 14(2), 43-62.

이승곤, 양승탁, & 한지훈. (2012). 확장된 계획행동이론을 적용한 레저항공축제 참가자의 행동의도에 관한 연구. 관광레저연구, 24(4), 273-291.

이승곤, & 한지훈. (2005). 지역축제 서비스 품질의 만족이 재방문 의도에 미치는 영향. 관광연구저널, 19(2), 299-313.

이원옥, & 이덕원. (2010). 지역축제 재방문의사의 영향요인 분석. 대한경영학회지, 23(4), 1859-1876.

이원옥, 이형룡, & 우상철. (2009). 와인이벤트 참가자의 참가동기에 따른 시장세분화와 결정요인 분석. 관광레저연구, 21(2), 105-124.

이용관, & 김혜인. (2014). 지역 문화· 관광 역량에 따른 축제의 집객 효과 분석. 문화정책논총, 28(2), 154-172.

이윤정, & 윤예리. (2017). 인천지역 향토음식의 형성과 변화. 외식경영연구, 20, 171-188.

이은미, & 강인호. (2007). 관광목적지 이미지와 관광동기가 관광객 만족에 미치는 영향. Tourism Research, 24(단일호), 47-63.

이인옥, 손건, & 김태희. (2015). 한류스타 관여도가 한국음식에 대한 인식, 선호도 및 구매의도에 미치는 영향. 호텔경영학연구, 24(5), 1-19.

이재곤, 홍정화, & 송기현. (2011). 관광축제가 지역민의 태도와 관광개발 지지에 미치는 영향. 동북아관광연구, 7(4), 209-228.

이정원, 이상미, & 문보영. (2009). 에스닉 레스토랑의 이미지가 음식관광 참여의도에 미치는 영향. 외식경영연구, 12(5), 205-227.

이제용, & 이광옥. (2017). 문화관광축제의 서비스품질, 지각된 가치, 만족, 충성도와의 구조적 관계. 한국콘텐츠학회논문지, 17(8), 338-350.

이종호, 옥정원, & 박효현. (2008). 점포환경으로 인한 환기와 즐거움, 행동의도 간의 관계에 대한 연구. 유통연구, 13(4), 21-46.

이준엽. (2003). 지역이벤트 관광객의 추구편익에 따른 만족도에 관한 실증적 연구. 관광.레저연구, 14(3), 193-212.

이준엽, & 권미영. (2009). 음식관광객의 관여가 음식관광 참여활동과 행동의도에 미치는 영향. 관광경영연구, 39(단일호), 177-198.

이준엽, & 안태기. (2008). 축제방문자의 먹거리 구매행동 예측에 대한 계획행동이론의 적용. 한국콘텐츠학회논문지, 8(2), 116-124.

이지현. (2013). 한국음식의 문화콘텐츠화 방안연구 : 유네스코 미식창의도시 전주를 중심으로. 한국외국어대학교 석사학위논문.

이지훈, 구동모, 이미정, & 임성혁. (2011). 온, 오프라인 매장 쇼핑고객의 지배력, 환기, 즐거움 등 감정요인간의 인과관계와 이들 요인이 행동의도에 미치는 영향의 차이 분석. 마케팅관리연구, 16(1), 89-123.

이창언, & 양종렬. (2014). 지속가능한 문화관광개발에 관한 연구. 민족문화논총, 57, 255-278.

이학식, & 김영(2000). 합리적 행동이론의 평가와 대안적 견해: 소비자 구매행동의 맥락에서. 소비자학연구, 11(4), 21-47.

이학식, 안광호 & 하영원(2015). 소비자행동: 마케팅전략적 접근 6판. 집현재.

이 훈. (2005). 왜 지역축제에 참가하지 않는가?: 비참여자의 장소애착도와 여가제약이론을 중심으로. 소비문화연구, 8, 31-47.

이 훈. (2006). 축제체험의 개념적 구성모형. 관광학연구, 30(1), 29-46.

임명재, & 임미라. (2010). 관광축제 지각된 서비스 품질, 태도, 행동의도간의 관계분석. 한국콘텐츠학회논문지, 10(6), 460-470.

임영상. (2015). 코리아타운 축제와 스토리텔링. 글로벌문화콘텐츠, 209-234.

임재해 (2000). 지역문화와 문화사업. 서울: 지식산업사.

장경수. (2005). 축제의 서비스품질이 방문자 만족과 행동의도에 미치는 영향. 관광연구, 19(3), 131-145.

장순옥, & 이연정. (2009). 영천 향토음식에 대한 주민 인식과 관광상품화 의도에 관한 연구. 한국식품조리과학회지, 25(4), 452-466.

장순희. (2001, September). 지역활성화를 위한 지역축제의 발전방안. In 한국행정학회 Conference 자료, 203-220.

장지원, 김태희, & 이인옥. (2014). Kano 모델을 이용한 음식관광지 선택속성 분류에 관한 연구. 호텔경영학연구, 23(3), 225-244.

장해진, 양일선, 정라나, & 신서영. (2004). 국내외 전통음식 관련 관광상품의 현황분석. 한국식생활문화학회지, 19(4), 392-398.

정강환. (1996). 특집 논문/지방자치와 지방문화: 지역활성화를 위한 이벤트와 지역축제 진흥방안-지역축제이벤트의 관광자원화를 중심으로. 지방행정연구, 11(3), 3059-3082.

정강환, & 윤유식. (2004). 축제 방문객 만족도가 지역 문화관광에 미치는 영향에 관한 연구. 관광레저연구, 16(2), 287-303.
정다은, & 양승룡. (2015). DEA 를 이용한 푸드투어리즘 축제의 경영효율성 분석. 관광경영연구, 67(단일호), 85-103.
정미란, & 고재윤. (2010). 문화적 가치가 와인구매동기 및 만족도에 미치는 영향: Hofstede 이론의 적용. 관광레저연구, 22(5), 243-261.
정민의. (2003). 지역축제 기획요소에 관한 사례연구. 문화관광연구]. 문화관광연구학회, 5(2), 61-82.
정승훈. (2010). 지역축제의 서비스품질, 지각된 가치, 만족, 충성도의 영향 관계. 한국콘텐츠학회논문지, 10(11), 391-402.
정승훈. (2015). 해양축제의 환경단서가 방문객의 긍정적 감정, 지각된 가치, 전반적 만족 및 행동의도에 미치는 영향. 관광연구저널, 29(3), 77-92.
정용악, & 이장주. (2004). 지역축제 참여동기에 따른 만족과 재방문에 관한 연구-남도음식문화 큰잔치를 중심으로. 문화관광연구, 6(1), 97-114.
정용화. (2005). 지역축제 활성화에 관한 연구. 조선대학교 대학원 석사학위 청구논문.
정윤희. (2010). 경험재의 지속적 선택에 영향을 주는 요인에 관한 연구. 마케팅연구, 25(1), 49-80.
정윤희, & 이종호. (2009). 경험적 소비에서 경험특성, 즐거움과 죄책감, 재경험 의도의 관계. 경영학연구, 38(2), 523-553.
정희경, & 윤해진. (2016). 확장된 목표지향 행동모델을 이용한 저비용항공사의 재구매의도에 관한 연구. 관광레저연구, 28(3), 309-327.
조광익, & 김남조. (2002). 관광의 영향이 지역주민의 태도와 관광개발에 미치는 구조효과 분석. 관광학연구, 26(2), 31-51.
조미란, & 천혜정. (2016). 여성소비자에 대한 연구경향 분석: 소비자학 분야 3 대 학회지 게재논문을 중심으로. 소비자정책교육연구, 12(1), 119-150.
조태영. (2011). 지역축제 방문객의 방문동기에 따른 지역축제 이미지가 만족에 미치는 영향-금산 인삼축제 방문객을 중심으로. 관광연구, 26(1), 421-440.
조태영, 하동현, & 김성민. (2009). 지역축제 참여자간의 행동의도와 만족도 비교연구 -2008 경주 한국의 술과 떡 잔치를 중심으로. 관광경영연구, 40(단일호), 155-175.
진보라, & 이상호. (2018). 지역음식의 온라인 관광홍보를 위한 SNS 연관어 분석. 관광레저연구, 30(1), 419-435.
진시지에(2013). 확장된 목표지향 행동모형을 적용한 브랜드 한우 구매동기 연구. 강원대학교, 일반대학원, 농업자원경제학과 경제학전공 석사학위논문.
진영재. (2009). 음식 축제 시스템 구성 요인이 방문객 평가 및 재방문 의도에 미치는 영향: 제 15 회 남도음식큰잔치를 대상으로. 한국조리학회지, 15(2), 188-204.
차경희. (2012). 국내외 미식관광의 현황과 전망. 동아시아식생활학회 학술발표대회논문집, 72-74.
최광환, & 이준엽. (2010). 한국지역축제의 핵심성공요인 (CSF) 과 측정변수 개발. 관광학연구, 34(3), 99-123.
최규성. (2004). 관광개발에 대한 지역주민의 태도 모형화 연구: 강원도 폐광지역을 중심으로, 강원대 대학원, 박사학위논문.

최성수, 유근준, & 권용주. (2011). 스타벅스의 CSR 활동이 기업평판과 사회적 연결감 및 고객구매의도에 미치는 영향. 관광레저연구, 23(2), 97-116.

최영민, & 길가영. (2017). 음식축제 방문동기가 관광지 선택과 만족도에 미치는 영향. 문화산업연구, 17(3), 147-158.

최인섭, & 정강환. (2016). 와인축제 방문객 분석 및 축제 개선방안에 대한 연구. 문화산업연구, 16(3), 129-135.

최정화, & 서태양. (2012). 축제와 자아 이미지 일치성이 관광객 만족 및 충성도에 미치는 영향-김제 지평선 축제를 중심으로. Tourism Research, 35, 151-170.

최지호, & 문연희. (2011). 이슈별 CSR 활동이 기업 충성도에 미치는 영향. 상품학연구, 29, 101-111.

한국문화체육관광부. (2010). 2010년 한국축제자료.

한국문화체육관광부. (2012). 문화관광축제 육성방안.

한국문화체육관광부. (2014). 2013 외래 관광객 실태조사.

한국문화체육관광부. (2017). 지역축제 개최계획.

한덕웅, & 이민규. (2001). 계획된 행동이론에 의한 음주운전 행동의 설명. 한국심리학회지: 사회 및 성격, 15(2), 141-158.

한숙영. (2010). 지역축제 체험활동에서의 체험영역 측정척도 개발. 기업경영연구 (구 동림경영연구), 36(단일호), 19-36.

한억. (1994). 한국음식문화 세미나/향토음식의 개발과 보급. 식품과학과 산업, 27(2), 15-37.

함석종, & 박선희. (2009). 지역축제의 영향에 대한 지역주민 인식. 관광연구저널, 23(1), 191-206.

허성란. (2010). 생태축제영향 인식이 지역주민의 태도와 참여의사에 미치는 영향. 관광경영연구, 43(단일호), 269-290.

현용호, & 홍경완. (2011). 축제 방문동기 집단에 따른 축제 서비스 품질, 지역 관광 이미지, 재방문 의도간 구조적 관계 고찰. 관광연구논총, 23(1), 169-191.

홍경완. (2007). 지역축제 물리적 환경이 방문객 감정과 만족에 미치는 영향. 관광연구저널, 21(1), 41-54.

홍경완, & 김현철. (2005). 관광축제 서비스품질, 즐거움과 각성 및 방문객 만족에 관한 인과관계 연구. 관광학연구, 30(3), 125-144.

황미진, 황용희, & 이완수. (2015). 주부소비자의 준거집단 민감성과 자민족중심주의가 수입 가전제품 구매의향에 미치는 영향. 소비자문제연구, 46(1), 89-116.

황윤미, & 이상정. (2012). 음식축제 관람객의 관광행위지향성과 만족도, 사후행위의도의 영향 관계. 한국조리학회지, 18(1), 168-181.

Aaker, D. A., Stayman, D. M., & Hagerty, M. R. (1986). Warmth in advertising: Measurement, impact, and sequence effects. Journal of Consumer Research, 12(4), 365-381.

Adelaar, T., Chang, S., Lancendorfer, K. M., Lee, B., & Morimoto, M. (2003). Effects of media formats on emotions and impulse buying intent. Journal of Information Technology, 18(4), 247-266.

Ajzen, I. (1985), From intentions to actions : A theory of planned behavior: In J. Kuhl and J. Beckmann (Eds.), Action-control: From cognition to behavior, 11-39. Springer Berlin Heidelberg.

Ajzen, I. (1988). Attitudes, personality and behavior (Chicago. IL, Dorsey.

Ajzen, I. (1991). The theory of planned behavior. Organizational behavior and human decision processes, 50(2), 179-211.

Ajzen, I. (2002). Perceived behavioral control, self-efficacy, locus of control, and the theory of planned behavior. Journal of applied social psychology, 32(4), 665-683.

Ajzen, I., & Driver, B. L. (1992). Application of the theory of planned behavior to leisure choice. Journal of leisure research, 24(3), 207.

Ajzen, I., & M. Fishbein. (1980). Understanding Attitudes and Predicting Social Behavior. Prentice-Hall Englewood Cliffs. NJ. USA.

Bagozzi, R. P. (1989). An investigation of the role of affective and moral evaluations in the purposeful behaviour model of attitude. British Journal of Social Psychology, 28(2), 97-113.

Bagozzi, R. P., Gopinath, M., & Nyer, P. U. (1999). The role of emotions in marketing. Journal of the academy of marketing science, 27(2), 184-206.

Bagozzi, R. P., Z. Gurhan-Chnli & J. R. Priester (2002). The Social Psychology of Consumer Behaviour. 소비자행동의 심리학, Open University Press(김완석. 이성수 역). 서울: 시그마프레스.

Bamberh, S., Ajzen, I., & Schmidt, P. (2003), Choice of travel mode in the theory of planned behavior : The roles of past behavior, habit, and reasoned action. Basic and applied social psychology, 25(3), 175-187.

Bandura, A. (1997). Self-efficacy: The exercise of control. Macmillan.

Berger, J., & Milkman, K. L. (2012). What makes online content viral?. Journal of marketing research, 49(2), 192-205.

Bloch, P. H., & Richins, M. L. (1983). A theoretical model for the study of product importance perceptions. The Journal of Marketing, 69-81.

Boulding, W., Kalra, A., Staelin, R., & Zeithaml, V. A. (1993). A dynamic process model of service quality: from expectations to behavioral intentions. Journal of marketing research, 30(1), 7.

Bruwer, J. (2003). South African wine routes: some perspectives on the wine tourism industry's structural dimensions and wine tourism product. Tourism management, 24(4), 423-435.

Carlsen, P. J. (2004). A review of global wine tourism research. Journal of wine research, 15(1), 5-13.

Carrus, G., Passafaro, P., & Bonnes, M. (2008). Emotions, habits and rational choices in ecological behaviours: The case of recycling and use of public transportation. Journal of environmental psychology, 28(1), 51-62.

Cătălin, M. C., & Andreea, P. (2014). Brands as a mean of consumer self-expression and desired personal lifestyle. Procedia-Social and Behavioral Sciences, 109, 103-107.

Cheng, S., Lam, T., & Hsu, C. H. (2006). Negative word-of-mouth communication intention: An application of the theory of planned behavior. Journal of Hospitality & Tourism Research, 30(1), 95-116.

Clore, G. L., Schwarz, N., & Conway, M. (1994). Affective causes and consequences of social information processing. Handbook of social cognition, 1, 323-417.

Cooke, K. (1982). Guidelines for socially appropriate tourism development in British Columbia. Journal of travel research, 21(1), 22-28.

Davis, D., Allen, J., & Cosenza, R. M. (1988). Segmenting local residents by their attitudes, interests, and opinions toward tourism. Journal of travel research, 27(2), 2-8.

Deci, E. L., & Ryan, R. M. (1985). The general causality orientations scale: Self-determination in personality. Journal of research in personality, 19(2), 109-134.

Dodd, T. H. (1995). Opportunities and pitfalls of tourism in a developing wine industry. International Journal of wine marketing, 7(1), 5-16.

Eagly, A. H., & Chaiken, S. (1993). The psychology of attitudes. Harcourt Brace Jovanovich College Publishers.

Eckler, P., & Bolls, P. (2011). Spreading the virus: Emotional tone of viral advertising and its effect on forwarding intentions and attitudes. Journal of Interactive Advertising, 11(2), 1-11.

Elliott, M. A., & Ainsworth, K. (2012). Predicting university undergraduates' binge-drinking behavior: A comparative test of the one-and two-component theories of planned behavior. Addictive behaviors, 37(1), 92-101.

Esposito, G., Van Bavel, R., Baranowski, T., & Duch-Brown, N. (2016). Applying the model of goal-directed behavior, including descriptive norms, to physical activity intentions: A contribution to improving the theory of planned behavior. Psychological reports, 119(1), 5-26.Fishbein M. & Ajzen, I. (1975), Belief, attitude, intention and behavior : An introduction to theory and research.

Fishbein, M., & Ajzen, I. (1975). Belief, attitude, intention and behavior: An introduction to theory and research.

Fiske, S. T., & Taylor, S. E. (1991). McGraw-Hill series in social psychology. Social cognition, 2nd ed. New York: Mcgraw-Hill Book Company.

Frijda, N. H., & Mesquita, B. (1998). The analysis of emotions. In What develops in emotional development? (pp. 273-295). Springer, Boston, MA.

Getz, D. (1991). Festivals, special events, and tourism. Van Nostrand Reinhold.

Getz, D. (2000). Explore wine tourism: management, development & destinations. Cognizant Communication Corporation.

Getz, D., & Brown, G. (2006). Critical success factors for wine tourism regions: a demand analysis. Tourism management, 27(1), 146-158.

Gursoy, D. J., Jurowski, C. & Uysal, M.(2002). Resident Attitudes: A Structural Modeling Approach. Annals of Tourism Research, 29(1), 79-105.

Hall, C. M., & Macionis, N. (1998). Wine tourism in Australia and New Zealand.

Hall, C. M., Sharples, L., Mitchell, R., Macionis, N., & Cambourne, B. (Eds.). (2004). Food tourism around the world. Routledge.

Hall, C. M., Sharples, L., Cambourne, B., & Macionis, N. (2009). Wine tourism around the world. Routledge.

Han, H., Hsu, L. T. J., & Sheu, C. (2010). Application of the theory of planned behavior to green hotel choice: Testing the effect of environmental friendly activities. Tourism management, 31(3), 325-334.

Han, H., & Ryu, K. (2012). The theory of repurchase decision-making (TRD): Identifying the critical factors in the post-purchase decision-making process. International Journal of Hospitality Management, 31(3), 786-797.

Havitz, M. E., & Dimanche, F. (1990). Propositions for testing the involvement construct in recreational and tourism contexts. Leisure Sciences, 12(2), 179-195.

Holbrook, M. B., & O'Shaughnessy, J. (1984). The role of emotion in advertising. Psychology & Marketing, 1(2), 45-64.

Hsu, C. H., & Huang, S. (2012). An extension of the theory of planned behavior model for tourists. Journal of Hospitality & Tourism Research, 36(3), 390-417.

Hu, Y., & Ritchie, J. B. (1993). Measuring destination attractiveness: A contextual approach. Journal of travel research, 32(2), 25-34.

Izard, C. E. (1993). Four systems for emotion activation: Cognitive and noncognitive processes. Psychological review, 100(1), 68.

Jamal, T. B., & Getz, D. (1995). Collaboration theory and community tourism planning. Annals of tourism research, 22(1), 186-204.

Jenkins, O. H. (1999).Understanding and measuring tourist destination images. The International Journal of Tourism Research, 1(1), 1.

Jin, M. L. (2017). The Influence of Festival Perception on Tourism Destination Residents" Sense of Place and Environmentally Responsible Behavior. 관광레저연구, 29(11), 125-144.

Johnson, J. D., Snepenger, D. J., & Akis, S. (1994). Residents' perceptions of tourism development. Annals of tourism research, 21(3), 629-642.

Keillor, B. D., Lewison, D., Tomas M. Hult, G., & Hauser, W. (2007). The service encounter in a multi-national context. Journal of Services Marketing, 21(6), 451-461.

Kern, T. J., & Rasmussen, L. (1995). Asleep at the wheel-case study. Festival & Event Management, 3.

Kim, M. J., & Preis, M. W. (2016). Why seniors use mobile devices: Applying an extended model of goal-directed behavior. Journal of Travel & Tourism Marketing, 33(3), 404-423.

Kimiecik, J. C., & Harris, A. T. (1996). What is enjoyment? A conceptual/definitional analysis with implications for sport and exercise psychology. Journal of Sport and Exercise Psychology, 18(3), 247-263.

Ko, D. W., & Stewart, W. P. (2002). A structural equation model of residents' attitudes for tourism development. Tourism management, 23(5), 521-530.

Lang, A. (2000). The limited capacity model of mediated message processing. Journal of communication, 50(1), 46-70.

Lazarus, R. S. (1991). Cognition and motivation in emotion. American psychologist, 46(4), 352.

LeDoux, J. (1996). Emotional networks and motor control: a fearful view. In Progress in brain research (Vol. 107, pp. 437-446). Elsevier.

Lee, S., Bruwer, J., & Song, H. (2017). Experiential and involvement effects on the Korean wine tourist's decision-making process. Current Issues in Tourism, 20(12), 1215-1231.Leone, L., Perugini, M., & Ercolani, A. P. (2004). Studying, practicing, and mastering: A test of the model of goal‑directed behavior (MGB) in the software learning domain. Journal of applied social psychology, 34(9), 1945-1973.

Lee, C., & Green, R. T. (1991). Cross-cultural examination of the Fishbein behavioral intentions model. Journal of international business studies, 22(2), 289-305.

Lee, S., Song, H., Lee, C. K., & Petrick, J. F. (2017). An Integrated Model of Pop Culture Fans' Travel Decision-Making Processes. Journal of Travel Research, 0047287517708619.

Lichtenstein, D. R., Drumwright, M. E., & Braig, B. M. (2004). The effect of corporate social responsibility on customer donations to corporate-supported nonprofits. Journal of marketing, 68(4), 16-32.

Lin, C. S., Wu, S., & Tsai, R. J. (2005). Integrating perceived playfulness into expectation-confirmation model for web portal context. Information & management, 42(5), 683-693.

Lindberg, K. & Johnson, R. L. (1997). Modeling resident attitudes toward tourism. Annals of Tourism Research, 24(2), 402-424.

Long, L. (2004). Culinary tourism: Exploring the other through food. Lexington: The University Press of Kentucky, 20-21.

Maignan, I., & Ferrell, O. C. (2004). Corporate social responsibility and marketing: An integrative framework. Journal of the Academy of Marketing science, 32(1), 3-19.

Mannell, R. C. (1980). Social psychological techniques and strategies for studying leisure experiences. Social psychological techniques and strategies for studying leisure experiences., 62-88.

Marshall, D., & Bell, R. (1996). The relative influence of meal occasion and situations on food choice. Multidisciplinary approaches to food choice, 99-102.

Mayfield, T. L., & Crompton, J. L. (1995). The status of the marketing concept among festival organizers. Journal of Travel Research, 33(4), 14-22.

Mehrabian, A., & Russell, J. A. (1974). An approach to environmental psychology. the MIT Press.

Milman, A. & Pizam, A. (1988). Social impacts of tourism on Central Florida. Annals of Tourism Research, 15(2), 191-204.

Mitchell, R., Hall, C. M., & McIntosh, A. (2002). Wine tourism and. Wine tourism around the world: Development, management and markets, 115.

Mitchell, R. E., & Reid, D. G. (2001). Community integration: Island tourism in Peru. Annals of tourism research, 28(1), 113-139.

Morris, W. N. (1992). A functional analysis of the role of mood in affective systems.

Ong, T. F., & Musa, G. (2011). An examination of recreational divers' underwater behaviour by attitude–behaviour theories. Current issues in Tourism, 14(8), 779-795.

Park, E., Lee, S., & Peters, D. J. (2017). Iowa wetlands outdoor recreation visitors' decision-making process: An extended model of goal-directed behavior. Journal of Outdoor Recreation and Tourism, 17, 64-76.

Perugini, M., & Bagozzi, R. P. (2001). The role of desires and anticipated emotions in goal–directed behaviours: Broadening and deepening the theory of planned behaviour. British Journal of Social Psychology, 40(1), 79-98.

Perugini, M., & Bagozzi, R. P. (2004). The distinction between desires and intentions. European Journal of Social Psychology, 34(1), 69-84.

Pizam, A. (1978). Tourism's impacts: The social costs to the destination community as perceived by its residents. Journal of travel research, 16(4), 8-12.

Quan, S., & Wang, N. (2004). Towards a structural model of the tourist experience: An illustration from food experiences in tourism. Tourism management, 25(3), 297-305.

Reed, M. G. (1997). Power relations and community-based tourism planning. Annals of tourism research, 24(3), 566-591.

Russell, J. A. (1980). A circumplex model of affect. Journal of personality and social psychology, 39(6), 1161.

Ryu, K., & Han, H. (2010). Predicting tourists' intention to try local cuisine using a modified theory of reasoned action: The case of New Orleans. Journal of travel & tourism marketing, 27(5), 491-506.

Ryu, K., Han, H., & Jang, S. (2010). Relationships among hedonic and utilitarian values, satisfaction and behavioral intentions in the fast-casual restaurant industry. International Journal of Contemporary Hospitality Management, 22(3), 416-432.

Sanbonmatsu, D. M., & Kardes, F. R. (1988). The effects of physiological arousal on information processing and persuasion. Journal of Consumer Research, 15(3), 379-385.

Scanlan, T. K., & Lewthwaite, R. (1986). Social psychological aspects of competition for male youth sport participants: IV. Predictors of enjoyment. Journal of sport psychology, 8(1), 25-35.

Scanlan, T. K., Simons, J. P., & Roberts, G. C. (1992). Motivation in sport and exercise. The construct of sport enjoyment. Champaign, IL. Human Kinetics.

Schachter, S., & Singer, J. (1962). Cognitive, social, and physiological determinants of emotional state. Psychological review, 69(5), 379.

Selin, S. W., & Howard, D. R. (1988). Ego involvement and leisure behavior: A conceptual specification. Journal of leisure Research, 20(3), 237-244.

Snaith, T. & Haley, A. J.(1995). Tourism's impact on host lifestyle realities. In A. V. Seaton(Ed.), Tourism: The State of the Art(826-835). John Wiley: New York.

Song, H. J., Lee, C. K., Kang, S. K., & Boo, S. J. (2012). The effect of environmentally friendly perceptions on festival visitors' decision-making process using an extended model of goal-directed behavior. Tourism Management, 33(6), 1417-1428.

Song, H., You, G. J., Reisinger, Y., Lee, C. K., & Lee, S. K. (2014). Behavioral intention of visitors to an Oriental medicine festival: An extended model of goal directed behavior. Tourism Management, 42, 101-113.

Sönmez, S. F., Apostolopoulos, Y., & Tarlow, P. (1999). Tourism in crisis: Managing the effects of terrorism. Journal of travel research, 38(1), 13-18.

Sparks, B. (2007). Planning a wine tourism vacation? Factors that help to predict tourist behavioural intentions. Tourism management, 28(5), 1180-1192.

Swan, J. E., & Trawick, I. F. (1981). Disconfirmation of expectations and satisfaction with a retail service. Journal of retailing.

Taylor, S., & Todd, P. (1995). Decomposition and crossover effects in the theory of planned behavior: A study of consumer adoption intentions. International journal of research in marketing, 12(2), 137-155.

Westbrook, R. A. (1987). Product/consumption-based affective responses and postpurchase processes. Journal of marketing research, 258-270.

Wiersma, L. D. (2001). Conceptualization and development of the sources of enjoyment in youth sport questionnaire. Measurement in Physical Education and Exercise Science, 5(3), 153-177.

Wiley, C. G., Shaw, S. M., & Havitz, M. E. (2000). Men's and women's involvement in sports: An examination of the gendered aspects of leisure involvement. Leisure Sciences, 22, 19-31.

Zaichkowsky, J. L. (1985). Measuring the involvement construct. Journal of consumer research, 12(3), 341-352.